쓸 때마다
명랑해진다 :)

일러두기

1. 에세이의 밑줄 친 부분은 이은경 작가가 '명랑한 글쓰기 노트'에 제안한 글쓰기 방법을 활용하여 쓴 문장으로, 독자들의 이해를 돕기 위해 표시했습니다.
2. '명랑한 글쓰기 노트'에서 소개하는 개념과 작법 등은 사전적/사회적으로 통용되는 내용과 다를 수 있습니다. 각 에세이와 작법, 그리고 이은경 작가만의 해석을 더해 창작된 내용입니다.
3. 이 책에 실린 대부분의 저작물은 사용 허락을 받았습니다. 다만 일부 미리 허락을 받지 못한 저작물의 경우 저작권자가 확인되는 대로 절차에 따라 사용 허락을 받겠습니다.

오늘을 단단하게 만드는
글쓰기 습관 20

쓸 때마다 명랑해진다 ☺

이은경 지음

나무의마음

"때때로 나는 궁금합니다.
글을 쓰거나 작곡을 하거나
그림을 그리지 않는 사람들은
도대체 인간의 삶에 내재된
광기나 우울, 고통, 두려움 등을
어떻게 피하는 걸까요?"

— 그레이엄 그린

차례

작가의말 서툰 문장들 덕분에 나는 오늘을 살아낸다   010

Chapter 01
감정 마주하기
무너진 일상 속 내 마음 들여다보기

전교 1등의 속사정   018
명랑한 글쓰기 노트 1   #열등감 #대조하기   032

나의 친애하는 강남   034
명랑한 글쓰기 노트 2   #질투 #인용문 활용하기   049

양팔 저울   051
명랑한 글쓰기 노트 3   #무례함 #각색하기   065

마흔여섯 살의 내가 스물네 살의 나에게   067
명랑한 글쓰기 노트 4   #자책 #나열하기   080

어서 오세요, 흥미진진한 부업의 세계로   082
명랑한 글쓰기 노트 5   #좌절감 #타자화하기   093

| 화려하지 않은 고백 | 096 |
| 명랑한 글쓰기 노트 6 #위선 #묘사하기 | 112 |

| 3억 3,500만 원 | 114 |
| 명랑한 글쓰기 노트 7 #후회 #구체화하기 | 126 |

Chapter 02

감정 전환하기

시선을 바꾸면 새로운 길이 보인다

| 정수기와 정신과 사이 | 130 |
| 명랑한 글쓰기 노트 8 #배려 #회고하기 | 142 |

| 성난 사람들 | 144 |
| 명랑한 글쓰기 노트 9 #이해 #투영하기 | 154 |

| 그녀들의 기분 관리법 | 156 |
| 명랑한 글쓰기 노트 10 #공감 #극사실주의 | 166 |

이것도 올수리라면 올수리니까	169
명랑한 글쓰기 노트 11 #인정 #셀프인터뷰	180
인플루언서와 선우 엄마	182
명랑한 글쓰기 노트 12 #진심 #명랑한 반성문	194
아버지의 알고리즘	196
명랑한 글쓰기 노트 13 #믿음 #대화문 활용하기	208

Chapter 03

감정 해방하기

더 큰 세상 속으로

투명 인간	212
명랑한 글쓰기 노트 14 #자기 확신 #역설적 글쓰기	224
사랑하는 엄마에게	226
명랑한 글쓰기 노트 15 #용서 #편지 쓰기	238

평균 나이 31세, 청년화 가족	240
명랑한 글쓰기 노트 16 #만족 #이름 붙이기	254
지켜본다는 일, 지켜낸다는 일	256
명랑한 글쓰기 노트 17 #공명 #옴니버스 글쓰기	268
보톡스와 마스크팩, 그리고 슈톨렌	270
명랑한 글쓰기 노트 18 #자기돌봄 #반전하기	278
확신이 없으면 노를 저으렴	280
명랑한 글쓰기 노트 19 #자기효능감 #타임라인 글쓰기	293
생활 밀착형 저술업자의 영업 비밀	296
명랑한 글쓰기 노트 20 #자기표현 #생활 밀착형 글쓰기	308

작가의 말

서툰 문장들 덕분에
나는 오늘을 살아낸다

'왜 이렇게 계속 힘든 걸까.'

다들 그렇듯 내 삶에도 설명하기 어려운 침잠의 시간이 찾아왔다. 그 무게를 견디기 위해 나는 글을 쓰기 시작했다. 이제 하나씩 펼쳐질 스무 편의 이야기는 그 길고 어두운 우울의 시간을 거슬러 올라가 힘겹게 건져 올린 마음의 결과물이며, 결국 내가 다시 명랑함을 마주하게 된 기록들이다.

창문을 열어 방 안의 먼지를 내보내듯, 단어와 문장은 내 안의 어두운 공기를 천천히 밖으로 흘려보냈다. 글을 쓰지 않았다면 나는 그 먼지 가득한 공기를 고스란히 품은 채 살아가야 했을 것이다. 단어 하나를 고르고, 지우고, 다시 쓰는 동안, 내 안에서 요동치던 감정은 차츰 잦아들었다.

둘째 아이가 평범한 삶을 살 수 없다는 까마득한 진단을 받은 뒤, 나는 7년간 항우울제에 의지해 겨우 버텼다. 정말 지긋지긋하고 끝이 보이지 않는 시간이었다.

소상히 털어놓고 싶다면 심리 상담을 받을 수도 있겠지만 그곳까지 가는 길에는 시간과 비용, 용기와 체력이라는 높은 문턱이 있다. 그래서 많은 사람이 나처럼 결국 혼자 견디는 쪽을 택한다. 그림자를 꺼내는 건 누구에게나 망설여지는 일이니까.

처음에는 혼자 견디며 아파했지만 이내 고통의 터널을 통과하기 위해 죽을 것 같은 마음을 붙들고 글을 쓰기 시작했다. 그래서 이 글들은 내 지난 감정을 다시 마주하고, 전환하고, 해방하는 과정에서 얻은 흉터이자 훈장이라 할 수 있다.

글쓰기는 나를 정리하고, 다독이고, 다시 일으켜 세웠다. 힘든 순간을 꺼내 그 위에 단어를 얹어 글로 풀어낼 때마다 나는 조금씩 달라졌다. 우울과 불안은 여전히 예고도 없이 불쑥 찾아오지만, 이제 나는 그 감정을 예전과는 다르게 맞이한다. 올 테면 와봐라. 두렵지 않다. 우울했던 사연이 '글'이라는 날개를 달면 어떻게 달라지는지, 나는 그것을 직접 보여주고 싶다. 이 책은 그 작은 실천의 기록이다.

처음엔 '왜 이런 일이 나에게 생긴 걸까?'라는 의구심에서 출발했다. 그러다 나만의 경험을 써나가고, 감정을 이해하고, 치유하는 글들이 하나둘 쌓이며 나는 천천히 내 안의 슬픔을 명랑함으로 바꾸는 법을 배워갔다.

글을 쓰는 동안 나는 내 안의 또 다른 나를 만났다. 분노는 차츰 문장이 되어 가라앉고, 자책은 의미로 바뀌어 제자리를 찾았으며, 슬픔은 글 끝에 이르러 미소가 되었다. 글쓰기는 고통을 없애는 기술이 아니라 그 고통을 나만의 언어로 바꾸어 흘려보내는 작업이라는 사실을 나는 쓰기 시작하며 깨달았다. 그렇게 직접 쓰고 깨달아가며 체득한 나만의 명랑한 글쓰기 요령을 이제 여러분과 나누고 싶다.

♣ **스마일(SMILE) 글쓰기**

S – Socratic Opening : 질문이나 의구심에서 출발하여
M – Memoir Moment : 내 경험을 솔직히 꺼내어 나누며
I – Insight Integration : 그 안에서 작은 깨달음을 얻고
L – Lightness Shift : 유머와 거리두기로 가볍게 전환하며
E – Empowered Expression : 명랑한 다짐으로 마무리한다.

물론 스마일 글쓰기 다섯 단계를 그대로 따라할 필요는 없다. 순서를 바꾸거나 일부를 생략해도 상관없다. 그리고 지금부터 소개할 책 속 치유법과 글쓰기 방식 역시 정답은 아니다. 다만 내가 직접 써보며 체득한 작은 글쓰기의 비밀이자 내 안의 억눌린 감정을 인식하고 이해하며 다시 써보는 하나의 치유 루틴일 뿐이다. 혹시 나와 비슷한 고민을 가진 독자가 있다면 이 책을 읽는 동안 여러분도 스스로에게 질문을 던지고, 묻어두었던 기억을 조심스레 꺼내며, 자신만의 문장으로 다독이고 회복하는 시간을 갖게 되길 바란다.

스무 편의 글 끝마다 나오는 '명랑한 글쓰기 노트'에서는 열등감, 질투, 자책, 좌절감, 위선, 후회 같은 불편한 감정들을 글쓰

기를 통해 어떻게 해소할 수 있는지, 그리고 배려와 이해, 공감, 인정, 도전, 용서 같은 긍정의 감정들은 어떻게 키울 수 있는지를 구체적인 글쓰기 기법으로 안내한다. 상처를 기록할 땐 장면부터 적어보는 법, 기쁨을 묘사할 땐 냄새나 색깔을 불러와 이름을 붙여보는 법, 마음이 복잡할 땐 하루를 거꾸로 거슬러 써 내려가는 법 등이 담겨 있다. 완벽하지 않아도 괜찮고 정답일 필요도 없다. 중요한 건 여러분 역시 글 속에서 마음 놓고 한숨 돌릴 방법을 만나게 된다는 사실이다.

치유를 위한 글을 쓸 땐 억지로 밝은 척할 필요도, 누군가를 설득하려 애쓸 필요도 없다. 혼잣말처럼 시작한 문장 속에서 진짜 내 마음을 만나게 되는 것만으로도 충분하다. 한 문장, 한 단락이 쌓일 때마다 마음은 조금 더 단단해지고, 조금 더 밝아진다. 그래서 쓰는 사람은 결국 명랑해질 수밖에 없다. 간신히 지나온 어둠의 터널을 돌아보며 묻어두고 싶은 기억을 써 내려가보자. 그럴수록 내 안의 빛을 발견하게 되고 명랑해지는 나를 확인하게 될 것이다. 이런 글쓰기 경험은 앞으로 또 다른 어둠이 찾아올 때도 덤덤히 맞설 수 있는 힘이 되어줄 것이다.

글쓰기의 힘을 알게 된 뒤 시작한 '브런치 프로젝트'에는 수많은 부모들의 글이 도착했다. 편지처럼 조심스러운 문장과 일기처럼 내밀한 이야기들. 그 안에는 각자의 삶에서 건져 올린 조각들이 빼곡히 담겨 있었다. 누군가는 육아의 고단함을, 누군가는 퇴사 이후의 막막함을, 또 누군가는 어린 시절의 오래된 기억을 꺼내놓았다. 그 고백들은 때로는 절규 같았고, 때로는 선언 같았다. 그 글들을 읽어가며 확신했다. 글쓰기는 우리를 살린다.

앞으로도 우리는 수많은 감정과 마주하게 될 것이다. 두려움, 분노, 실망, 서운함, 외로움……. 그러나 이제 우리는 안다. 그 감정들을 피하지 않고 기록하는 일이 곧 삶을 회복하는 첫걸음이라는 것을. 그렇게 한 문장씩 써 내려가다보면 도무지 이유를 알 수 없던 불편한 감정이 우리를 잠식하는 괴물이 아니라 오히려 앞으로 나아가게 하는 동력이 될 수 있다는 사실도 알게 될 것이다.

글쓰기는 인생과 닮았다. 처음엔 어설프지만 시행착오 속에서 서서히 다듬어진다. 때로는 막히기도 하고, 때로는 놀라울 만큼 술술 풀리기도 한다. 원하는 문장이 떠오르지 않을 때는 괴롭지만 그럼에도 쓰다보면 어느새 마음이 조금씩 명랑해진다.

이제 여러분의 차례다.

가슴 속에 오래 묻어둔 뜨거운 이야기를 꺼내 보이며 살아가기를.

그리고 쓰는 동안 여러분 역시 스스로를 구원하기를.

오늘도 한 문장이면 이미 충분하다.

오늘도 쓰고, 명랑해지기를 반복하는
이은경 드림

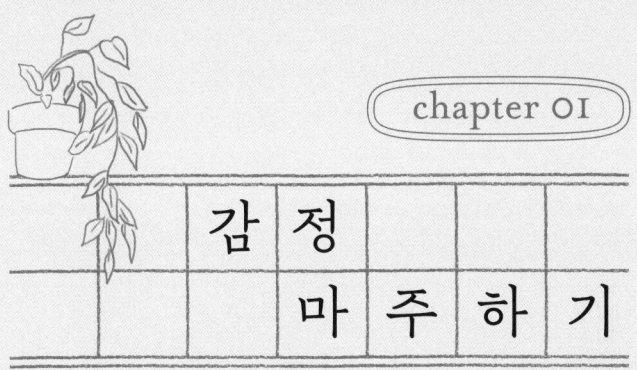

chapter 01

감정 마주하기

무너진 일상 속
내 마음
들여다보기

전교 1등의
속사정

#열등감

#대조하기

우리 각자의 내면에는 여러 얼굴이 있다. 눈부시게 빛나던 순간이 있는가 하면, 다시는 돌아보고 싶지 않을 만큼 부끄러웠던 순간도 있다. 여기, 나의 가장 초라했던 기억과 가장 빛났던 순간을 나란히 놓아본다. 식물이 자라기 위해 빛과 그림자, 낮과 밤이 모두 필요하듯 우리 삶 역시 긍정성과 부정성, 드러난 것과 숨겨진 것 모두가 성장의 자양분이 된다는 사실을 나는 마흔 중반을 넘어서야 비로소 깨달았다. 그리고 이제는 안다. 그 둘 사이의 간극이야말로 내가 살아 있다는 생생한 증거라는 것을.

초등교사 시절 내 별명은 '전교 1등'이었다. 얼핏 들으면 제법 대단해 보이지만, 이 별명을 얻은 시점을 주의 깊게 봐야 한다. 고등학교 때 얻었으면 좋았을 별명을, 나는 다 큰 어른이 되어 직장에서 얻었다.

"아무리 서둘러도 이은경 선생은 못 이겨."
"선생님, 오늘도 우리 다 제치고 1등으로 나가실 거예요?"

퇴근 시간이 가까워질 즈음이면 옆 반 선생님들이 농담인지 진담인지 모를 말을 건넸다. 맞다. 이 화려한 별명의 숨은 뜻은 다름 아닌 '전체 교직원 중 1등으로 퇴근하는 선생님'의 줄임말이다.

물론 틀린 말은 아니었다. 커피가 담긴 종이컵을 들고 학년 연구실에 둘러앉아 내 별명을 안주 삼는 선생님들 앞에서 나는 뾰족한 수가 없어 그저 겸연쩍게 따라 웃는 게 전부였다. 너무 맞는 말이라 가슴 한쪽이 더 아팠던 건지도 모르겠다.

퇴근 시간이 되기 무섭게 교실을 박차고 도망치듯 나선 나는, 10년도 넘은 마티즈에 올라 거의 날아가다시피 달려 5분 만에 어린이집 주차장에 도착하곤 했다. 내 운전 실력의 8할은 이 시기에 갈고 닦은 것이다. 조금 늦는다고 해서 어마어마한 퇴근길 정체에 갇힐 동네도 아니었지만 나 혼자 늘 급했다. 가끔은 근무 시간 내내 신고 있던 교내용 통굽 슬리퍼를 운동화로 갈아 신을 여유도 없이 그대로 어린이집 건물로 뛰어 들어가기도 했다. 문을 열어젖히며 두 아이의 이름을 번갈아 외쳤다. 어차피 둘 중 한 명만 들어도 동시에 달려 나올 테니, 속으로는 '아무나 하나만 걸려라' 하고 중얼거리면서.

잠시 후, 친구들이 모두 집으로 돌아가 텅 빈 복도를 따라 비슷하게 생긴 남자아이 둘이 다투듯 달려 나온다. 뭐 그리 반가워서 매일 저토록 진심을 다해 뛰어오는지, 인생을 통틀어 누군가가 나를 이토록 한결같이 반겨준 시절이 있었던가. 대체 얼마나 기다렸으면 저렇게까지 반가워하는 걸까. 그럴수록 전교 1등 엄마는 더 미안해졌다.

몇 번씩 서로 얼싸안고 한참 동안 궁둥이를 두들기고 나서야 비로소 우리 셋은 편안한 얼굴로 나란히 흰색 마티즈에 올라탔다. 아침에 헤어진 지 꼭 아홉 시간 만이다. 아이들은 엄마의 별명은 모르지만, 늘 친구 엄마들보다 늦게 나타나는 건 알고 있었다. 당시 그 어린이집에는 직장인 엄마가 드물었던 탓에 대부분 서너 시쯤이면 이미 하원했기 때문이다. 차에 오르자마자 두 아이는 각자의 길고 긴 하루를 쉴 새 없이 종알거리기 시작했다. 양쪽 귀가 번갈아 따가운 퇴근길. 그건 분명 매일 늦게 나타나는 엄마를 그들만의 방식으로 용서해주겠다는 의미리라. 두 아이보다 더 나이 먹은 마티즈를 살살 달래며 우리는 무사히 아파트 주차장에 도착했다.

그 시절 나는 교사인지, 엄마인지 모를 애매한 정체성을 버텨내며 살았다. 그러는 사이 내 안에는 알게 모르게 열등감이 차곡차곡 쌓여갔다. 세상의 모든 노동자에게는 본인만이 아는 고유한 불성실의 영역이 있다. 열심인 척, 정성을 쏟는 척, 이 정도면 괜찮은 척 적당히 포장할 수 있지만 스스로만큼은 속일 수는 없는 법. 늘 학생들과 더 오래 머물던 옆 반 선생님들과 달리, 나는 담임교사로서 우리 반 아이들에게 최선을 다하지 못하고 있다는 걸 누구보다 잘 알고 있었다. 그리고 지금의 적당히 성실한 담임 모습에서 무엇을 더하고, 무엇을 바꿔야 교실의 아이들에게 진짜 도움이 될지도 아주 잘 알고 있었다.

조금 더 열정적인 담임이라면 해야 할 역할들이 있었다. 이를테면 주 1회 하는 일기장 검사 횟수를 늘리면 아이들을 더 꼼꼼하게 살필 수 있었을 테고, 연산 실수가 잦은 아이들을 위해 학습지를 추가로 준비해주면 실력이 조금씩 오를 것도 같았다. 수학 익힘책을 지금보다 더 자주 검사한다면 아이들마다 부족한 부분을 더 세심하게 파악할 수 있었을 것이다. 부쩍 다툼이 잦아진 3모둠 아이들과 점심시간에 따로 만나 얘기를 나누었다면 그 아이들의 속마음을 좀 더 시원하게 알 수 있었을 텐데.

하지만 그것들을 추가로 더 할 엄두가 나지 않았다. 교사이면서 동시에 아직 어린 두 아이의 엄마였던 나는 눈을 감은 채 적당한 선에서 타협할 수밖에 없었다. 결국 '전교 (퇴근) 1등'이라는 타이틀을 계속 유지할 수밖에.

승승장구하는 옆 교실 선생님들을 바라보는 심정은 복잡했다. 교사라고 다 같은 교사는 아니었기 때문이다. 여느 직장과 마찬가지로 이곳에도 승진을 좌우하는 고가 점수가 있었고, 분명한 서열이 존재했다. 교장이나 교감으로 승진하려면 반드시 그 관문을 통과해야 했고, 그러려면 각종 대회에서의 수상 실적이 거의 필수였다. 해마다 시즌이 되면 수상자와 불합격자 사이에서 희비가 극명하게 엇갈렸다. 나 같은 '전교 1등' 교사는 감히 넘볼 엄두조차 내기 어려운, 아주 높은 벽이었다.

사실 문제는 승진만이 아니었다. 분명 내 주변에는 늦은 밤까지 수업 준비를 하고, 수학 익힘책을 꼼꼼히 확인하며, 아이들의 일기장에 정성 어린 글을 남기는 선생님들이 있었다. 그들의 교실을 지나 칼같이 퇴근길에 오르는 나의 뒷모습은 언제나 희미하고 흐릿해 보였을 것이다.

이렇게 애매한 직장생활 속에서 보내는 하루는 한 달처럼 길게 느껴졌다. 출근은 곧 퇴근을 위한 준비였고, 그런 삶이 얼마나 초라하고 별 볼 일 없어 보이는지 나도 잘 알고 있었다. 그럼에도 상황을 바꿀 힘은 없었다. 대단한 존재감을 바랄 처지도 아니었지만, 그렇다고 너무 눈에 띄게 작아지지 않으려 안간힘을 써야 했다. 마음은 단 한순간도 편치 않았고, 그러지 않으려 애쓸수록 더 움츠러드는 날들이 이어졌다.

그때 내 복잡한 감정들 사이에서 단연 도드라진 것은 열등감이었다. 아무도 대놓고 뭐라 하지 않았는데도 나는 늘 스스로를 의심하고 가장 먼저 깎아내렸다. 사람들은 내게 그다지 관심 없는데도, 모두가 내 무능함을 손가락질할 거라고 지레짐작하며 혼자 작아졌다.

사실 이런 감정이 갑자기 생겨난 건 아니었다. 돌이켜보면 열등감은 늘 내 기본값이었다. 오래전부터 내 안에 자리 잡은 나 자신을 향한 잔인한 시선이 모든 시작이었다. 공부와 성적이 자존감을 결정해버리는 고등학교 시절은 내게 유난히 힘겨웠다. 나는 성실한 학생이었으나 공부에 소질이 없다는 사실을 일찌감치 알고 있었다. 밤을 새워 외우고 또 외워도 성적은 늘 기대치에 미치지 못했기 때문이다. 공부 시간으로만 따지면 서울대 합격도 가능했어야 했다. 하지만 현실은 달랐다. 지원했던 인천교대(지금의 경인교대 인천캠퍼스)와 청주교대에 연달아 떨어지고, 겨우 한 장 받아든 춘천교대 합격 통지서 덕분에 가까스로 대학생이 될 수 있었다.

워드프로세서 3급 자격증은 또 어떤가. 초등학생들도 턱턱 딴다는 그 자격증을 나는 스무 살 무렵부터 10년 넘게 도전했지만 필기시험에서만 세 번 떨어진 끝에 결국 포기했다. 지금은 딱히 필수가 아닌 자격증이 되어버린 게 그나마 유일한 위로다.

시원찮은 공부 머리는 교사가 된 이후에도 나를 때마다 괴롭혔다. 누구나 받는 직무연수에서 열심히 수업을 듣고 성실히 준비해도 시험 성적은 늘 기대에 미치지 못했다. 잘하고 싶었고 높은 성적으로 더 많은 기회를 얻길 바랐지만, 들인 노력에 비하면 결과는 언제나 초라했다. 그나마 단번에 합격한 건 운전면허였는데, 생각해보면 그것조차 웬만하면 통과시키던 당시 시험제도 덕분일지 모른다. 말 그대로 소 뒷걸음질 치다 쥐 잡은 행운이었다.

그런 내게 고등학교 입학시험은 오래 기억에 남을 사건이 되었다. 당시에는 중학교 내신 성적과 입학 고사(논술 시험)가 합격을 가르는 기준이었다. 다행히 중학교 내신은 그럭저럭 안정권이었고, 빈 종이를 글로 채우는 논술만큼은 자신이 있었다. 어릴 적, 엄마에 대한 불만을 일기장에 빽빽하게 써 내려간 덕에 내 글쓰기의 기본기가 저절로 탄탄해진 게 아닐까 싶다. 논술 시험지 한 장쯤은 거뜬히 채웠으니 고등학교는 무난히 합격했다. 공부깨나 한다고 소문난 언니가 다니는 학교에 입학한다니, 어느 집이든 둘째에게 이보다 벅찬 일도 드물 것이다.

입학 후 첫 주, 교과서 안쪽에 선생님 성함을 또박또박 적으며 고등학교 생활이 시작됨을 실감하던 어느 날이었다. 사회 시간, 앞문이 열리자 교실 안은 환호성으로 들썩였다. 수려한 외모의 총각 선생님이 쑥스러운 표정으로 들어오셨던 것이다. 모두의 시선이 단숨에 선생님께 쏠렸고, 나도 괜히 지기 싫은 마음에 눈을 반짝였다. 아, 어디서 본 것 같은데?

여고생들의 과열된 눈빛에 뺨이 붉어진 선생님은 교실을 찬찬히 둘러보다가 내 얼굴에서 시선을 멈췄다. 그러고는 잠시 놀란 듯 눈을 몇 번 깜빡이더니 큰 소리로 물었다.

"너, 논술 시험 때 창밖만 뚫어져라 쳐다보던 그 애 맞지?"

나는 당황스러워 아무 말도 할 수 없었다.

"그런데 너 어떻게 합격한 거야? 이상하네, 분명 답안지엔 아무것도 안 쓰고 계속 창밖만 보고 있었는데……."

그랬다. 선생님이 본 그대로였다. 나는 아마 그날도 분명 그랬을 것이다. 시험 시간이 얼마 남지 않는데도 휑한 답안지만 앞에 놓고 한참 동안 창밖만 바라보고 있었을 것이다. 요즘엔 '조용한 ADHD'라는 말이 흔해졌지만, 그런 개념이 잘 알려지지 않았던 시절, 난 '툭하면 창밖을 쳐다보며 멍 때리는' 좀 특이한 학생이었다.

입학 후 시간이 한참 흘러 사회 선생님과도 몇 마디를 주고받을 정도가 되었을 무렵, 선생님은 이렇게 생각하셨다고 한다.

'저 학생은 어차피 포기했나보구나, 논술을 잘 본다 한들 별 의미가 없는 상황이겠지.'

그래서 내심 안쓰러운 마음에 시험 종료를 알리는 안내를 일부러 몇 차례나 더 했다고 웃으며 말씀하셨다. 그렇게 떨어졌을 거라 여겼던 학생이 합격해 교실에 앉아 있으니 놀라는 것도 당연했다.

시험 시간 내내 창밖만 바라보던 내 고등학교 생활은 역시나 녹록하지 않았다. 학교 시험은 암기와 문제 풀이가 대부분이었는데, 애초에 나는 그런 평가 방식에 맞는 학생이 아니었다. 아무리 애써도 넘기 힘든 벽이 분명히 있었다. 시험 기간이 되면 독서실에서 밤을 새우는 일이 다반사였고, 암기해야 할 내용은 뭐라도 적어서 항상 손에 들고 다녔지만 종이에 적힌 그것들은 좀처럼 머릿속에 입력되지 않았다.

아무리 노력해도 성적이 오르지 않으니 억울함이 차곡차곡 쌓이기 시작했다. 그래서 나는 안다. 어차피 열심히 해봤자 안 될 것 같아 포기하고 싶다는, 내 아들을 비롯한 요즘 고등학생들의 절망을 나는 누구보다 깊이 이해한다.

    학생 시절의 성적만이 내 오랜 열등감의 이유는 아니었다. 같은 독서실, 바로 옆자리에서 함께 공부하던 친구들이 졸업 후 변호사, 회계사가 되었다는 소식을 들을 때면 나는 내가 갖지 못한 공부 머리와 집중력을 한탄하며 수없이 자책했다. 그때마다 자연스럽게 '나는 아무리 열심히 해도 안 되는구나' 하고 체념하곤 했다. 그렇게 나는 부러움과 열등감을 숨긴 채 태연한 척 살아가는 속상한 어른이 되었다.

    조용한 ADHD.
    나중에야 정확히 알게 된 내 진단명은 조용한 ADHD였다. 나는 태생이 그런 사람이었다. 아무리 집중하려 애를 써도 그게 잘 안 되는 타입. 그래서 한 줌도 안 되는 집중력을 끝까지 붙들고 영혼까지 끌어모아 간신히 버티며 살아가는 중이다.
    나이가 이만큼 먹고도 나는 틈만 나면 창밖을 내다보느라 정신이 없다. 천장을 보며 멍하니 누워 시간을 흘려보내기도 하고, 책을 읽다가도 다른 생각에 곧잘 빠져든다. 흔히 말하는 '생산적인 일', '효율이 좋은 일'을 하기엔 나는 애초에 맞지 않는 사람이다. 그래도 먹고는 살아야 하니, 어쩔 수 없이 공부할 때나 일을 할 때도 자주 난감해지곤 했다.

그런데 참 신기하다. 그런 나도 이렇게 그럭저럭 먹고살고 있다는 사실이. 집중력 부족으로 혼나던 학창 시절도, 퇴근 시간을 손꼽아 기다리던 교사 시절도, 허구한 날 창밖을 멍하니 내다보느라 한 문단 쓰는 데 한 시간이 걸리는 지금도, 나는 여전히 주의력이 부족하다. 하지만 지금의 나는 수십 권의 책을 쓰고도 쓸 말이 계속 솟아난다. 그때나 지금이나 나는 같은 사람인데 하루라는 시간을 채우고 맡겨진 일을 해내는 나의 모습은 사뭇 다르다.

두 아이를 어쩌지 못해 학교에 사직서를 냈고, 치료비를 마련하기 위해 이것저것 다 도전해본 끝에 나는 책을 쓰기 시작했다. 도망칠 곳을 찾아 헤매다 우연히 들어온 세계. 그런데 뜻밖에도 이 바닥은 원 없이 창밖을 내다보거나 정신을 잠시 내려놓고 멍하니 있어도 괜찮은 곳이었다. 암기력과 문제 풀이 능력이 시원찮아도 타박받지 않는 곳. 사나운 정신으로 거칠고 불완전한 문장을 쏟아내도 잘만 이어 붙이면 어딘가 쓸 데가 있는 곳. 내가 오래 찾아 헤맨 바로 그 세계였다.

이 세계에서는 적당히 느슨한 상태에서 뭐라도 새롭게 만들어내기만 하면 밥벌이가 가능한 신비로운 곳이다. 오히려 정신을 너무 깐깐하게 붙잡아 매다간 일을 망칠 수도 있다. 숫자와 점수, 정답과 석차로 스스로를 증명하지 않아도 되는 삶, 빠르거나 너무 정확하지 않아도 크게 문제가 되지 않는 삶.

이곳에 발을 딛고서야 나는 비로소 배웠다. 그동안 열등감에 젖어 지내던 지난날들이 반드시 내 무능력과 내 부주의의 증표는 아니었다는 걸. 나에게 유달리 능력이 모자랐던 게 아니라, 단지 나와 잘 맞는 일이 따로 있었을 뿐이라는 걸. 길을 몰라서 헤매던 나를 삶이 먼저 알아봐주었다는 사실은 생각할수록 눈물나게 고맙고 절묘하다.

사람 쉽게 안 변한다는 말처럼 나의 산만함은 40대 후반을 향해가는 현재까지도 여전히 진행형이다. 이 글을 쓰는 지금도 내 시선과 마음은 자꾸 창밖을 향한다는 사실을 고백한다. 마치 누군가를 애타게 기다리기라도 하는 사람처럼 한 문장 쓸 때마다 시선이 사방으로 흩어진다. 이제는 낯설지 않은 일이다.

그렇게 느리고 산만한 걸음들이 모여 용케도 글 한 편이 완성된다. 그 글 조각들이 모여 책이 되고, 밥이 되고, 삶이 되고, 돌고 돌아 다시 내가 되었다. 생기를 잃고 열등감에 젖어 간신히 버티던 '전교 1등 교사'가 사직 후 인형의 눈알을 붙이는 심정으로 시작한 글쓰기가 지나고 보니 가장 나다운 일이었다니. 돌이켜보면 기적에 가깝다.

글을 쓰기 시작한 지 한참 지나서야 나는 이 사실을 알아차렸고, 그 순간 얼마나 안도했는지 모른다. 부족한 기억력과 짧은 집중력으로 젖 먹던 힘까지 짜내며 버티던 산만한 어른도, 오래 몸담은 학교에서 한 번도 제대로 인정받지 못한 교사도, 세상 어딘가 자신만의 자리가 있다는 걸 확인하고 나서야 오래 참아온 숨을 천천히 고를 수 있었다.

열등감. 어차피 나 말고는 아무도 관심 없었을 그 지루한 싸움은 무심히 스쳐가는 일시적 기분 같은 게 아니었다. 비교는 늘 시작일 뿐, 진짜 문제는 그것을 곧바로 우열로 받아들이는, 내 안의 쭈그러든 마음에 있었다. 나는 자주 나 자신을 깎아내렸고, 늘 부족하다고 믿었다. 그 믿음은 어느새 '성실함'이라는 이름의 강박으로 이어졌다.

남들은 쉽게 해내는 일에도 서툰 나를, 나는 오래 속상해하며 지켜봐야 했다. 그 모습이 마음에 들지 않아 그냥 넘기지 못하고 곱씹었다. 나보다 잘나 보이는 사람들을 괜히 떠올려 속을 긁기도 했다.

어디 그뿐인가. 해마다 승진 경쟁에서 조용히 밀려나던 시절에도 겉으론 괜찮다고 말했지만 마음 깊은 한구석에서는 초조함이 서서히 번지고 있었다. 학교에서 인정받는 교사는 아니어도, 내 아이들을 만나러 갈 때만큼은 전력 질주하는 '좋은 엄마'라고 믿었지만 그마저도 큰 위로는 되지 않았다.

남과 비교하지 않으려 해도, 칭찬을 들어도, 겉으론 괜찮은 척해도 마음속 어딘가에는 늘 '나는 왜 이렇게밖에 못 할까'라며 스스로를 구박하고 낮추는 목소리가 숨어 있었다. 그런데 그 목소리에는 사실 인정받고 싶은 마음, 사랑받고 싶은 갈망, 더 나아지고 싶은 욕구가 조용히 자리하고 있었다.

중요한 건 그 감정을 억누르거나 부정하는 것이 아니라, '진짜 나의 갈망이 무엇인지 들여다보는 일'이었다. 잘하고 싶은 마음과 냉정한 현실 사이에서 욕심이 채워지지 않아 늘 아쉬웠지만, 이제는 안다. 그 아쉬움이야말로 나를 한 걸음 더 성장시키는 또 다른 힘이었다는 걸. 그러고 보면 내 열등감은 나를 괴롭히기만 한 것은 아니었다. 때로는 나를 더 나은 방향으로 이끌어준, 조용한 스승이기도 했다.

가끔 나는 내 안의 열등감과 내가 바라는 소망을 나란히 적어보곤 한다. 남과 비교하던 순간들, 위축되었던 기억들, 들키기 싫었던 속마음까지. 그렇게 글로 하나씩 적어 내려가다보면 스스로도 못마땅해하던 내면의 목소리가 어느새 조금씩 잦아든다. 예전보다 나를 덜 몰아세우게 되었고, 비로소 내가 얼마나 애쓰며 살아왔는지를 떠올릴 수 있었다. 그러자 "수고했다", "이만하면 괜찮다"는 말이 조금씩 마음에 와 닿기 시작했다.

여전히 가끔은 부족하다는 생각이 고개를 들 때가 있다. 하지만, 이제는 그것을 감추기보다 천천히 들여다보고 적어 내려가는 쪽을 택한다. 그때의 글은 나를 꾸짖는 것이 아니라, 나를 이해하고 세상이 돌아가는 방식을 조금 더 선명하게 보려는 용기의 기록이다. 바로 이것이 초라하게 느껴지는 순간과 시절을 견딘 나만의 방식이다.

한 사람 안에 상반된 얼굴들이 공존한다는 사실을 깨달은 뒤, 덜어내고 싶고 외면하고 싶었던 감정들마저 어느새 명랑한 글감이 되어 돌아왔다. 예전의 나는 그 산만함을 부끄러워했지만, 지금의 나는 그것이 곧 '나'라는 사실을 인정한다. 감추고 싶었던 면들이 결국 나를 쓰게 만들었다는 걸 이제는 담담히 말할 수 있게 되었다.

"남들은 모르는 내 안의 다른 두 모습을 찾아보세요. 서로 다른 감정과 경험, 성향을 하나씩 떠올리다보면, 결국 지금의 나를 가장 잘 드러낼 글감을 발견하게 될 거예요. 그 글감을 골라 나란히 놓아보면 바로 '대조하기'가 됩니다."

명랑한 글쓰기 노트 1

대조하기(Contrast)
: 두 가지 이상의 상반된 감정, 상황, 시점 혹은 인물을
나란히 놓아 내면의 변화를 선명하게 드러내는 글쓰기

대조하기는 서로 다른 두 얼굴을 나란히 놓아 차이를 부각시키는 글쓰기 기법이다. 예를 들면 '성실한 교사'와 '산만한 학생', '좋은 엄마'와 '불안한 나'처럼 대비되는 모습을 통해 한 인간의 다층적인 면모를 드러내고, 둘 중 하나만이 아니라 양쪽 모두가 나라는 깨달음으로 이어지게 한다. 대조하기에는 크게 다음과 같은 것들이 있다.

- **장면의 대조** : 친구들 앞에서 나는 늘 씩씩한 척했지만 집에 돌아오면 아무 말도 하지 못했다.
- **감정의 대조** : 너를 미워했지만 그 미움 속에는 나를 지키고 싶은 간절함도 있었다.
- **시간의 대조** : 그때는 끝이라고 믿었지만 지금은 그 순간이 내 삶의 전환점이었음을 안다.

우리는 흔히 가장 빛나는 순간만 내보이고 싶은 유혹에

빠진다. 그러나 빛과 그림자를 함께 보여줄 때 글은 더 깊어진다. 치유의 글쓰기에서 대조하기는 나의 허약함과 강점, 실패와 성취를 동시에 드러내며, 독자에게 내 안의 양면성까지 떠올리게 한다. 글쓰기는 이 차이를 선명하게 기록할 때 가장 진실해진다.

이처럼 대조하기 전략은 혼란스럽던 감정을 대비 속에서 구체적인 형태로 드러내고, 과거의 나와 현재의 나를 나란히 놓아 상처 입은 자아와 성장한 자아를 하나로 통합한다. 이는 엉켜 있는 감정을 정리하고 '지금의 나'와 '그때의 나', '빛과 어둠', '잃은 것과 얻은 것'을 함께 바라보게 하여, 내가 걸어온 삶의 궤적을 더욱 분명하게 인식하도록 돕는다.

나의 친애하는 강남

#질투

#인용문 활용하기

> "걔가 경기도를 보고 뭐랬는 줄 아냐? 경기도는 계란 흰자 같대. 서울을 감싸고 있는 계란 흰자. 내가 산포시 산다고 그렇게 얘기를 해도 산포시가 어디 붙어 있는지를 몰라. 내가 1호선을 타는지, 4호선을 타는지 말야. 어차피 자기는 경기도에 안 살 건데 뭐 하러 관심 갖냐고 해. 하고많은 동네 중에 왜 계란 흰자에 태어나 갖고."
>
> – 박해영, 드라마 〈나의 해방일지〉 중에서

드라마 속 이 대사에 나는 웃다가 울었다. '서울병'은 저 멀고 먼 지방 사람들만 앓는 건 줄 알았는데, 수도권에 사는 경기도민조차 같은 병을 앓고 있었다니. 오래도록 말 못 한 심정을 이렇게 속 시원하게 표현해버리다니. 드라마 속 대사에 소름이 돋을 만큼 반가웠다. 잘 알지도 못하는 드라마 작가님께 괜히 고개가 숙여질 정도였다.

경기도에 살면서도 서울을 향한 미련을 버리지 못하는 나를 스스로 타박하곤 했는데, 드라마 속 그 대사는 마치 누군가 내 등을 살짝 토닥여주는 것만 같았다. 오래 품어온 내 안의 탐욕스러움이 조금은 덜 부끄럽게 느껴졌다.

―◦〜◦―

나는 촌년이다. 경상도에서 태어나 충청도에서 자랐고, 대학은 강원도에서 다녔다. 흔히 경상도라면 대구, 충청도라면 대전쯤을 떠올리겠지만 그 정도로 이름이 알려진 도시였다면 굳이 촌년이라는 단어는 안 꺼냈을 거다.

충청도 시골에서 보낸 학창 시절, 나는 지방 학생 특유의 행동력으로 틈만 나면 기차표를 끊어 청량리역을 드나들었다. 몇 번 가다보면 지겨워지거나 '별거 없네' 싶은 순간이 올 줄 알았다. 그런데 그렇지 않았다. 서울행이 거듭될수록 화려하고 반짝이는 그 도시는 더 깊은 짝사랑의 대상이 되었다. 쉬이 가질 수 없는 것일수록 더 간절해지는 법이니까.

그즈음부터 나는 서서히 매서운 병 하나를 얻게 되었다. 서울에서 나고 자란 애들은 평생 모르고 지나가는 병. 하지만 나 같은 촌년이라면 한 번쯤은 앓게 되는 병. 이름하여 '서울병'. 전염성은 약하지만 한번 걸리면 서울에 살아보기 전에는 결코 낫지 않는, 지독한 병이다.

우리 집 사 남매는 우애 좋게 같은 병을 앓았다. 그것도 아주 심하게. 시골의 인문계 고등학교 교실에는 우리 남매와 비슷한 병을 앓는 아이들이 넘쳐났다. 피땀 흘려 공부하는 이유는 오직 하나, '인서울'. 그 벅찬 목표 하나만 바라보며 매일 자정까지 혹독한 야간 자율학습을 버텼다. 조금만 더 견디면 이 작은 시골 동네를 당당하게 떠날 수 있으니까. 그 시절 우리에게 서울에서의 대학 생활은 꿈의 전부였다.

그런데 인생 참 얄궂기도 하지. 가고 싶던 서울교대는 성적이 모자라 원서조차 내지 못했고, 눈높이를 조금 낮춰 지원했던 인천교대에서는 보기 좋게 떨어졌다. 결국 유일하게 합격한 대학은 강원도에 있는 춘천교대였다. '서울병'을 앓던 내게 그 실망은 이루 말할 수 없었다. 나보다 성적이 한참 아래였던 친구들이 당시 비인기 학과 지원 전략으로 인서울 대학에 술술 합격하는 모습을 바라보며 부러움에 몸살이 날 지경이었다.

그래도 아주 잠시, 세상이 내 편이었던 시절이 있었다. 대학은 어쩔 수 없었지만 직장만큼은 어떻게든 수도권에서 다니고 싶었다. 그리고 기적처럼 경기도라는 꿈의 땅에 발령을 받는 데 성공했다. 스물넷, 마침내 나도 이제 어엿한 서울 사람이 되는구나 싶던 그때.

경기도나 서울이나 같은 수도권 아니었나?

맙소사. 매우 촌년이었던 나는 서울과 경기도가 지하철로도 오갈 만큼 가까우니 같은 생활권인 줄 알았다. 그런데 아니었다. 평택이라는 경기도의 낯선 도시에 간신히 발령받고 나서야 알게 되었다. 경기도는 그냥 경기도일 뿐이었다. 물론 당시 우리 고향의 정서로는 경기도에만 입성해도 대단한 출세였지만, '경기도'와 '서울'이 전혀 다른 세계라는 사실은 내게 충격이었다. 사실 미리 알았다 해도 '감히' 서울 임용 고시에 도전할 성적은 못 되었지만, 그래도 알고 선택하는 것과 모르고 당하는 것은 엄연히 다른 문제였다. 그러다 보니 내 마음은 늘 몸과 떨어져 저 멀리 서울에 가 있었다. 나는 서울에 살고 싶었다.

그러던 내가 남편을 설득해 서울로 전입 신고를 한 건 마흔을 넘긴 직후인 5년 전의 일이다. 큰아이의 학업, 작은아이의 치료 계획을 교묘하게 버무려 그럴듯한 구실을 만들어냈다. 성적보다 학군이 중요한 시기, 아이들을 앞세워 마침내 서울에 입성했다.

그러나 서울이라는 대도시의 전세가는 우리의 예상과 예산을 가뿐히 뛰어넘었다.

30년 된 낡고 작은 아파트 단지, 그중에서도 가장 작은 평형의 집. 수리는커녕 볕조차 잘 들지 않는 1층, 방 두 개 짜리 집이 우리 가족이 선택할 수 있는 최선이었다. 형에게 밀려 방을 차지하지 못한 둘째는 밤마다 거실에 매트리스를 깔고 잤다. 아침이면 그 매트리스를 지근지근 밟아가며 늑장을 부리고, 제 몸 하나 간신히 추슬러 후다닥 내빼기 일쑤였지만, 나는 아무 말도 하지 못했다.

변변한 책상 하나 없이 유령처럼 거실을 떠도는 중학생의 뒤통수에 대고 "야 이놈아, 이불 개고 가야지!" 하고 잔소리를 퍼부을 수는 없었다. 그저 사춘기 소년 특유의 퀴퀴한 냄새가 밴 매트리스를 발끝으로 둘둘 말아 한구석에 밀어놓을 뿐이었다. 그건 내 욕심에 두 아들과 남편을 기어이 서울로 끌고 온 최소한의 양심이었다.

숨만 쉬어도 상쾌할 것 같았던 서울살이는, 얼마 지나지 않아 확실히 내가 '들장미 소녀 캔디형 인간'은 절대 아니라는 사실을 확인시켜주었다. 나는 외로워도 슬퍼도 웃는 대신, 그냥 확 울어버리는 사람이었다. 좁고 낡고 어두운 집이 뿜어내는 쓸쓸한 기운은 집 안을 더욱 침침하게 만들었고, 밖으로 나가도 상황은 크게 다르지 않았다.

마음에 그늘이 드리우면 장미꽃 만발한 5월의 찬란한 햇빛도 우울하게만 보이는 법이다. 그렇게 쓸쓸한 시간을 견디며 새로운 동네에 간신히 적응해갈 무렵, 나는 서글픈 사실 하나를 더 깨닫고 식은땀을 흘렸다.

이 동네에서 우리 집이 제일 가난했다!

그곳은 대대손손 서울을 벗어날 생각이 조금도 없는 사람들의 마을이었다. 친정, 시댁, 오빠, 여동생까지 같은 단지에 모여 사는 토박이들의 집성촌. 서울을 떠나 사는 삶은 상상조차 해본 적 없을 것 같은, 밀도 높은 그들만의 세계였다.

아이들의 졸업식이나 입학식 같은 행사 날이면 죄 없는 남편만 죽어났다. 나만 명품 백이 없다는 이유로, 우리 차만 국산이라는 이유로. 명품 백을 들고 외제차에서 내리던 서울 엄마들의 피부는 막 삶아낸 달걀처럼 매끈해 보였다. 그들이 주인공인 드라마 속에서 나는 대사 몇 마디 없는 단역, 아니면 그저 '행인 1'에 불과했다.

넉넉하지 않은 집안 형편에 공무원인 남편의 월급은 빤했다. 알고도 한 결혼이었다. 그런데도 마치 사기를 당한 사람처럼 씩씩거리는 날이 잦아졌다. 멀쩡한 남편을 죄인으로 만드는 도시. 그때의 서울은 내게 그런 곳이었다.

"서울에 이사 와서 좋아."

그 와중에 유일하게 위로가 되었던 건 큰애의 이 한마디였다. 친구 하나 없는 낯선 동네의 중학교에 입학해 어색함과 긴장 속에서 하루하루를 버티던 아이가 서울에서의 첫 학기를 마칠 즈음 조심스레 꺼낸 말. 말수가 부쩍 줄어든 아이가 먼저 말을 건넨 것도 반가웠지만 그 내용이 특히나 흡족했다. 서울로 입성한 뒤 간신히 '서울병'을 고치니 싶었지만 예상치 못한 현실의 가난을 매일 체감하느라 행복해질 틈이 없었던 시절이었다. 사춘기 아들의 건조한 한 마디에 나는 모처럼 잇몸을 드러내며 활짝 웃었다.

하지만 그 기쁨도 오래가지 않았다. 현실은 늘 그렇듯 냉정했다.

남편은 그런 나를 보고도 별다른 타박도 하지 않았다. '저러다 말겠지' 하는 듯한 표정이었다. 무심함 속에 샘 많은 아내를 방치

한 몇 년 사이에 나는 또다시 시름시름 앓기 시작했다.

'강남병.'

서울이 대한민국의 노른자라 믿어왔는데, 알고 보니 그 안에도 '절대 노른자'는 따로 있었다. 그곳 사람들은 어디에 사느냐는 질문에 서울, 강남구 같은 행정구역으로 답하지 않았다. 설마 우리 동네를 모를 리는 없다는 듯 청담, 압구정, 대치, 도곡 같은 동네 이름을 아무렇지 않게 툭 내던졌다. 누구나 알아들을 테니 굳이 설명할 필요도 없다는 표정. 정말이지 꼴도 보기 싫었다.

안다. 문제는 나다. 그 얄미운 표정을 나도 한번 지어보고 싶어서 몸살이 나기 시작한 거다. 행정구역이 아니라 동네 이름 하나만 말해도 모두가 알아듣는 그 세계에 발을 들여놓고 싶어 약이 바짝 올랐다. 방법은 하나였다. '서울병'을 고치려 서울로 이사했듯, '강남병'을 고치려면 강남으로 가야 하지 않겠는가. 그래, 우리도 한 번쯤은 강남에서 살아보자.

그렇게 또다시 꿈틀대기 시작한 이사에 대한 열망. 역시나 내 작품답게 뻔한 복선이 깔리고 지겨운 레퍼토리가 되풀이되었다. 큰애 핑계, 작은애 걱정. 아주 엉뚱한 말은 아니었다. 당시 큰애는 강남에 있는 고등학교로 통학 중이었고, 작은애는 이번에 졸업한 중학교와는 다른 학군의 고등학교 진학을 희망하고 있었으니까.

이사를 못 할 이유도 없었고 구실이 없던 것도 아니었지만 내가 봐도 어딘가 부자연스러웠다. 피치 못할 사정이라고 우기기에는 무리가 있었다. 큰애는 이미 지하철 통학에 익숙해져 있었고, 작은애가 원한 건 그저 새로운 환경이지, 그게 꼭 강남일 필요는 없었으니까.

왜 갑자기 또 이사하는 거냐고 묻는 아이들에게 "엄마가 '강남병'에 걸려서 그렇다"라고는 차마 말할 수 없었다. 대신 이렇게 둘러댔다.

"이게 다 너희들을 위해서야. 강남 가면 물가만 비쌀 텐데, 엄마한테 좋을 건 하나도 없어."

고등학생이 된 두 아들에게 이렇게 설명하며 비실비실 웃었다.

야반도주하듯 신속하게 해치운 이사.

아무도 시킨 적 없는 강남 예찬을 나 혼자 몇 달 동안 끈질기고 집요하게 외쳐댄 끝에 결국 강남 어느 한구석에, 정말로 아주 소박하게 똬리를 틀 수 있었다. '서울시 강남구'로 시작하는 주소가 새겨진 주민등록증을 받아들고 나는 씩 웃었다. 그리고 설렘 가득한 마음으로 이사 온 동네를 빈틈없이, 구석구석 훑어보기 시작했다.

그런데 어라, 뭔가 이상했다. 분명 강남으로 이사했는데······. 내가 상상했던 그 강남이 아니었다. 호락호락하지 않을 거라는 건 알고 있었다. 강남이라는 이름에 붙는 값이 얼마나 비싼지 귀가 따갑도록 들어왔으니까. 하지만 막상 와보니, 정말 한 치의 예외 없이 모든 게 만만치 않았다. 역시 괜히 강남이 아니었다. 그래도 살아남으려면 겪을 일은 겪어야 했다. 도망칠 게 아니라면 말이다.

　문제는 어설픈 흉내는 어디서든 티가 난다는 것이었다. 버는 족족 아이들 교육비와 의료비로 빨려 들어가는 현실에 허덕이는 흙수저 부부가 간신히 찾아낸 동네는 그저 행정구역상 이름만 '강남'인 곳이었다. 내 얕은 수완으로는 절대 흉내 낼 수 없는 것들로 가득한 세계였다.

　사우나, 헬스장, 골프 연습장, 영화관, 전문 식당가까지 두루 갖춘 초호화 커뮤니티 시설을 자랑하는 신축 대단지 아파트. 그리고 그 바로 옆에 그림자처럼 붙어 있는 낡은 다가구 주택 단지. 주소만 그럴듯한 이 동네에는, 내가 어릴 적 살던 시골에서나 볼 법한 오래된 철물점과 과일 가게, 꽈배기 가게, 반찬 가게가 옹기종기 모여 있었다. 바랜 간판, 낡은 건물, 곳곳에 쌓여 있는 쓰레기봉투 무덤들까지.

　학창 시절부터 오래 품어온 강남의 모습과는 달라도 너무 달랐다. '서울특별시 강남구'가 새겨진 주소를 손에 넣고도 전혀 두근거리지 않았다. 진짜 강남은 이런 모습이 아닐 텐데.

　아무리 둘러봐도 이 동네로는 내 깊은 강남병을 고치기 어려웠다. 결국 나의 몹쓸 병은 오히려 더 깊어지고 말았다.

　전입 신고만 마치면 강남 사람이 되는 줄 알았던 순진한 나.

　그런 나는 진짜 강남 사람들이 어떻게 그 삶을 손에 넣었는지, 그리고 한번 차지한 그 삶을 어떻게 누리고 지켜내는지를 곁눈질하기에 바빴다. 그러는 와중에도 강남구에 주민세를 내는 게 억울해 '절대 노른자'에게만 허락된 편의와 기반 시설은 빠짐없이 알뜰하게 누렸다. 영화 한 편 보겠다고 번잡한 코엑스까지 갔고, 벚꽃 잠깐 보자며 가깝지도 않은 양재천까지 자전거를 빌려 타고 갔다.

그러면서도 명백한 현실은 뼈저리게 느껴졌다. 나는 '진짜 강남 사람' 옆에 달라붙어 그들을 동경하는, 그저 구경꾼일 뿐이라는 사실을. 결국 호기롭게 들어왔다가 힘없이 무릎을 꿇고 말았다.

그렇게 울기도 웃기도 애매한 하루하루가 흐르면서, 또다시 못난 병이 도졌다. 부모의 도움으로 수십억짜리 아파트에 당연한 듯 사는 이들을 보며 양가 부모님의 소박하고 성실한 인생을 원망하기 시작한 것이다. 참 못났다. 못났어.

그러다 어느 저녁, 큰애가 친하게 지내는 친구 중 하나가 하필이면 내가 자꾸 마음에 걸려 바라보던 그 신축 대단지에 산다는 사실을 알게 되었다. 나는 괜히 입을 삐죽거리며 아무도 궁금해하지 않을 말을 중얼거렸다.

"그래도 내신 등급은 우리 아들이 더 잘 나오잖아."

누군가는 고상한 고전 문학에서 인간의 끝없는 욕망을 발견한다던데, 나는 굳이 그런 도움 없이도 가능했다. 내 속을 살짝만 들여다봐도 욕망이 어떻게 생겼는지 그대로 드러났으니까. 과연 내 욕망의 끝은 어디일까. 끝이 있긴 한 걸까.

사정을 모르는 친구들은 드디어 촌년이 강남에 입성했다며, 성공했다며 부러워했다. 그러나 내 복잡한 사연과 병든 마음은 굳이 꺼내 보이지 않았다. 어차피 그들에겐 별 관심도 없을, 내 속만 괜히 시끄러워지는 이야기였기 때문이다. 깊은 곳에서 간신히 끌어올려 조심스레 털어놓는다 한들, 기대한 반응을 얻을 가능성은 희박했다.

> 질투의 가장 두드러진 특징은 우리가 모두를 질투하지는 않는다는 사실이라고 할 수 있다. 엄청난 축복을 누리며 살아도 전혀 마음이 쓰이지 않는 사람들이 있는가 하면, 우리보다 약간 더 나을 뿐인데도 끔찍한 괴로움에 시달리게 만드는 사람들도 있다. 우리는 우리 자신이 같다고 느끼는 사람들만 질투한다.
> - 알랭 드 보통《불안》, 정영목 역, 은행나무

이 글은 질투인지, 불안인지, 만족인지, 아니면 여전히 목마른 욕망인지……. 이름조차 붙이기 어려운 내 안의 감정들을 수면 위로 끌어올렸다. 처음에는 그 날것의 감정들이 당황스럽고 부끄러웠다. 유치하고, 민망하고, 꼴사납고, 오만하고, 탐욕스럽기까지 한 감정들. 하지만 글을 쓰는 동안 그 감정의 이면에 숨어 있던 진짜 마음이 드러나기 시작했다. 수십 년간 차곡차곡 눌러 담아온 것들이 문장이 되어 흘러나오며 나는 비로소 인정하게 되었다.

'아, 나는 질투가 유난한 사람이구나!'

그냥 넘겨도 될 누군가의 일을 굳이 떠올려 부러워하고, 남이

가진 가장 좋은 것을 하나하나 짚어가며 속을 끓이는 어수선한 삶. 이렇게 태어난 게 내 탓은 아니지만, 이런 삶은 때때로 나를 지치고 불편하게 만들었다.

그렇다면 이런 불필요한 고통을 멈출 방법은 없을까? 남의 삶을 흉내 내겠다고 너무 많은 에너지를 쏟아내다 보면 어느 순간 정신이 번쩍 들 때가 있다. 그러다가도 다시 "우아하게 살고 싶은데 현실이 따라주지 않아 탐욕만 남았다"며 나를 원망하기 시작했다.

그토록 욕망하던 동네, 강남 한복판에서 나는 그만 길을 잃고 말았다.

"강남이 좋긴 좋네."

요즘도 내가 입에 달고 사는 말이다. 써놓고 보니 지독히도 촌스럽지만, 부인할 수 없는 사실이었다. 인정하기는 싫지만 강남은 정말 좋은 곳이었다. 반짝거리는 건물, 깔끔한 카페, 유행을 앞서가는 듯한 사람들의 옷차림. 그 화려함이 뿜어내는 공기를 들이마시다보면 나도 조금은 대단해진 듯 우쭐해질 때가 있다. 알고 있다. 보통 이런 걸 '촌티'라고 한다는 걸.

강남살이 13개월 차. 들으면 들을수록 더 외로워질 게 뻔한 말들은 뒤로 하고, 대신 다소 우스꽝스럽고 애매한 처지일망정 강남에 살게 되긴 했으니 꼭 한 번 해보고 싶었던 걸 요즘 드디어 해보는 중이다. 누군가 "어디에 사세요?"라고 물어보면 오래 기다려온 그 순간을 놓칠 수 없다는 마음은 티 나지 않게 꽁꽁 감춘 채 슬쩍 얄미운 표정을 장착하고는 천연덕스럽게 동네 이름을 툭 내뱉는 것이다.

"○○동이요."

◦∼◦

한이 맺힌 사람처럼 격렬하게 욕망하던 동네에 드디어 발을 들였던 그 순간만큼은 분명 기뻤다. 그러나 그 감정은 오래가지 않았다. 겨우 한 달 만에 나는 또다시 우울감 속으로 빠져들었다. 극단적으로 오르내리는 감정의 파도 속에서, 이렇게는 안 되겠다 싶어 예측하기 힘든 내 마음을 '글'이라는 그릇에 담아보기로 했다.

솔직한 감정과 경험을 풀어놓아야 하는 글을 쓸 때 인용문은 감정의 온도를 낮추고 시야를 넓혀주는 역할을 한다. 감정이 너무 생생하면 그 안에서 길을 잃기 쉽지만, 타인의 문장은 잠시나마 '거리두기'를 가능하게 하기 때문이다. 이때 인용문은 감정을 객관화하는 장치이자 혼란스러운 마음을 언어의 질서 안으로 데려오는 도구가 되어준다.

강남에 살면서 강남 사람을 질투하는, 스스로 보기에도 괴물 같은 마음. 부러움이라는 말로는 도저히 다 담기지 않는 감정.

처음에는 그저 나쁜 마음이라 여겨 꽁꽁 숨겼지만, 잘 들여다보니 꼭 그렇지만은 않았다. 내 질투는 타인의 것을 빼앗아 차지하고 싶을 만큼 탐욕스러운 종류는 아니었다. 그보다는 누군가가 서 있던 자리, 혹은 그 옆자리 어디쯤이라도 한 번 서보고 싶은 갈망에 가까웠다.

누군가를 끌어내리고 싶은 경쟁심도, 분노도 아니었다. 그저 한 번쯤 살아보고 싶었던 동네, 한 번쯤 입에 올려보고 싶었던 지명에 대한 우스꽝스럽지만 분명한 소망이었다. 지금보다 조금 나은 형편에서, 더 편안한 마음으로 살아보고 싶은 지극히 평범한 인간의 바람.

그렇다. 내 질투의 본체는 '갈망'이었다.

질투를 느낀다는 건 내가 정말로 원하는 무언가가 있다는 뜻이다. 그 감정을 부끄러워하지 않고 들여다보는 것이 치유의 출발이다. 질투는 누구에게나 있지만 좀처럼 입 밖에 내지 않는 감정이기에 털어놓을 곳을 찾기 어려웠다. 그래서 더 오래, 더 깊이 눌러두려 했던 것이다.

억눌러두려고 할 때는 괴롭고 부끄러웠지만, 감추는 대신 들여다보고 담담히 마주하며 글로 풀어내자 비로소 그 모양이 보이기 시작했다. 그리고 인정할 수 있었다. 그저 반짝이는 보석을 잠시라도 만져보고 싶은 마음, 누구나 선망하는 자리에 한 번쯤 서보고 싶은 보통 사람의 욕망이었다는 걸.

이 글 '나의 친애하는 강남'은 욕망과 질투, 자격지심과 허세가 뒤엉킨 내 마음의 실타래를 풀어준 결정적인 열쇠가 되었다. 새 동네에 대한 소소한 푸념으로 시작된 이야기가, 인용문을 활용해 쓰는 동안 오래 묵은 감정의 뿌리를 드러내는 스핀오프로 자연스레 확장된 셈이다. 그리고 지독하게만 느껴졌던 그 감정이 글이 되자, 욕망덩어리처럼만 보이던 나를 조금은 다정하게 바라볼 수 있게 되었다. 마침내 내 마음을 외면하거나 비관하지 않고, 있는 그대로 받아들일 수 있게 된 것이다.

    나는 내 글의 첫 번째 독자다. 그래서 용기가 필요한 글일수록 가장 먼저 설득해야 할 사람 역시 나 자신이다. 특히 질투에 관한 글을 쓸 때는 나를 단숨에 사로잡은 반짝이는 대상과 그를 향한 거칠고 날것의 감정을 외면해서는 안 된다. 그렇게 정면으로 마주해 적어 내려가다보면 누구에게도 보여주기 민망할 만큼 구구절절하고 초라한 하소연이 되기도 한다.
    하지만 쓰지 않았다면 몰랐을 것이다. 불편한 감정을 마주하고, 쓰고, 다시 읽어 내려가고 나서야 알았다. 그 감정 속에 생각보다 나쁘지 않은, 오히려 뜨겁고 반짝이는 삶에 대한 갈망이 조용히 깃들어 있었다는 것을.

"치유의 글쓰기에서 인용문은 나를 대신해 울어주는 문장입니다. 그 문장을 디딤돌 삼아 우리는 자신의 이야기를 새롭게 세울 수 있습니다."

(명랑한 글쓰기 노트 2)

인용문(Quotation) **활용하기**
: 내 감정과 타인의 지혜를 연결하는 통로

가끔은 마음을 직접 표현하기 어려울 때가 있다. '나만 이런 감정을 느끼는 건 아닐까' 하는 고립감 때문이다. 이럴 때 필요한 건 이미 검증된 한 문장이다. 나보다 먼저 이 감정을 지나온 누군가의 말을 빌려오면 서툰 내 마음을 놀라울 만큼 절묘하게 대신 표현해준다. 이때 인용문은 내 감정을 받아주는 안전한 완충지대가 되어준다.

그렇게 가져온 문장 하나를 적절한 자리에 놓기만 해도 보여주기 민망했던 글에 깊이가 생기고 감정의 밀도는 한층 더 단단해진다. 초라해 보이던 나만의 감정이 보편성과 문학적 감수성이라는 날개를 달고 비로소 가볍게 날아오르는 것이다. 인용문을 잘 활용하면 내 안의 불편한 감정 또한 인간에게 보편적으로 존재하는 것임을 확인할 수 있다.

==인용은 많이 사용하는 것보다 한 문장을 쓰더라도 적재적소에 배치하는 게 더 효과적이다.== 예를 들어 에세이의 도입부나 중간, 결말에 인용문을 적절하게 배치하면 글의 흐

름을 자연스럽게 엮어주는 효과가 있다.

- 도입부 인용문 : 글의 주제를 암시
- 중간부 인용문 : 감정의 전환점 제시
- 결말부 인용문 : 독자에게 여운을 남김

글의 흐름을 방해하지 않으면서 감정의 밀도를 높여줄 자리를 찾아내는 일은, 마치 집 안에 오래 두고 볼 그림 하나를 고르는 일과 비슷하다. 너무 눈에 띄어도 안 되고, 그렇다고 숨겨도 안 된다. 전하고 싶은 감정들 사이를 부드럽게 잇고, 미처 채우지 못한 공간을 자연스럽게 메워줄 때, 인용은 비로소 제 역할을 한다.

내가 가진 재료가 많을수록, 그리고 그 재료가 잘 분류되어 있을수록 절묘한 순간에 정확히 들어맞는 한 점을 찍을 수 있다. 그래서 나는 주제별, 감정별로 마음에 닿았던 나만의 '문장 아카이브'를 만들어두었다. 언제가 될지 모르지만 기막힌 타이밍에 내 글을 밝혀줄 인용의 순간이 찾아올 것이기 때문이다.

단, 한 가지 기억할 점은 작가명과 작품명 등 출처를 분명히 밝히는 일이다. 그래야 문장에 신뢰가 생긴다. 틈틈이 마음에 닿았던 문장들을 모으는 습관을 들여보자.

양팔 저울

나는 늘 "괜찮아요"라고 말하는 사람이었다. 늘 웃어 넘기고, 불편한 순간은 어색한 침묵으로 덮어두었다. 어리석게도 나는 그게 어른스럽고 괜찮은 사람의 모습이라고 믿었다.

하지만 돌이켜보면 그렇게 오래 참고 견디는 동안 정작 나는 나 자신에게 점점 무례해지고 있었다. 타인에게 '예의'를 지킨다는 이유로 삼켜온 수많은 감정은 굳은살처럼 내 안에 박혀 오랫동안 나를 아프게 했다. 그 기억들이 나를 아프게 했던 이유는 단순히 불쾌해서가 아니라, 존중받지 못했다는 확실한 감각 때문이었다.

그러다 알게 되었다. 오히려 조금 무례하다 싶을 정도로 솔직하게 쏟아내야 나를 덮고 있던 단단한 껍질이 비로소 부드러워진다는 사실을. 글을 통해 감정의 불편함을 피하지 않고 있는 그대로 쏟아낸 다음, 다시 고쳐 쓰면 된다는 것을. 글이 치유의 훌륭한 도구가 되는 이유는 고쳐 쓸 기회가 있다는 점이다. 그 과정에서 상처는 문장이 되고, 그 문장은 다시 나를 살린다.

─◦〜◦─

초등학교 시절, 내겐 죽고 못 살던 친구가 있었다.

시골 마을의 작은 공부방에 함께 다니던 우리는 틈만 나면 붙어 다녔고 자매처럼 편안했다. 눈만 마주쳐도 웃음이 터졌고 서로에게 비밀 같은 건 존재하지 않았다.

언니도 여동생도 있었지만 소진이와 내가 쌍둥이로 태어났다면 얼마나 좋았을까, 하고 상상하곤 했다. 무엇보다 우리는 서로를 참 자랑스러워했다.

예쁘다는 말보다는 씩씩하고 성격 좋다는 말을 듣던 소진이는, 내 오목조목한 이목구비와 동글동글한 글씨를 마치 자기 자랑거리인 양 뿌듯해했다. 나는 소진이의 넘치는 활력과 생기에 대리 만족을 느낄 때가 많았다.

그런 우리 사이를 부러워하는 친구들도 적지 않았다. "맨날 둘만 뭐 하냐"는 불평 섞인 핀잔을 듣는 건 예사였지만 개의치 않았다. 앙큼한 우린 그런 볼멘소리에 일일이 반응하지 않음으로써 오히려 서로에게 더 기울어진 우정을 확인하곤 했다.

한마디로 그때 우린 좀 재수 없을 만큼 끈끈했다.

그 후, 긴 세월이 흘렀다. 속절없는 시간은 새침했던 은경이를 장애아의 엄마로, 누구든 웃게 만들던 성격 좋은 소진이를 이혼녀로 만들었다. 예상치 못한 컴컴한 터널 속에서 허우적대던 날들이었다. 서로가 비슷한 시기에 그런 일을 겪은 탓에, 우리는 꼬박 몇 년 동안이나 연락을 끊은 채 각자의 황망한 시간을 온몸으로 버텨내고 있었다.

그리고 10여 년 만에 다시 마주 앉았던 어느 저녁. 반짝이던 여학생들은 이제 나잇살과 주름을 적당히 감춘 서른 후반의 여성이 되어 있었다. 어쩌면 한 번은 치러야 할 의식 같은 만남이었다. 그간 서로의 소식을 간간이 전해 들으며 걱정도 하고 궁금해하기도 했지만, 힘든 일을 겪은 뒤 이렇게 마주 앉은 건 그날이 처음이었다. 자리에 앉자마자 그동안 쌓아두었던 이야기들이 두서없이 쏟아져 나왔다.

솔직하고 담담하게 이야기했고, 이따금 용감한 척도 했지만 우리 둘 다 알고 있었다. 그날 카페 구석에 앉아 있는 두 여자는 더 이상 시골 마을의 풋풋한 소녀들이 아니라는 사실을. 우리는 낯선 사람처럼 마주 앉아 엄청난 사연을 특별히 너에게만 털어놓겠다는 듯 비장한 표정으로 식은 커피를 홀짝였다.

시간은 정신없이 흘러갔다. '장애'와 '이혼'이라는 아슬아슬한 키워드를 양팔 저울에 올려놓고 시작한 대화는 거의 스토리 공모전 같았다. 장애가 있는 아이를 키우느라 고단했던 내 하소연은 어느새 제법 똑똑한 다른 자식 자랑으로 이어졌고, 좁디좁은 직장에서 이혼녀라는 꼬리표를 달고 버틴 지 5년이 된 친구의 고충은 요즘 교제 중이라는 두 번째 애인의 이야기로 옮겨갔다. 각자에게는 밤을 새워도 모자랄 이야기였지만, 그날 우리에게는 두 시간짜리 요약본, 적당히 큐레이션된 사연 모음 정도면 충분했다. 더 깊이 들춰봐야 남는 건 상처뿐이라는 걸, 그리고 그 상처는 오래 들여다볼수록 더 선명해질 뿐이라는 걸 두 사람 모두 알고 있었으니까.

그때 우리 둘 중 한 명에게라도 멈출 줄 아는 지혜가 있었다면 어땠을까.

"그런데 말이야, 은경아. 너랑 나 둘 중 누가 더 힘들까?"

쿵.

남은 커피로 입술을 축이고 막 일어서려던 나는 그 질문 앞에서 도저히 태연할 수가 없었다. 괜찮은 척, 다행인 척, 감사한 척, 그래도 어느 정도는 행복한 척하며 두 시간을 간신히 버텼는데. 이젠 다 끝났다고 생각한 바로 그 순간, 소진이가 불시에 던진 그 한마디가 내 심장을 정확히 찔러버렸다. 나는 아무렇지 않은 듯 웃어 보였지만, 그렇게 말하는 소진이의 손끝도 미세하게 떨리고 있었다.

싸우자는 건 아닐 것이다. 소진이가 나한테 그럴 리 없다. 사실 내가 놀란 건 소진이가 아니라, 바로 나 자신 때문이었다. 두 시간 내내 내 머릿속을 떠나지 않던 질문이 바로 그것이었으니까. 방금 전까지만 해도 누구의 삶이 더 무거운지, 어느 쪽 저울이 더 내려앉는지 기우뚱거리며 계산하던 내 생각이 소진이의 입에서 그대로 튀어나오자 나는 한순간에 제 발이 저린 거였다. 그래서 우리가 단짝이었나보다. 너나 나나, 참 어지간하다.

우리는 각자 꺼내놓은 일상과 크고 작은 상처들의 무게를 머릿속 저울로 번갈아 재고 있었다. 단어 하나, 맞장구 한 번에도 양팔 저울은 성실하게 양쪽을 오갔다. 전 남편의 무책임함을 성토할 땐 저울의 추가 소진이 쪽으로 힘차게 기울었고, 교실에서 투명인간 취급을 받다 지쳐버린 둘째 아이가 결국 소아 우울증 진단을 받고 약을 복용하고 있다는 내 이야기에 함께 눈물을 훔친 그 순간 저울의 추는 내 쪽으로 묵직하게 내려앉았다.

그날 우리는 굴곡진 인생을 각자의 양팔 저울 위에 올려놓고 서로의 무게를 정성스럽고 신중하게 가늠하고 있었다. 아마 그 순간이 그날의 하이라이트였으리라. 그래, 그건 그렇다 치고. 어쨌든 집에 가려면 소진이의 마지막 질문에 답해야 했다.

우리 중 누가 더 힘든 걸까?

장애아를 기르는 부모의 일상과 삼 남매의 아빠와 헤어지고 홀로 서야 하는 싱글맘의 삶. 과연 어느 쪽이 더 버거울까. 짜증 날 만큼 무더운 여름날, 우리 중 누가 더 무거운 짐을 지고 더 형편없는 신발을 신고 북한산을 오르는 중일까. 금방이라도 꺼져버릴 듯 잿빛 한숨을 더 자주 내쉬며 여기까지 걸어온 건 누굴까.

그때 문득, 교사로 근무하던 시절의 한 장면이 떠올랐다. 방과후학교 업무를 맡았던 해, 수업별 강사 지원자의 서류를 평가하기 위한 채점 기준표가 있었다. 과목 경력, 수업 운영 계획, 전공 여부, 자격증 소지 여부, 심지어 동점자 처리를 위한 근거리 주소지 가산점까지 빽빽하게 채워진 표였다.

그날 밤, 소진이와 나는 서로를 심사하는 심사위원이었다. 장애아를 둔 내 삶과 이혼 후 세 자녀를 홀로 키우는 친구의 삶 중 어느 쪽이 더 최악인지 각자의 사연을 채점 기준표에 올려놓고 점수를 매기듯 듣고 있었으니 말이다. 결국 우리는 서로의 인생을 평가하며 두 시간을 보낸 셈이었다.

어두컴컴한 카페였던 게 차라리 다행이었다. 엎치락뒤치락 저울질하느라 바삐 움직이던 눈동자를 서로에게 들키지 않아도 되었으니까. 하지만 머릿속에서 저울이 쉬지 않고 흔들리고 있다는 사실만큼은 끝내 숨길 수 없었으리라. 이런 일은 아무리 해도 익숙해질 수 없는 법이다.

"음······. 은경아, 네가 더 힘든 것 같아."

마땅한 대답을 찾지 못한 나는 애써 못 들은 척 가방을 챙기고 있었다. 그때 소진이가 나직한 목소리로 말했다. 그녀의 채점 결과가 발표된 것이다. 소진이는 내가 이겼다고, 아주 친절하게 알려주었다. 항목별 점수는 차마 따져 묻지 못했다. 그럴 정신이 있었더라면 내 채점 결과도 발표했겠지.

소진이가 조용히 건넨 그 결과지를 가슴에 품은 나는, 무너져 내리는 마음을 붙들며 자리에서 일어서려 했다. 조금만 더 앉아 있다가는 내 입에서 무슨 말이 나올지 나조차 두려웠기 때문이다.

너무도 열렬한 사랑에 빠져 주변의 반대를 무릅쓰고 결혼과 출산까지 내달린 끝에, 무책임하고 이기적인 남자와의 지옥 같은 시간을 힘겹게 끝내고 지금은 사춘기 아이 셋을 홀로 키우며 일하는 소진이가 나의 승리를 선언했다.

분명 그녀의 채점표에는 몇 년째 받지 못한 양육비의 기록까지 반영되어 있었을 것이다. 그런데도 내가 이겼단다. 내가 더 힘들 거란다. 참으로 기막힌 승리였다.

그런데 더 어이없었던 건 서로 힘듦에 순위를 매기고 앉아 있던 바로 우리 꼴이었다.

상처는 후벼 팔수록 더 쓰라린 법이다.

우린 그쯤에서 멈췄어야 했다.

그냥 거기까지만 하고 가뿐하게 이긴 척 집에 왔어야 했다. 하지만 원치 않은 승부에서 이겨버린 게 분했던 나는 결국 한마디를 덧붙이고 말았다. 그게 화근이었다.

"물론 우리 둘째 아이가 또래보다 성장과 발달이 느리긴 하지만 성인이 되어 가정을 꾸리고 싶다고 하면 국제결혼이든, 다른 어떤 방식이든 알아보고 가능하면 뭐든 지원해주려고 해. 또 가정을 꾸리려면 안정적인 수입도 필요할 테니 지금부터 이것저것 준비도 하고 있고."

사실 이 말은 우리 둘째와 비슷한 상황의 다른 가정 사례를 들은 뒤 내 마음속에 조용히 자리 잡은 작은 소망이었다. 멀고 먼 둘째 아이의 결혼 계획을 굳이 꺼낸 이유는 단순했다. 결국 모든 인간은 자신을 조금이라도 덜 불행해 보이도록 애쓰는 존재니까.

불쑥 꺼낸 그 말은 내 삶에 점수를 조금이나마 더 얹어보려는 마지막 변론 같은 애처로운 몸짓이었다. 깜빡하고 지나칠 뻔한 항목 하나를 뒤늦게 적어 넣어 전체 평균을 조금이라도 올려보려는 처절한 시도. 진심 어린 소망이었건만, 어쩐지 4년마다 돌아오는 선거 공약처럼 잔뜩 힘이 들어가 있었다.

이래도 내가 더 힘든 거냐? 그 눈빛은 조용히 소진이를 향했다.

비록 부족한 점이 있어도 서로 의지하며 살아갈 좋은 짝을 만난다면 어떨까? 어쩌면 그때는 네가 더 힘든 삶일지도 모른다고, 그럴 수도 있겠다고 잠시라도 순순히 인정해주길 바라는 마음으로, 내 머릿속 찬란한 웨딩 플랜에 대한 소진이의 답을 기다렸다.

"그래, 은경아. 정말 좋은 생각이다. 그런데 말이야, 둘째만 그럴 게 아니라 첫째도 국제결혼으로 한번 생각해봐. 누가 장애인 시동생 있는 집에 딸을 보내고 싶겠니? 너는 딸이 없어서 잘 모르겠지만 내가 딸 키워보니까 그 마음 너무 잘 알겠거든. 그래서 하는 말인데, 괜히 잘난 한국 며느리 들여서 사네 못 사네, 속 끓이지 말고 차라리 비혼이나 국제결혼이 훨씬 나을걸? 사돈 눈치, 며느리 눈치 보며 마음고생 하는 것도 덜할 거고. 그래, 그게 훨씬 낫겠다."

"어? 어……. 그래."

말끝이 허공에 흩어졌다. 그리고 나는 천천히 일어섰다.

아무리 생각해도 나는 멍청이다.

무슨 정신으로 집까지 돌아왔는지 모르겠다. 핸들을 잡은 두 손에 힘을 주었다 풀었다 반복하며 치밀어 오르는 분노를 눌러 삼켰다. 엑셀을 밟을 때마다 어디 가서도 빠지지 않을 만큼 유창한 쌍욕이 입 밖으로 튀어나왔다.

나는 한때 이 친구를 그리워했다. 고생하는 모습이 안쓰러워 마음으로 애틋해한 적도 있었다. 그런데 얼마 남지 않은 우정을 놓치지 않으려 악착같이 붙들고 있던 내 삶에 아무렇지도 않게 낙제점을 던져버린 친구. 그런 친구에게 고분고분 대답만 하고 돌아온 나는 정말 똥멍청이였다.

그날 소진이의 말을 잊어보려 애썼지만 쉽지 않았다. 친구를 미워하느라 나 혼자 바빴고, 내 속만 시끄러웠고, 나만 동동거렸다. 그러나 그래봤자 부질없는 일. 상처는 안에 품을수록 더 곪을 뿐이었다. 한없이 초라한 삶일지라도 나는 이 삶을 계속 살아내야 한다. 그러니 이제 그만해야 했다.

밤은 길었다. 잠이 오지 않아 뒤척이며 천장을 오래 올려다보았다. 그날 이후 우리는 연락하지 않았다. 둘째는 물론 큰아이의 혼사까지 걱정해주던, 눈물 나게 고마웠던 친구였지만 다시 마주할 용기가 나지 않았다. 더는 괜찮은 척 소진이를 볼 여유가 없을 만큼 내 마음이 쪼그라들었기 때문이다.

그런데 그 말이 왜 그렇게 아팠을까.

이 질문을 오래 붙들고 있다보니 한 가지 사실을 깨달았다. 무례함은 단지 누군가의 태도나 말버릇으로만 남지 않는다. 어떤 말에 마음이 무너졌는지, 어떤 순간에 눈물이 났는지를 되짚어보면 그 안에는 내가 끝까지 지키고 싶었던 가치가 숨어 있음을 발견하게 된다. 내가 겪은 무례함은 내 안의 기준과 선을 또렷하게 비추는 거울이 되어주었다.

요즘도 가끔 나는 멍청이처럼 카페에 앉아 있던 그날의 나를 불러낸다. 이렇게 생겨 먹은 나라는 인간을 이해해보려 다독이다가, 때때로 용기가 솟는 어느 밤이면 조금씩 삶을 추슬러보기도 한다. 양팔 저울 따위보다 훨씬 소중하고 애틋한 내 몫의 삶을 덤덤히 살아내는 방식으로.

그래서 그때 제대로 되받아치지 못했던 나를 붙들고 자책하거나 무례한 상대를 끝없이 원망하며 더 이상 시간을 허비하지 않기로 했다. 그 순간으로 되돌아가 조목조목 되짚고, 서툰 표정을 말쑥하게 고치고, 대답과 리액션을 복기하느라 애태우지 않기로 했다. 누군가의 경솔한 말 한마디에 애써 가꾸어온 내 소중한 일상이 무너지도록 두지 않겠다는 결심이다.

살다보면 또 누군가가 불쑥 양팔 저울을 꺼내 들고 내 완승을 선언할지도 모른다. 그래도 흔들리지 않으리라. 내 마음의 경계는 내가 지켜야 하니까.

차올라 넘치는 말들을 글이라는 그릇에 바삐 담아내야 했다. 그러지 않으면 그 험한 말들이 엉뚱한 곳으로 흘러가 독화살이 되어 다시 나를 찌를 것만 같았다. 쓰고 있었지만 단순히 쓰기만 했던 시간은 아니었다. 마음이 왜 그렇게 아팠는지, 그 말이 왜 그토록 사무쳤는지를 나 자신에게 찬찬히 묻는 시간이기도 했다. 그렇게 쓰고 묻다보니 점점 더 또렷해졌다. 놓아야 했던 것은 내 감정이 아니라 그 사람의 말이었다는 사실이.

차마 입 밖으로는 꺼낼 수 없었던 헝클어진 생각들이 다행히 글 속에서는 차분하고 단정한 문장으로 하나둘 모습을 드러냈다. 무례함은 떠올리기조차 두려운 불쾌한 기억이지만, 그 감정을 따라가다보면 결국 내가 어떤 사람인지를 알아차리는 실마리가 된다.

그때의 그 말을 나는 지금도 잊지 못한다. 하지만 이제 더 이상 소진이의 말들이 나를 휘감지는 않는다. 그렇게 써 내려간 문장들이 모인 글 '양팔 저울'은 나만의 담대한 항소이유서이자 변명이며, 조용한 위로가 되어주었다.

───〜───

무례함은 종종 "나는 너를 잘 알아"라는 착각에서 비롯된다. 친밀하다는 이유로 아무 말이나 해도 되는 사이라고 믿는 것, 서로를 잘 안다는 이유로 자기 기준의 조언을 여과 없이 내뱉는 것. 결국 그것은 관계의 미묘한 거리를 무시한 채 경계를 함부로 침범하는 행위다.

더 기가 막힌 건 무례가 꼭 거친 말투로만 드러나는 것이 아니라는 점이다. 단정한 말투, 웃는 얼굴, 친절한 표정 속에도 무례는 숨어 있다. 교양의 가면을 쓴 판단과 단정이 마음 깊은 곳을 후비기 시작할 때, 비로소 오래 아파온 감정의 맨 얼굴과 마주하게 된다.

그날의 일을 글로 옮기겠다고 용기를 낸 순간부터 나는 말보다 글을 택한 이 선택이 과연 바람직했는지 수없이 되물었다. 그때의 이야기를 세상에 내놓기로 결심한 후에도 오래 망설였다. 이기적인 마음이지만 나는 소진이보다 나 자신을 더 걱정했다. 글을 쓰고 다듬는 내내 친구의 말투와 표정이 새록새록 떠올랐고, 그때마다 가슴이 저릿했기 때문이다. 그래서 쓰다 멈추기를 몇 번이나 반복했다.

그럼에도 이상하게 이 글을 애써 매만지는 동안 나는 오래도록 나를 힘들게 했던 소진이의 영향에서 조금씩 자유로워질 수 있었다. 하지만 동시에 이 글이 또 다른 상처가 되지는 않을까, 혹은 소진이가 이 책을 읽게 될지도 모른다는 불안은 그림자처럼 따라다녔다.

아직 아물지 않은 상처를 쓴다는 건 나를 지켜내는 동시에 누군가를 덜 다치게 하기 위한 섬세한 연습에 가깝다. 그 연습을 위해 내가 선택한 글쓰기 방법은 '각색하기'다. 아무리 정직한 감정이라 해도 그것이 글 속에 등장한 인물의 마음을 상하게 하지 않도록 글의 온도를 조절해야 한다. 나는 그걸 '조심스러운 진심'이라 부른다. 마치 갓 태어난 아이를 처음 목욕시킬 때처럼 최선을 다해 조심스러워야 한다.

세상은 흔히 솔직함을 최고의 미덕이라고 말하지만 글이 진짜 담아내야 할 것은 진실 자체가 아니라 그 감정이 머물렀던 순간의 온도라는 사실을, 나는 쓰면 쓸수록 절감한다. 정직한 마음 위에 조심스러운 손길을 더할 수 있다면, 그건 이미 치유의 시작이 아닐까. 나는 그렇게 믿는다.

그러니 몇 안 되는 내 친구 중 '소진이'는 없다. 그녀가 누구인지는 나만 안다. 혹여 누군가가 그녀를 짐작할까 걱정스러워 나는 나만의 새로운 '소진이'를 만들어냈다. 그 덕분에 이 글은 누구도 해치지 않으면서도 나의 상처를 찬찬히 들여다보는 도구이자 매끄럽게 감싸는 붕대가 되었다. 소진이가 볼까 두려워할 이유가 없는, 단정하면서도 솔직한 글 한 편이 완성된 것이다.

허구를 창작하는 소설과는 다르다. 이건 눈물을 삼키며 견뎌온 '진짜 내 이야기'다.

자신의 감정을 진실하게 마주하는 일과 그 감정의 배경이 된 사람에게 날을 세우는 일은 전혀 다른 문제다. 혼자만 간직하는 글이라면 모를까, 누군가에게 읽힐 글이라면 더더욱 그렇다. 진심은 지키되 불필요한 상처는 남기지 않는 것. 그게 내가 꿈꾸고 노력하는 성숙한 글쓰기의 태도다.

"내 진짜 이야기를 솔직하게 풀어내기 위해 누군가의 얼굴을 조금 가려주고 배경을 살짝 비틀어보세요. 각색이라는 옷을 입은 스토리는 복수가 아니라 존엄을 되찾는 방식입니다."

> 명랑한 글쓰기 노트 3

각색하기(Adaptation)
: 나와 세상의 고통에 새로운 질서를 부여하는 글쓰기

각색하기는 영화나 드라마가 원작을 재구성하듯 내가 겪은 경험이나 감정을 그대로 진술하지 않고 다른 인물, 사건, 시점, 배경 등을 빌려 표현하는 글쓰기 방식을 말한다. 예를 들어 부산에 사는 중학교 친구를 뉴욕에 사는 대학 친구로, 중학생 시절의 총각 과학 선생님을 정년을 앞둔 고등학교 생물 선생님으로 바꾸는 식이다.

여기서 중요한 점은 각색이 '사실을 숨기는 행위'가 아니라는 것이다. 오히려 '진심을 드러내기 위한 우회로'를 만드는 작업에 가깝다. 익숙한 장면을 비틀고 익명의 인물을 조합하더라도 그 안에 담긴 감정만큼은 최대한 사실에 가깝게 살아 있어야 한다.

❖ **치유의 글쓰기에서 각색하기 3단계** ❖

1단계 : 감정 포착하기

떠올리기만 해도 감정이 흔들리는 '한 장면'을 고른다. 그

리고 그때의 상황, 당시의 감정 언어를 구체적으로 적어본다. (예 : 억울했다, 무력했다, 외로웠다 등)

2단계 : 등장인물 변형하기

실제 인물을 그대로 등장시키면 솔직한 글쓰기가 어려워질 수 있다. 그래서 이름, 나이, 상황, 특징, 관계 등 인물 정보를 변형한다. 이런 전환은 글 속 인물을 누구도 짐작하지 못하게 만들고 그와 나를 동시에 보호한다.

3단계 : 결말 바꿔보기

치유의 글쓰기에서 각색의 핵심은 '사실의 정확성'이 아니라 '감정의 진실성'에 있다. 실제로는 하지 못했던 말을 글 속에서는 자유롭게 해보자. 미완의 감정이 완결을 맞으며 무력감이 해소된다.

무례함의 본질은 내 경계를 침범당한 경험이다. 따라서 무례했던 장면을 그대로 재현하면 피해자의 위치에 머물지만, 각색을 통해 감정의 중심을 주도하는 사람이 될 수 있다.

마흔여섯 살의 내가
스물네 살의
나에게

혼자 아침을 먹다 문득 눈물이 쏟아졌다. 오래전 내 일기장 한구석에, 그리고 내 가슴 깊은 곳에 묻어두었던 '동현'이란 이름이 불쑥 떠올랐기 때문이다.

그때는 몰랐다. 도움이 필요한 사람을 돕지 않는 나의 무심함과 무신경이 누군가에게는 지옥이 될 수 있다는 것을. 생전 처음 마주한 상황 앞에서, 초짜 담임이었던 나는 나름대로 최선을 다했다고 믿었지만, 지금 돌아보면 참 많이 부족했다. "처음이었으니까"라는 말이 모든 잘못을 덮어줄 수는 없다.

"만약에 다시 그때로 돌아갈 수만 있다면……."

하지만 이미 늦었다. 삶은 때때로 돌이킬 수 없는 실수 앞에서 우리를 가혹하게 시험한다. 이 글은 그 실수 이후, 스무 해가 넘도록 나를 짓눌러온 자책과 후회, 변명과 용서의 시간을 지나며 서서히 나 자신을 이해하고 받아들이게 된 내가, 동현이와 동현이 어머니에게 쓰는 참회록이다. 오래전에 시작되었으나 아직 끝나지 않은 이야기이기도 하다.

불쑥, 초등학교 담임이 되었다.

어린이를 유난히 좋아해서도, 교육에 남다른 뜻이 있어서도 아니었다. '여성에게 장래에 안정적인 직장'이라는 권유를 가장한 부모님의 강요로 교육대학교에 진학했고, 졸업한 지 불과 3주 만에 경기도 평택의 한 초등학교 5학년 2반을 맡았다. '불쑥'이라는 표현이 조금도 과장이 아니었다. 그렇게 마음의 준비도 각오도 없이 첫 담임 생활이 시작되었다.

우리 반 아이들은 유난히 마음씨가 고왔다. 어린이가 어른에게 얼마나 큰 사랑을 건네는 존재인지, 무심하고 메마른 어른의 마음을 얼마나 말랑하고 따뜻하게 바꿔놓을 수 있는지 아이들은 날마다 몸으로 보여주었다. 잔뜩 굳어 있던 내 마음도 동심 앞에서는 한없이 유연해지고 다정해질 수 있다는 걸 알려주기 위해 온 작은 천사들 같았다.

그러나 그 다정한 천사들 사이에서 동현이는 마치 갑자기 내 앞에 떨어진 숙제 같은 존재였다. 귓바퀴에 걸린 큰 보청기를 감추려고 단발에 가까운 더벅머리를 고수하던 남자아이. 낮은 청력으로 인해 겪어왔을 수많은 불편함과 불쾌한 경험들이 아이를 예민하게 만들고, 단단한 방어벽을 세우게 했을 것이다.

그럼에도 우리 반 아이들은 동현이와 큰 문제 없이 어울리고 있었다. 어린이에게는 꼭 좋아하지 않아도 친구가 되어줄 수 있는 특별한 힘이 있다. 그 눈부신 특권은 곧 들이닥칠 사춘기의 거센 파도 앞에서 가장 먼저 사라지고 마는, 그래서 더 애틋하고 아쉬운 선물이다.

동현이 어머니를 처음 만난 것은 학년 초 학부모 상담 주간, 학기가 시작된 지 한 달 남짓한 때였다. 그러니까 초등학교 담임이라는 내 경력이 아직 두 달도 채 되지 않은 시점이었다.

"선생님, 동현이가 아무래도 잘 못 듣는 편이에요. 가능하면 조금이라도 앞자리에 앉혀주시면 좋겠어요. 또 잘 못 듣는 탓에 목소리가 커지고 예민해질 때가 있는데, 그럴 땐 조금만 이해해주셨으면 합니다."

"네, 알겠습니다."

"그리고 친구들과 어울리는 것도 많이 서툰데요, 동현이를 도와줄 수 있는 친구를 짝꿍으로 배정해주시면 감사하겠습니다."

"네, 최대한 신경 쓰겠습니다."

나는 그렇게 대답했지만 마음속은 다른 생각들로 시끄러웠다.

'왜 계속 당신 아이의 편의만 요구하시는 거지?'

'한 아이를 위해 다른 아이들이 어디까지 양보하고 배려해야 하는 걸까?'

상담 자리에서 들은 동현이 어머니의 목소리는 분명 조심스러웠다. 하지만 이어진 부탁의 문장들은 초임 담임인 내 어깨 위로 묵직하게 내려앉았다.

새파란 신입 교사였던 나는 지금 돌아보면 참 형편없었다. 교육대학을 유급 한 번 없이 졸업했고 임용 고시도 한 번에 합격했지만, 달리 말하면 그만큼 세상과 부딪히며 성숙해질 기회를 충분히 갖지 못했다는 뜻이기도 했다.

그때의 나는 약한 청력과 보청기 탓에 예민해진 아이를 어떻게 대해야 하는지 몰랐다. 그런 자녀를 둔 어머니의 마음을 어떻게 바라보아야 하는지도 배운 적이 없었다. 학교에서는 아무도 그런 것들을 가르쳐주지 않았고, 먼저 다가가 부딪혀 배울 용기도 없었다. 무엇보다 신입 교사의 하루는 늘 숨 막힐 만큼 벅찼다.

그런데도 나는 '담임이니 당연히 잘하겠다'는 허세 섞인 자신감으로 동현이 어머니의 말을 귓등으로 흘려들었다.

"잘 알겠습니다. 걱정하지 마세요. 담임이니까 제가 알아서 잘 챙길게요."

그때 내가 내뱉은 말들은 사실 아무것도 모르는 사람이 내놓은 형식적인 위로에 불과했다. 그 응대가 동현이와 동현이 어머니에게 얼마나 힘이 되었을까. 아마 거의, 아니 전혀 아니었을 것이다.

현실은 늘 숨 가빴고, 동현이는 자주 내 기억에서 밀려났다. 매일같이 쏟아지는 업무 폭탄을 처리하기만도 벅찼던 신입 교사에게는 몸이 불편한 학생 한 명을 떠올릴 여유도, 세심하게 챙길

능력도 없었다.

그 사이, 교실의 천사들이 알게 모르게 나를 관찰하고 있었던 모양이다. 동현이를 향한 내 표정과 퉁명스러운 말투, 반응 하나하나가 그대로 복제되었다. 나의 미묘한 불편함과 불만스러움도 아이들 사이에 스며들었다.

자연스레 동현이는 교실 한구석의 익숙한 '동상 같은 존재'가 되어갔다. 낮은 청력에서 비롯된 어눌한 발음, 고성에 가까운 목소리가 들려오는 날도 점점 뜸해졌다. 어쩌다 숨 돌릴 여유가 생기면 미안한 마음에 한마디 툭 건네곤 했지만, 그건 누구보다 나 자신에게 들려주려는 형식적인 말이었다. 신참 교사도, 동현이도, 심지어 다른 아이들도 알고 있었다. 이 교실에서 동현이가 어떤 존재인지.

나는 지금도 믿고 있다. 당시 우리 반 누구에게도 악의는 없었다고. 숨 쉴 틈조차 없던 초짜 교사에게도, 그저 본 대로 따라 했던 5학년 2반 아이들에게도. 그러나 무신경한 교실의 공기 속에서 우리는 조금씩 동현이를 밀어내고 있었다.

학년이 끝나갈 무렵, 신입 교사와 천사들 사이의 애정은 절정에 달했다. 몇몇 아이들은 "우리는 이은경 선생님과 절대로 헤어질 수 없어요!"라며 엉엉 울었고, 그 눈물은 바이러스처럼 순식간에 교실 전체로 퍼져나갔다. 그럴 때면 나도 교탁을 등지고 칠판을 바라보며 몰래 눈물을 훔쳤다. 그 순간만큼은 나도 누군가에게 제법 괜찮은 선생님이었다고 스스로를 위로하며.

그렇게 동현이를 포함한 우리 반 아이들과 헤어졌다. 가끔 6학년이 된 동현이의 안부가 스치듯 궁금했지만 굳이 묻지는 않았다. 새 학기가 시작되자 또 다른 폭탄들이 밀려왔고, 나는 여전히 그것들을 처리하느라 허덕였다.

'담임의 미덕은 주어진 일을 기한 안에 안전하게 처리하는 것.'
부끄럽지만 그때의 나는 정말 그렇게 믿고 있었다.

시간은 믿을 수 없을 만큼 빠르게 흘렀다. 한때 명랑하고 쾌활하던 그 신입 교사는 어느새 두 아이의 엄마가 되어 있었다. 이상하게도 둘째 아이의 말이 늦었다.

'아들이니 그럴 수도 있겠지.'
스스로를 그렇게 다독이며 안심했다.

하지만 눈 맞춤도, 옹알이도, 호명반응도 첫째와는 어딘가 미묘하게 달랐다. 간혹 늦되는 아이도 있다는 말에 기대어, 연년생 둘을 낳고 육아휴직 중이던 나는 유난 떨지 말라는 주변의 조언을 곧이곧대로 믿고 시간이 해결해주길 기다렸다.

그러다 둘째의 청력이 정상 수준보다 한참 낮다는 사실을 알게 되었을 때, 나는 그대로 주저앉았다. 지능 저하 진단을 받았을 때도 말문이 막혔지만, 세 돌이 되도록 말문이 터지지 않았던 이유가 단순한 발달 지연이 아니라 실은 듣지 못했기 때문이라는 말 앞에서 완전히 무너져내린 것이다.

엄마라는 사람이 그것도 모르고 있었다니.
"왜 이렇게 늦게 오셨어요?"

의사의 그 한마디에 나는 속절없이 주저앉았다.

아이는 자라면서 또래보다 조금씩 더 뒤처지기 시작했다. 놓친 게 그것 하나뿐이었다면 얼마나 좋았을까. 독특하고, 특별하고, 특이하고, 유별나고, 눈에 띄고, 남다르고, 범상치 않고, 결이 다르고, 개성이 강한 그 수많은 단어들이 어느새 '증상'이라는 이름으로 내 아이를 설명하기 시작했다. 그리고 그 모습들은 내 머릿속에 오래 묻어두었던 동현이의 기억을 불러냈다.

'왜 하필 내게 이런 일이 일어난 걸까.'
'시간을 어디까지 되돌리면 이 불행을 바로잡을 수 있을까.'
'혹시 초임 교사 시절, 동현이 어머니의 간절한 요청을 무신경하게 넘겨버렸기 때문에 내 아이가 대신 벌을 받게 된 건 아닐까.'

울다 지쳐 잠드는 밤들이 이어졌다. 그러다 문득 깨달았다.
스물네 살짜리 새파란 신입 교사 앞에서 연신 고개를 숙이며 아들을 부탁하던 그때의 동현이 어머니도 지금 내 마음과 같았으리라는 사실을. 그녀의 어두운 표정, 초점 없는 눈빛, 칙칙한 안색, 필요 이상으로 크고 느린 목소리, 계절에 맞지 않는 낡은 패딩까지. 기운이라고는 찾아볼 수 없었던 그 모습이 이제는 내 앞의 거울 속에 있었다.

20년이 지난 지금, 그 신입 교사는 목청 크고 어두운 얼굴을 한 어머니가 되어 있었다. 그리고 그제야 알 것 같았다. 그해 교실 구석에 홀로 앉아 있던 동현이가 품고 있었을 뻥 뚫린 듯한 마음을.

몸서리치듯 오열하며 나는 스스로에게 되뇌었다. 그때의 나는 동현이 어머니의 마음을 헤아리기엔 너무 서툴렀고, 동현이를 품기엔 너무 무심했다고. 너무 늦게 알아차렸다는 미안함과 용서를 구하는 마음이 한꺼번에 몰려왔다.

사춘기에 접어든 둘째는 보청기를 완강히 거부했다. 어떻게든 달래서 걸어주었어야 했지만 그 실랑이가 버거웠던 나는 결국 감당하지 못하고 포기하고 말았다. 종일 교실에 앉아 있어도 들리지 않으니 배움은 더욱 멀어졌고, 낮은 지능에 정보의 결핍이 더해져 아이는 점점 더 뒤처졌다. 또래와 비교해 인지 능력의 수준을 가늠하는 웩슬러 검사 결과는 해마다 최저점을 찍었다.

아이와 함께 있는 시간은 언제나 큰소리로 얼룩졌다. 옆집에서는 우리가 매일 싸우는 줄 알았으리라.

꼭 안아주며 사랑한다 속삭이던 순간에도, 삐죽 나온 머리카락을 쓰다듬으며 예뻐하던 순간에도, 몇 번이고 "다시 읽어줘"라며 내민 그림책을 펼치는 순간에도 우리의 목소리는 어느새 높아지고 말았다.

보청기 때문에 생긴 중이염을 치료하느라 서너 달씩 항생제를 달고 살던 날들이 있었다. 숨 막히게 더운 여름이면 보청기 속에 찬 땀 때문에 귓속이 간지럽다며 온갖 짜증을 쏟아내던 날도 많았다. 독한 목감기가 결국 중이염으로 번져 귓속이 농으로 차

오르고, 자려고 누우면 고름이 귓바퀴를 타고 흘러내리던 밤도 있었다.

그런 날이면 나는 더 크게 말할 힘이 없어 옆방에 있는 아이에게 카톡을 보냈다. 손짓과 발짓으로 대충 의사를 전하거나, 메모를 적어 건네기도 했다. 목은 점점 쉬어갔지만, 다음 날이면 아무렇지 않은 얼굴로 예정된 강연을 소화하곤 했다. 우리의 일상은 그렇게 여기저기 금이 가고 엉망이 되어갔다. 이토록 시끄러운 집인 게 미안해, 큰아이에게는 노이즈 캔슬링 기능이 탁월한 고가의 헤드폰을 사주었다. 아이의 귀에 공부할 때 듣는 잔잔한 음악이 흐르기 시작하면 그제야 내 마음은 잠시나마 소란스러운 평온을 되찾았다.

그 사이, 내가 알던 소녀 같던 나는 사라졌다. 중고등학생 시절엔 목소리가 곱다며 방송반 아나운서를 도맡았던 여자. 이제 그 여자는 온데간데없고, 거울 앞에는 목청 큰 아줌마만 남았다. 버스에서도, 길거리에서도, 한창 영화가 상영 중인 극장에서도, 설교 말씀이 흐르는 예배당에서도 목소리 크기를 조절하지 못해 눈치 없는 사람 취급을 받는 아줌마. 동현이 어머니의 옛 모습을 꼭 빼닮은, 계절과 동떨어진 낡은 패딩 차림의 아줌마. 툭하면 고장 나는 오백만 원짜리 보청기를 들고 수리센터를 찾는 아줌마. 저녁이면 아이의 침대 끝에 걸터앉아 보청기에 소복이 쌓인 귀지를 알코올 솜으로 꼼꼼하게 닦아내는 아줌마. 이제는 그런 억척스러운 아줌마만 남아 있었다.

이게 바로 그때 동현이 어머니의 표정을 어둡게 만들었던 절망들이구나.

그 절망을 온몸으로 느끼기 시작하자 오래전 내가 알게 모르게 저질렀던 잘못들이 마치 어제 일처럼 생생하게 되살아나 나를 괴롭혔다. 나는 22년 전 5학년 2반 교실의 담임을 매몰차게 나무랐다.

"그때 너는 왜 그렇게밖에 하지 못했니."

"왜 좀 더 다정할 수 없었던 거니."

아무 소용없는 일이라는 걸 알면서도 지워버리고 싶은 그 시절의 내 모습을 굳이 떠올려가며 끝없이 뉘우치고 반성했다. 그래봐야 이미 늦었다는 걸, 그 누구에게도 용서받지 못한다는 걸 잘 알면서도.

'아이의 학교생활이 걱정스러워 밤잠을 설쳤을 동현이 어머니에게 왜 나는 다정한 전화 한 통 더 걸지 못했을까?'

이제야 나는 스스로에게 바보 같은 질문을 던진다.

'그때의 내가 조금만 더 유능했더라면, 조금만 더 따뜻했더라면. 그날 동현이 어머니의 손을 한 번 더 꼭 잡아주었더라면, 지금 나와 내 아이에게 향하는 세상의 차가운 시선이 조금은 덜 아프지 않았을까?'

느리고 특별한 아이와 하루하루 씨름하다보면 문득 뒤늦은 후회가 밀려오고, '만약에'라는 생각이 한껏 날개를 펼치다가 결국은 허탈한 웃음으로 스러지곤 했다.

담임교사로서 처음 맞닥뜨린 해, 특별한 배려가 절실했던 아이의 담임이 되었으면서도 미숙하기만 했던 젊은 날의 나. 그런 나를 조금이라도 두둔해줄 무언가가 필요했다. 내가 붙잡을 유일한 방패막이, 그리고 과거의 나를 위해 내세울 수 있는 유일한 변명은 '처음'이라는 단어였다.

"나도 예순일곱 살은 처음이야. 처음 살아보는 인생이니까 아쉬울 수밖에 없고, 아플 수밖에 없고……."

배우 윤여정 선생님이 했던 이 말은 단순한 유머나 자조를 넘어 그녀가 걸어온 삶과 내면의 태도를 압축해 보여주었다. 그리고 당시 자책과 괴로움에 짓눌려 있던 나에게는 조용한 구원이 되었다. 그 말에 기대어 나는 겨우, 아주 간신히 스스로를 용서할 작은 용기를 얻었다. 그렇다고 해서 나의 서툰 태도가 누군가에게 아픔과 상처를 주었다는 사실이 사라지는 것은 아닐 것이다. 오래 걸리겠지만 그 미안한 마음의 빚을 동현이가 아닌 또 다른 누군가에게라도 차곡차곡 갚아나가고 싶다.

둘째 아들이 장애 진단을 받았을 때 나는 그 사실을 온전히 받아들여야 했다. 머리로는 알고 있었다. 아이의 상태가 꼭 부모의 늦은 대처나 잘못 때문만은 아니란 걸. 그럼에도 엄마인 나는 내 탓이 아니라고 쉽게 말할 수 없었다.

물론 예전보다 자책의 그림자는 많이 옅어졌다. 하지만 스물넷, 서툴고 미숙했던 그 시절의 나에 대한 죄책감은 아직도 완전히 사라지지 않았다. 그래서 나는 오늘도 내 감정의 바닥을 찍어가며 '바꿀 수 없다면 받아들인다'는 말의 뜻을 조금씩 배워가고 있다.

○~~~○

   자책의 감정에 사로잡혔을 때, 그동안 차마 입 밖으로 꺼내지 못했던 마음을 자기검열 없이 나열하다보면 감정과 나 사이에 적당한 거리가 생긴다. 그 거리는 회피를 위한 벽이 아니라, 오히려 나를 제대로 바라보기 위해 필요한 간격이다. 무엇이든 너무 가까이 다가가면 제대로 볼 수 없듯, 한걸음 물러서야 온전히 보이는 것들이 있다.

   "내가 그때 왜 그랬을까."

   "조금만 일찍 알았더라면."

   이런 자책의 문장들이 머릿속을 맴돌 때 그 혼잣말을 밖으로 꺼내 적어보는 것이 중요하다. 처음엔 마치 배설처럼 거칠고 어두운 문장들, 혹은 어리석고 서툰 내면의 목소리가 쏟아져 나와 당황할 수도 있다. 그러나 걱정할 필요 없다. 자책은 나를 성찰하게 만드는 마음의 브레이크이자, 새로운 길로 나아가게 하는 핸들이 되기도 한다. 그 핸들을 놓치지 않고 앞으로 나아가다보면, 그 길 끝에는 조금 더 단단하고 성숙한 내가 기다리고 있을 것이다.

"나열하기는 감정을 다스리기 위한 마음의 숨 고르기입니다. 단어나 문장을 하나씩 열거할 때마다 흩어졌던 감정이 제자리를 찾게 될 거예요."

명랑한 글쓰기 노트 4

나열하기(Listing)
: 마음속의 파편들을 단어로 정렬하는 글쓰기

나열하기는 단순히 단어나 문장을 늘어놓는 기법이 아니다. 혼란스러운 감정을 정리하는 글쓰기이자 같은 부류의 요소들을 이어 적어 리듬과 힘을 만들어내는 방식이다. 단순한 반복이 아닌 다층적인 감정의 배열은 조금 더 설득력을 갖게 된다.

말로 늘어놓으면 변명 같고 그저 징징거리는 것으로 들릴 만한 속사정이나, 조금은 민망한 핑계들도 글로 조심스럽게 나열하는 연습을 해보자.

❖ 쓸 때마다 명랑해지는 나열하기 3단계 연습 ❖

1단계 : 감정의 조각 꺼내기
떠오르는 감정들을 검열 없이 단어로만 적어본다. 마음속에 가득한 생각과 감정을 줄줄이 늘어놓아 보자. 굳이 멋을 부리지 않아도 괜찮다.

2단계 : 감정에 순서를 붙이기

시간의 흐름이나 감정의 변화 순서대로 정리한다.

처음엔 몰랐다 → 나중엔 깨달았다 → 너무 늦었다 → 그래도 마음은 여전히 그곳에 있다.

3단계 : 문장으로 이어보기

조각난 단어를 짧은 문장으로 이어, 감정의 흐름을 만든다. 그저 하고 싶은 말을 솔직하게, 느낀 바를 담담하게 이어가기만 해도 그 글은 스스로 힘을 갖는다. 신기하게도 그렇게 나열한 문장들은 흐릿했던 마음을 또렷하게 드러내고, 복잡하게 얽혀 있던 감정을 차분하게 가라앉혀줄 것이다.

이 3단계를 따라 나열하기 연습을 하다보면 자책의 감정은 서서히 고통의 형태에서 이해의 형태로 바뀐다. 다시 말해 나열하기는 감정의 혼돈을 하나의 서사로 전환하는 기술이 된다.

이때 중요한 것은 사실을 과장하지 않고 마음속에서 올라오는 감정을 꾸밈없이 이어 적는 일이다. 그렇게 쌓아 올린 문장들은 당신의 이야기를 더 힘 있게, 더 솔직하게 빛나게 해줄 것이다.

어서 오세요,
흥미진진한 부업의
세계로

#좌절감

#타자화하기

왜 이렇게 안 풀리지 싶은 날들이 있다. 나쁜 일들이 약속이라도 한 듯 한꺼번에 몰려오고, 아무리 마음을 다잡아도 숨이 턱 막히는 그런 날들. 머리로는 안다. 이런 게 인생의 굴곡이며 누구나 겪는 평범한 일상이라는 걸. 하지만 막상 그 어둡고 축축한 동굴 안에 들어앉으면 출구는 좀처럼 보이지 않는다.

A는 그 무기력함을 기억한다. 자신의 한계를 마주하고, 아무리 애써도 달라지지 않는 상황 앞에서, 끝내 도달하지 못한 목표를 바라보며 느꼈던 그 시간들. 그렇다고 그 시간이 전부 헛되었던 건 아니다. 기대한 만큼 잘되지 않아 속상했지만 그래도 포기하지 않으려 애썼던 A. 그 마음을 다시 바라보고 다독이는 것은 A에게 꼭 필요한 과정이었다.

30대 휴직녀, 초등학생 두 아이를 둔 엄마 A

생활비는 바닥이 났고 급전이 절실했다. 이럴 땐 복직이 답이지만 발달이 더딘 둘째 아이의 초등학교 1학년 적응기를 챙겨야 했기에 어쩔 수 없이 무급 휴직을 연장할 수밖에 없었다. 그 순간부터 A는 단돈 얼마라도 벌 수 있는 방법을 찾아 나섰다. 마치 우주 탐사대가 미지의 행성을 탐험하듯 부업의 세계를 샅샅이 뒤지기 시작한 것이다.

하지만 엄연한 공무원 신분인 그녀에게는 '겸직 금지'라는 커다란 벽이 있었다. 규정에 어긋나지 않으면서도 수입 창출이 가능한 일을 찾는 건 사막에서 바늘 찾기였다. 간절했고 절박했다. 그만큼 시도도 많았다. 하지만 세상은 호락호락하지 않았다. 시도는 매번 실패로 이어졌고, 남편은 무심한 얼굴로 묻곤 했다.

"이번엔 또 뭘 하려고?"

손대는 일마다 번번이 실패했지만 그중에서도 지금 돌아보면 웃음이 나오는 엉뚱한 부업들이 몇 가지 있다.

부업 1. 〈우먼센스〉 주부 모델

여성 잡지 〈우먼센스〉에서 만 35세 이상 기혼 여성을 대상으로 모델 선발대회를 연다는 소식을 들었다. 1등 상품은 무려 1,000만 원 상당의 여행 경비 지원. 보통은 미용실 원장님의 부추김으로 나간다던데, A는 순전히 자발적으로 나선 케이스였다.

1차는 사진 심사. 친구를 불러내어 사진 촬영을 부탁했다. 평소 잘 입지 않던 짧은 치마를 꺼내 입고 온갖 포즈를 시도했고, 친구는 바닥에 드러눕기까지 하며 열정적으로 셔터를 눌렀다. 그 덕분에 A는 무려 8 대 1의 경쟁률을 뚫고 본선 30인 명단에 이름을 올렸다.

드디어 결전의 날. A는 생애 가장 진한 아이라인을 그리고 대기실 문을 열었다. 그리고 그 즉시 돌아 나오고 싶었다.

이 늘씬하고, 키 크고, 예쁜 아줌마들은 도대체 어디에 숨어 있다가 나타난 걸까. 동네 놀이터 기준으로 A보다 키 큰 엄마는 예인이 엄마 한 명뿐이었는데, 그 믿음 하나로 용기를 냈던 건데…….

고등학교에 입학하자마자 중학교 땐 보이지 않던 전교권들이 눈앞에 줄줄이 나타난 느낌, 딱 그거였다.

키 170센티미터는 기본이었다. 164센티미터인 A는 9센티미터 하이힐까지 준비했지만 문자 그대로 1도 소용이 없었다. 영혼까지 끌어모아 척추를 힘껏 세워보았지만 여전히 30명 중 제일 작았다. 다이소표 속눈썹을 곱게 붙이고 파운데이션을 손목이 아프도록 두드렸지만, 전문가의 손길을 받고 성큼성큼 들어오는 그녀들에겐 역부족이었다.

그리고 이어진 장기자랑 순서. 다섯 명씩 무대에 올라 심사위원 앞에서 각자 준비해온 장기를 선보였다.

'키도 메이크업도 헤어도 밀렸으니 장기자랑에서 승부수를 던져보자!'

전략은 나쁘지 않았다. 문제는 장기의 종류였다. 앞번호 참가자들이 바이올린을 켜고, 발레를 추고, 모델 워킹을 선보이는 동안 A는 속으로 중얼거렸다.

'망했다. 아, 집에 가고 싶다.'

A가 가족을 심사위원 삼아 몇 주간 갈고닦은 장기는 드라마 〈응답하라 1988〉에서 엄마 역할을 맡은 배우 이일화의 성대모사였다.

"보라야, 밥 무라. 덕선아, 언니 밥 무라케라!"

구수한 사투리가 마이크를 타고 우렁차게 울려 퍼졌지만 심사위원석은 미동도 없었다.

장기자랑은 이런 게 아니었구나.

A는 조용히 무대에서 내려와 그렇게도 가고 싶던 집으로 향했다.

부업 2. ○○생명보험 모니터링 요원

아줌마 모델 선발 탈락의 충격에서 잠시 휘청했던 A는 금세 정신을 추스르고 ○○생명보험의 모니터링 요원 모집 공고를 발견했다. 활동 기간은 5개월, 매달 20만 원의 활동비 지급. 그녀에게는 제법 솔깃한 조건이었다.

하지만 선발된 20명 가운데 완전 초짜는 A뿐이었다. 첫 오프라인 모임에 나가보니 그 자리는 소박한 안부 인사나 공짜 밥 한 끼 먹는 자리가 아니었다. 경력직 요원들이 내놓은 결과물은 대기업 성과 발표회를 방불케 했고, 그들이 준비한 PPT 자료는 '도대체 모니터링 보고서가 이렇게까지 완벽할 필요가 있나?' 싶을 만큼 정교했다.

'이분들 정체가 뭐지?'

서울 나들이라면 사족을 못 쓰는 A는 원피스를 살랑거리며 모임에 참석했지만 첫날부터 기가 팍 죽어버렸다. 그래도 궁금증을 참지 못하는 성격답게 틈만 나면 정보를 캐내려 애썼다. 기회는 회식 자리에서 찾아왔다. A는 일부러 자리를 옮겨 다니며 "언니, 언니"를 연발했고 베테랑들의 대화에 귀를 기울였다. 언니들은 초보 A를 경계조차 하지 않았다. '네가 알든 말든 어차피 못 따라오겠지' 하는 여유가 넘쳤다.

A는 적당히 고개를 끄덕이며 알아듣는 척했고, 눈알을 이리저리 굴려가며 상황을 파악하려 애썼다. 이곳이 진짜 '노다지의 세계'인지 아닌지가 그녀에게는 몹시 중요했기 때문이다. 베테랑 언니들을 위해 샤브샤브 국물을 정성껏 끓이고 셀프바 샐러드를 부지런히 퍼 나른 덕에 알짜 정보를 얻을 수 있었다.

알고보니 그녀들은 이 일을 전업으로 하는 베테랑들이었다. 월 20만 원은 소소한 금액이지만, 20만 원짜리를 여러 탕 뛰면 제법 쏠쏠한 수입이 된다고 했다. 기업마다 운영하는 '소비자 모니터링 요원' 제도가 있는데, 그것들만 잘 엮어놓으면 일정 수준의 월수입은 거뜬하다고 알려주었다.

이 업계의 신화 '진아 언니'는 이 일만으로 집을 장만했다는 전설 같은 소문까지 있었다. 그것도 강남에. 이곳은 부푼 꿈을 안고 '포스트 진아 언니'를 노리는 여성들의 전쟁터였던 셈이다.

물정을 몰라도 너무 모르는 A가 안쓰러웠는지 언니들은 각종 모집 공고가 올라오는 웹사이트를 친절히 알려주기도 했다. 하지만 보고서 하나 제대로 쓰지 못하고 내내 눈치 보며 끌려다니던 A의 요원 생활은 결국 부진한 실적 탓에 조용히 막을 내려야 했다.

부업 3. 아마존 셀러

줄줄이 실패를 맛본 A의 고민은 점점 깊어졌다. 검색창에는 '재택 부업', '재택근무', '부업', '지속적인 수익 창출' 같은 키워드가 끊임없이 오르내렸다. 그녀는 하루에도 몇 번씩 검색어를 바꿔 입력하며 탐색을 이어갔다. 실패가 A를 더욱 절실하게 만들었다.

그러던 어느 날, 눈에 띈 단어 하나. 아마존 셀러.

'아마존? 내가 아는 그 아마존? 거기에 물건을 판다고? 영어로? 뭘? 혹시 한국 물건을? 얼마에? 어떻게? 왜에에에에?'

머릿속에 물음표가 폭죽처럼 터졌다. 동이 트는 줄도 모르고 클릭을 이어가던 A는 아마존에서 판매 중인 어마어마한 종류의 한국 상품들을 발견하고 기함했다. 그 세계는 참으로 요지경이었다. 이니스프리 녹차 씨드 세럼이 버젓이 팔리고, 너구리 순한맛 5개입 번들이 11달러에 올라 있으며, 뽀로로 마이크의 리뷰는 수천 개를 넘어가고 있었다. 영어로 쓰여 있을 뿐 여기는 그야말로 쿠팡의 글로벌 버전이었다.

한국 상품을 아마존에 올려 전 세계로 판매하고, 건당 얼마의 이윤을 남긴다는 해외 온라인 셀링의 세계. A는 확신했다.

'그래, 이곳이 나의 노다지다. 내 남은 인생, 여기다 걸자!'

A는 구글 자동 번역 기능을 붙들고 더듬더듬 판매자 회원 가입을 마친 뒤, 상품 정보를 하나하나 등록하기 시작했다. 해외에서 잘 팔린다는 뽀로로 장난감 시리즈를 30개나 등록하던 어느 밤, 고개를 들어 시계를 보니 새벽 4시였다.

그리고 마침내 울린 첫 주문 알람.

상품은 라바 물총 세트였다. 텍사스의 성인 남자가 라바 물총으로 뭘 하려는지는 알 수 없었지만 중요한 건 그가 결제를 완료했다는 사실이었다.

"사랑합니다, 미스터 텍사스!"

A는 곧장 국내 온라인 쇼핑몰을 뒤져 최저가로 라바 물총 하나를 주문했다. 1차 배송지는 A의 집. 택배가 도착하자마자 포장도 뜯지 않고 우체국으로 달려가 국제 특급 배송으로 발송했다.

그렇게 손에 쥔 첫 순수익은 무려 5,000원.

많은 시간을 들인 끝에 얻은 결과치곤 다소 초라했지만 아직 포기란 단어는 A의 사전에 없었다. 적당히 하다가 말 거였다면 상품을 100개씩이나 올리지도 않았을 것이다.

그러나 현실은 또 한 번 잔인하게 다가왔다. 아마존 셀러로 살아남으려면 물류 창고FBA에 상품을 대량으로 쌓아두어야 미국 전역에 빠른 배송이 가능했다. 배송 속도가 구매율을 결정하고, 구매율이 후기와 수익을 좌우한다는 걸 뒤늦게 알게 된 것이다. 아이들 전집도 죄다 중고로 사던 A에게 아마존 물류 창고를 채울 자금이 있을 리 없었다. 현실은 생각보다 훨씬 더 거칠고, 훨씬 더 모질었다. 결국 그녀는 또 한 번의 포기를 선언했다.

부업 4. 이모티콘 창작자

아마존에서 혼쭐이 난 A는 이번엔 카카오톡 이모티콘으로 눈을 돌렸다.

"딱 하나만 대박이 나면 자는 동안에도 돈이 들어온다."

듣는 순간 심장이 쿵 하고 뛰던 말. 누군가는 이모티콘으로 건물을 샀다는 소문까지 들려왔다. A는 망설임 없이 덤벼들었다.

둔해 빠진 마우스로는 아무것도 할 수 없을 것 같아 8만 원짜리 패드와 전자펜을 큰맘 먹고 장만했다. 학교에서 돌아온 아이들에게 꿀떡 한 팩을 획 던져주고는 곧장 돌아앉아 이모티콘의 세계를 탐구하기 시작했다. 더 잘 그리는 법, 배경 지우는 법, 저장하는 법, 움직이는 사진으로 변환하는 법까지. 이모티콘이라는 신세계를 끝없이 파고들었다.

아이들이 잠든 밤이면 그 비싼 펜을 손에 쥐고 그림을 그리고 또 그렸다. 최선을 다했다. 그러니 최선을 다한디고 해서 모두가 손흥민이나 김연아가 될 수는 없었다. 고치면 고칠수록 그림은 더 어색해졌고, 손을 대면 댈수록 점점 더 촌스러워졌다. 그렇게 사흘째 머리도 못 감고 아이들 돌보는 일도 집안 살림도 잊은 채 '수박 아줌마'라는 이름의 이모티콘을 완성했다.

드디어 카카오에 응모 완료. 하지만 합격 소식은 감감무소식이었다.

'왜 연락이 없지?'

혹시나 하는 마음에 콘셉트와 제목을 바꿔 스무 번도 넘게 응모했지만 기다리던 소식은 끝내 오지 않았다. 그러던 중 비교적 문턱이 낮았던 네이버에서 합격 통보가 왔다.

"야호! 드디어 그림이 돈이 되는구나."

A는 들뜬 마음으로 판매를 시작했다. 하지만 정작 아무도 사지 않았다. 입점만 하면 앉아서 돈을 벌 줄 알았던 A는 결국 착한 지인들에게 1,000원 결제 링크를 돌려 총 1만 8,000원의 수익을 올렸다. 그리고 그게 전부였다. 추가 판매는 없었다.

10년이 지난 지금도 A는 자신이 운영하는 '슬기로운초등생활' 네이버 카페 댓글 창에 '수박 아줌마' 이모티콘을 붙이며 혼자 웃곤 한다.

"뭐라도 하면 하늘이 감동해 한 번쯤은 기회를 주지 않을까."

그 말을 붙잡고 간절히 스스로를 돕기 시작했지만 하늘은 어딜 보고 있는 건지 좀처럼 움직이지 않았다. A는 홀로 자신을 돕는 날들을 이어갔다.

고작 이런 정도의 실패로 낙담을 들먹이느냐고 묻는다면, 단연코 아니다. 지면의 한계로 다 쓰지 못한 부업 실패담이 몇 배는 더 있음을 밝혀둔다.

A는 늘 바빴다. 남들 뒤통수를 쫓아다니느라 혼이 빠졌다. 정보를 먼저 접한 이들이 세상의 돈을 다 쓸어갈 것만 같아 마음은 항상 조급했다. 그러나 A는 정작 중요한 두 가지를 놓치고 있었

다. 바로 그 일이 자신에게 맞는 일인지에 관한 고민과 이미 가진 재주를 키워보는 노력이 우선이라는 점 말이다.

A는 돈이 된다면 어디든 뛰어드는 박력이 곧 생존력이라 믿었지만, 방향 없는 박력은 돈이 되지 못했다. 전례 없는 노력을 쏟아부었지만, 세상은 결코 첫술에 배부르게 하지 않았다.

거듭된 실패로 우울해질 때마다 A는 책을 읽으며 마음을 달랬다. 읽다보니 슬슬 쓰고 싶어졌다.

"100쪽을 쓰면 책이 된다."

이번엔 어디선가 읽은 이 말 하나를 붙잡고 무식하게 버티며 기어이 분량을 채웠다. 어설픈 원고를 출판사 수백 군데에 투고했고, 그중 딱 한 군데서 연락이 왔다.

"분량은 채우셨으니, 좀 아쉽긴 하지만 책을 내봅시다."

드디어 내 인생에도 볕이 드는 건가?

가슴이 벅찼다. 하지만 착각이었다. 책을 쓰면 책이 팔리는 줄 알았던 순진한 시절. 세상은 정말이지 호락호락하지 않았다. 한 가지 위안이라면 우울할 때마다 읽던 책 덕분에 나한테 꼭 맞는 일을 찾기 했다는 것. 그래서 팔리든 말든 눈만 뜨면 일단 꿈쩍 않고 쓰는 중이다. 지금껏. 그리고 아마 앞으로도.

───

짐작했겠지만 부업의 세계를 탐험하던 A는 바로 나다. 지금 이 책, 내 인생 80번째 책이 될 이 원고를 쓰고 있는 나 역시 무너졌던 순간들이 셀 수 없이 많았다. 좌절이 무기력으로 이어졌던 시간을 꺼내어보는 일은 누구에게나 썩 내키는 작업은 아닐 것이다. '그걸 굳이 왜?'라는 생각이 먼저 들게 마련이다. 하지만 그 마음을 다시 바라보고 토닥여주는 일은 나에게 꼭 필요한 과정이었다. 좌절의 순간들, 어딘가 깊이 파묻어두고 싶었던 실패의 경험들을 붙잡아 고치고 다듬는 과정은 오히려 나를 당당하고 담대하게 만들었다. 좌절을 꺼내 다시 쓰는 일은 그 안에 그저 갇혀 있지 않겠다는 조용한 선언이기도 했으니까.

실패하고 좌절한 경험을 A라는 제3자가 되어 되돌아보면 그때 내가 너무 많은 걸 해내려 했던 건 아닌지, 기대가 현실보다 너무 앞서간 건 아닌지 섬세하게 살필 수 있다. 그러다보면 움츠러들었던 마음이 살며시 펴지기 시작하고 조금은 가벼워진다. 좌절의 감각을 글로 풀어내다보면 무너졌던 나뿐 아니라 아직 남아 있는 희망의 조각들도 함께 발견하게 된다.

"타자화 글쓰기 전략은 고통스러운 경험이나 후회, 부끄러움 같은 감정을 '나'라는 주체가 아닌 관찰자로 바라보게 해줍니다. 그 과정을 통해 우리는 감정의 홍수에서 벗어나 이해와 통합의 관점으로 자신을 다시 바라볼 수 있게 됩니다."

> 명랑한 글쓰기 노트 5

타자화(他者化) 하기
: 자기 감정을 직접 다루기 어려울 때 '나를 낯설게 보는 시선'을 통해 스스로를 이해하고 수용하게 하는 글쓰기

좌절을 주제로 삼고 쓰다보면 문장이 칙칙하고 축축해지기 쉽다. 애초에 화자가 무너져 있으니 읽는 사람도 가라앉지 않을 도리가 없다. 물론 끝내 영웅이 된 사람이 성공 직전의 어려웠던 시절을 여유롭게 회고하는 상황이라면 다르겠지만.

실패 없이 승승장구하는 슈퍼스타가 아닌 평범한 개인이 겪은 실패들을 줄줄이 나열하다보면 글은 점점 무겁고 늘어지게 된다. 그런 글을 접하면 독자는 '그래서 어쩌라고'라는 말을 떠올릴 수밖에 없다.

그럴 땐 나를 살짝 바깥으로 밀어내보자. 'A'라는 이름을 빌려 내 이야기를 남의 이야기처럼 덤덤히 풀어내는 것이다.

==사람은 맨눈으로는 자신의 얼굴을 볼 수 없다.== 거울이나 다른 매개체에 비친 모습으로만 확인할 수 있을 뿐이다. 글쓰기

도 마찬가지다. 나에 대해 쓰다보면 누구나 주관의 늪에 빠지기 쉽다. 그래서 글에도 '타자화'라는 거울이 필요하다.

==1인칭을 3인칭으로 바꾸는 것만으로도 글은 놀라울 만큼 달라진다.== '이건 내 이야기지만 동시에 누군가의 이야기'라는 안전한 가면을 제공해 숨기고 싶던 이야기를 꺼낼 수 있게 해준다. 슬픔은 지나치게 슬프지 않게, 분노는 너무 들끓지 않게 다듬을 수 있다.

==타자화 글쓰기의 핵심은 감정적 거리두기에 있다.== 감정이 지나치게 뜨거우면 오히려 나를 압도해 상처가 다시 자극될 수 있다. 고백은 진심이어야 하지만 글은 그 진심을 객관적으로 담아낼 줄도 알아야 한다. 그래서 나는 나를 'A'라고 이름 붙여 감정적 거리를 두기로 했다. 한 걸음 물러나 나 자신을 낯설게 바라보는 방식, 그것이 타자화 글쓰기의 묘미다.

==때로는 직구보다 변화구가 멀리 가는 법이다.== 눈치 빠른 독자들은 곧 알게 된다. A가 바로 글쓴이라는 사실을. 하지만 굳이 밝힐 필요는 없다. 서로 알면서도 모른 척 거리를 두는 그 순간, 감정은 정제되고, 공감은 더 깊어진다.

아이러니하게도 내가 아닌 척할 때 오히려 솔직해질 수 있다. 나 역시 A라는 가면을 썼을 때 더 많은 것을 털어놓을 수 있었다. 그래서 또 다른 글 속에서 나는 K가 되기도 하고, 어떤 글에서는 박 선생이 되기도 하며, 또 어느 날은 S 여사가 되어 다시 나 자신을 마주하게 될지도 모른다.

화려하지
않은
고백

#위선

#묘사하기

어느 날 한 독자로부터 이런 말을 들었다.

"선생님을 떠올릴 때마다 아픈 아이의 엄마라는 사실을 잊습니다. 저는 밝고 친절하고, 삶을 당당하게 살아가는 선생님의 모습을 먼저 기억합니다. 그 생동감과 확신, 그리고 선하게 살아가려는 노력까지 닮고 싶습니다."

이런 말을 들은 건 처음이 아니었다.

"영상 속 선생님과 책 속 선생님은 꽤 다르네요. 유튜브에서는 밝고 당당하고 유머러스한데, 책 속에서는 훨씬 솔직하고 허당기 넘치고 때로는 치열하고 그 안에 아픔도 보여요."

그럴 때마다 나는 문득 생각에 잠긴다.

'사람들이 보는 내가 진짜 나일까, 아니면 내가 드러내고 싶어 하지 않는 그 모습이 더 진짜 나일까.'

일상의 나는 밝고 낙천적이며 웃음이 많다. 분명 그것도 내 모습이다. 하지만 또 다른 한쪽의 나는 다르다.

말 한마디에도 쉽게 상처받고, 부정적인 댓글 하나에도 밤새 뒤척이는 여린 사람.

현실적인 욕망을 좇으면서도 낭만을 놓지 못해 스스로를 자주 괴롭게 만드는 모순된 사람.

겉으로는 완벽주의자처럼 보이지만 속은 허술하고 실수투성이에, 늘 후회를 끌어안고 사는 사람.

그래서 나조차도 어떤 얼굴이 진짜 나인지 가끔은 헷갈릴 때가 많다.

초등학교 4학년, 5학년인 두 아이와 함께 우리 가족은 멀고 낯선 땅에서 1년을 보낸 적이 있다.

바로 캐나다 밴쿠버의 빅토리아섬.

둘째의 우울증, 큰애의 학교 적응 문제, 그리고 무엇보다 무너질 듯 짓눌린 내 마음 때문이었다.

이미 사표까지 던진 뒤였으니, 당시의 우리는 더 이상 잃을 것이 없다고 생각했다. 네 식구 모두 외롭고 힘들었던 캐나다살이에서 유일한 희망은 큰애의 학교생활이었다.

"아들아, 너 하나 위해 여기까지 온 건 아니지만 이왕 물 건너왔으니 너라도 영어가 터져주면 안 되겠니?"

아이에게 직접 드러내놓고 요구한 적은 없지만, 매일 아침 소시지를 데치고 주먹밥을 만들어 도시락을 쌀 때마다 속으로는 이렇게 얘기하고 싶었다.

그러나 나중에 알았지만 아이는 낯선 교실에서 내내 한마디도 하지 않은 채 한 학기를 버텼다고 한다. 시간이 한참 지나고 나서야 그 사실을 알게 되었을 때, 철렁 내려앉은 심장의 무게는 지금 떠올려도 아찔하다.

그렇게 한동안 입을 꾹 다물고 지내던 어느 날, 큰애가 말했다.

"오늘 친구랑 놀았어."

친구 이름은 테일러라고 했다. 그 말을 듣는 순간 한 줄기 빛이 비치는 것 같았다. 영어 단어라곤 '바스켓볼'밖에 모르던 아이가 캐나다 친구를 사귀었다니……. 기대감으로 심장이 쿵쾅거리기 시작했다. 기회가 된다면 아들 친구 테일러를 꼭 만나고 싶었다. 천사 같은 그 아이에게 진심으로 고맙다고 말해주고 싶었고, 잠시라도 두 아이가 함께 어울려 노는 모습을 내 눈으로 보고 싶었다.

드디어 기회가 찾아왔다. 큰애의 학교 공개수업 날.

몇 벌 없는 옷 중 가장 단정한 옷을 골라 입고 립스틱도 덧발랐다. 누가 본다고 그렇게 요란을 떨었는지. 아들 친구에게만큼은 활기차고 씩씩한 모습으로 인사하고 싶었다. 이날을 위해 어린 시절부터 '나이스 투 미츄'를 연습해온 것만 같았다.

수업이 끝나기를 기다려 쪼르르 아이에게 다가가 물었다.

"테일러가 누구야?"

엄마가 반가웠던 아이는 망설임 없이 손을 들어 어딘가를 가리켰다.

"저기, 저 뒤에 앉은 애."

아이의 손끝이 가리킨 곳은 교실 뒤편 창가 자리. 거기에는 온몸이 부서질 듯 휘청거리는 아이가 앉아 있었다. 손과 목은 방향을 잡지 못하고 계속 떨렸고, 몸은 휠체어 등받이에 거의 눕다시피 기대 있었다. 입에선 해석할 수 없는 짧은 소리가 연신 새어 나왔고, 가느다란 팔은 허공을 헤집듯 힘없이 허우적거렸다.

그 아이라면 나도 이미 보았다. 수업 시간 내내 의미를 알 수 없는 소리와 움직임으로 교실 전체의 공기를 흔들던 아이였다. 그 모습을 보며 '저 아이 부모는 얼마나 마음이 아플까' 하는 생각에 엄마도 아닌 내 마음이 괜스레 무거워졌었다.

그런데 바로 그 아이가 테일러라니.

그때부터 내 의식은 제멋대로 흘러가기 시작했다.

'왜 하필 너인 거니. 왜 네가 테일러인 거니.'

속으로 외쳤다. 낯선 땅에서 우리 아들이 처음 사귄 친구라는데, 이 많은 아이 중 왜 하필 너냐고. 조금 더 평범한 아이일 수는 없었냐고. 장애를 가진 동생의 우울증 때문에 멀고 먼 곳까지 날아와 이 고생을 하는 아이인데.

당시 나는 한국의 학교에서 둘째 아이를 외롭게 했던 친구들에 대한 마음속 앙금이 완전히 가시지 않은 상태였다. 내 아이 옆에 있었다는 이유만으로 은근히 따돌림을 당해야 했던 아이의 친구에게 미안하기도 했고, 동시에 혹시 큰애가 그런 처지가 되지는 않을까 걱정도 되었다.

아마 그래서였을 것이다. 큰애가 건강한 아이들과 어울리길, 나는 누구보다 간절히 바랐다.

그 순간, 나는 내가 얼마나 위선적인 사람인지를 또렷하게 깨달았다. 아무리 '세상 모두를 이해하고 배려하며 편견 따윈 없는 어른'이라는 옷을 그럴듯하게 걸쳐 입어도 조잡하고 이기적인 내 속마음까지 감출 수는 없었다.

그날은 그런 나 자신을 도저히 참기 힘들었다.

초등교사 시절, 우리 반에는 한 해 걸러 한 명씩 장애를 가진 아이가 배정되었다. 청각장애, 발달장애, 뇌 병변 등 종류는 달라도 비슷한 아픔을 가진 아이들이었다. 장애아와 비장애아가 함께 수업을 받는 건 '더 나은 이해와 공존을 위해서'라는 말로 포장되곤 한다. 듣기엔 아름다운 말이다. 그러나 정작 교실 안에서는 그 말이 공허하게 메아리칠 때가 더 많았다. 담임인 나조차 그 아이들을 따뜻하게 바라보지 못했으니. 아니, 어쩌면 나만 그랬을지도. 아이들은 안 그랬다면 불행 중 다행이겠지만.

물론 나는 노련했다. 반의 다른 아이들에게 장애가 있는 친구를 어떻게 대해야 하는지, 교실에서 어떤 어려움을 겪을 수 있는지를 친절하고 능숙하게 설명하는 담임이었다. 하지만 그건 담임교사라는 직업인으로서의 의무를 다한 것이었을 뿐 타인을 향한 순수한 사랑이나 연민과는 거리가 멀었다.

나는 사랑 넘치는 특수교사도, 치료사도, 사회복지사도 될 수 없는 그저 평범한 직장인이자 부족한 인간이었다. 누군가를 이해하는 사람인 척하는 데는 제법 능숙했지만, 이해하는 마음 자체는 부족했다. 이해하는 척, 사랑하는 척, 희생하는 척, 같은 마음으로 아파하는 척, 그 모든 흉내를 잘 내는 사람이었을 뿐이다.

그런데 시간이 흘러 뜻밖에도 나는 장애아의 엄마가 되었다. '뜻밖'이라는 말이 글자 그대로 가슴에 박혔다. 아이를 낳기 전에는 단 한 번도 '장애를 가진 아이를 사랑할 수 있을까?' 같은 질문을 스스로에게 던져본 적이 없었다. 내게는 결코 일어나지 않을 일이라 생각했으니, 그런 질문은 하등 쓸데없는 일이었다.

장애아의 부모가 된다는 건 '돌볼 준비가 되었는가?'라는 물음조차 가지기도 전에 삶이 던져준 풀기 어려운 문제 앞에 멍하니 서는 일이다. 뒤늦게야 스스로에게 그 질문을 던지고 '내 답은 무엇인가'를 거꾸로 찾아가는 힘겨운 과정이다. 남들과는 다른 속도로 서서히 성장하는 아이를 정성으로 돌보려고 나름대로 애썼지만, 나는 언제나 미안한 엄마였다. 엄마의 역할을 조금이라도 더 잘해보고 싶어 몸부림을 쳤다. 그러다 어느 순간, '장애아의 엄마'라는 낯선 역할에 익숙해지기 시작하면서 슬슬 착각에 빠졌다.

나는 원래 편견이 없는 사람이라고, 원래부터 약자의 편에 서 있던 사람이라고. 심지어 모든 장애아를 품을 만큼 훌륭한 사람일지 모른다고 소름 돋게 포장된 착각 말이다.

사실은 겨우 내 새끼 하나만을 위한 일이었으면서 마치 세상의 모든 장애인을 넉넉히 품을 수 있을 것처럼 스스로를 속이며 오만해졌다. 내 연민과 희생과 노력은 내 필요에서 시작된 것이었으면서도, 나는 스스로 가시밭길을 택한 성인이라도 된 양 굴었다. 보통의 부모처럼 자식 일이라면 사족을 못 쓰는 평범하기 짝이 없는 인간일 뿐이면서도 천연덕스럽게 테레사 수녀님 흉내를 내고 있었다.

위선은 익숙해지면 날개를 단 듯 우아하고 화려해진다. 사람이 자신을 속이기 시작하면 그 거짓을 얼마나 철석같이 믿게 되는지, 내가 바로 그 증거였다.

큰애의 공개수업일 이후 나는 종종 내 안의 두 사람을 떠올리곤 했다. 중증 장애를 가진 테일러가 내 아이의 유일한 친구라는 사실을 확인하자마자 곧장 도망치고 싶었던 나. 그리고 그 아이와 친구가 된 아들을 자랑스럽게 바라보던 나.

전자는 편견에 사로잡힌 내 모습이라 너무 부끄러웠고, 후자는 번지르르한 포장지에 싸여 있는 것 같아 내 것이 아닌 듯했다.

도대체 진짜 나는 누구일까.

초라하고 위선 가득한 속내를 들킨 순간은 그뿐만이 아니다. 하나 더 고백해야겠다. 왜 내 인생은 이렇게 부끄러운 일들이 멈추지 않고 이어지는 걸까. 누가 좀 내게 큰 소리로 말해줬으면 좋겠다. "너무 부끄러워 말라고, 다들 그렇게 살아간다"고.

한국으로 돌아와 큰아이의 고등학교 입학을 앞두고 교복을 맞추러 간 날이었다. 오랫동안 바라던 학교에 합격했고, 우리 집의 첫 고등학생이었다. 그래서였을까. 나는 새 교복의 주인공보다 더 들떠 있었다. 행여나 방해될까 싶어 중학생인 둘째가 학원에 간 틈을 타 서둘러 교복 매장으로 향했다.

문을 열자 익숙한 냄새가 나를 반겼다. 새 옷 특유의 섬유 냄새와 먼지 섞인 유연제의 잔향. 수많은 신입생이 새 교복을 입고 마주보았을 낡은 전신거울도 보였다. 벽을 따라 새 교복들이 사이즈 별로 착착착 들어차 있었고, 그 사이를 분주하게 오가는 사장님의 경쾌한 발걸음 소리가 낯선 공간을 적당히 익숙한 템포로 채워주었다. 나도 모르게 콧노래가 흘러나왔다.

사장님은 한눈에도 노련해 보였다. 손끝만으로 아이의 어깨와 팔 길이를 재고, 눈대중으로 교복 사이즈를 척척 골라 꺼내주었다.

"요 정도면 맞을 거야. 안 맞으면 얘기해."

아이는 고개를 끄덕이고 탈의실로 들어갔다.

바로 그때, 출입문 쪽에 서 있던 낯선 가족이 눈에 들어왔다.

엄마와 아들 둘. 새 교복의 주인공인 듯한 큰아들은 교복 재킷을 걸쳐보며 거울 앞에 서 있었고, 동생으로 보이는 아이는 형 옆을 빙글빙글 맴돌며 알 수 없는 소리를 중얼거렸다. 음이 조금 높고 낯설었지만, 묘하게 일정한 리듬이 있었다.

내 시선은 자연스레 그 동생에게 멈췄다. 가볍게 흔들리는 손, 불규칙하게 움직이는 몸짓, 감정을 알아채기 어려운 무표정한 얼굴. 한눈에 봐도 중증 자폐 스펙트럼을 가진 아이라는 걸 알 수 있었다.

'저 엄마도 특별한 아이를 키우는구나.'

안쓰러움과 동지 의식, 말로 설명하기 어려운 복잡한 감정들이 빠르게 교차했다.

잠시 뒤, 형이 새 교복으로 갈아입고 나와 거울 앞에 섰다. 빳빳한 와이셔츠에 맨 넥타이는 조금 비뚤어져 있었다. 매장을 돌아다니며 소리를 내던 동생은 형에게 성큼 다가가 "으응", "하아" 하는 소리를 냈고, 기분이 좋은지 형의 가슴을 톡톡 두드리며 웃었다. 형은 익숙하다는 듯 동생의 어깨를 살짝 눌러 의자에 앉히더니 교복 재킷을 벗어 동생에게 입혀주었다. 그러고는 스마트폰을 꺼내 동생의 사진을 찍기 시작했다. 형의 교복을 걸치고 좋아하는 동생의 모습, 그 모습을 사랑스럽게 바라보는 형의 눈빛, 절로 미소 짓게 만드는 한 편의 그림같았다.

사장님은 흐뭇한 미소를 지으며 "참 다정한 형제네" 하셨고 나 역시 한동안 눈을 떼지 못했다. 형이 동생을 지켜주고, 동생은 형을 사랑하며, 둘이 함께 즐거워하는 그 따뜻한 풍경이 부러워 가슴이 아릴 정도였다.

고개를 돌리니 다른 탈의실에서 나와 엉거주춤 거울 앞에 서 있는 내 아이가 눈에 들어왔다. 새 교복을 입고 어색하게 서 있는 모습. 나는 그 차분함과 진지함을 늘 사랑하고 자랑스러워했는데, 그 순간만큼은 그 무표정과 조용함이 어쩐지 못마땅했다.

'왜 내 아이는 저 형처럼 동생에게 싹싹하고 다정하게 굴지

못할까.'

'왜 우리 가족은 저런 훈훈한 장면 하나를 만들어내지 못할까.'

훤칠한 큰애가 새 교복을 입고 서 있는 모습은 썩 잘 어울렸지만 기분은 좀체 나아지지 않았다. 물론 나도 안다. 큰애가 워낙 말수 적은 아이란 걸. 겉으로 드러내놓고 살갑게 굴지는 않아도 조용히 동생을 챙길 줄 아는 속 깊은 아이라는 걸. 아쉬운 면이 없진 않지만 그만하면 충분히 고맙고 기특한 아들이다. 아무도 몰라줘도 엄마인 나는 그걸 알고 있다. 그런데도 그날 나는 마치 큰애가 늘 동생에게 차갑고 쌀쌀맞았던 것처럼 남의 집 아들을 부러워해버린 것이다.

그 좋은 날, 나는 큰애에게 품은 아쉬움을 감추지 못한 채 커다란 교복 가방을 들고 집으로 향했다. 발걸음은 무겁고 마음은 더 무거웠다. 늘 그렇듯 내 마음대로 실망하고 내 마음대로 부러워하다가, 결국은 다른 누구도 아닌 나 자신에게 실망하고 있었다.

나는 왜 고작 이만한 일에도 무너지는 걸까.

그런 내가 참으로 못나 보였다.

이번에도 그 손가락질은 나를 향했다. 태생부터 따뜻한 사람인 척, 타인의 아픔쯤은 너끈히 품어낼 줄 아는 사람인 척. 그러나 정작 내 아이가 기대에 미치지 못하는 순간에는 누구보다 빠르게 실망하고 비난하는 사람.

나는 참 부지런히 혐오하고, 성급히 실망하며, 나보다 못하다고 여기는 존재를 은근히 경멸할 준비가 되어 있는 사람이었다. 겉으로는 이해와 사랑을 말하면서도, 내면의 진짜 나는 여전히 서툴고, 모자라며, 치졸한 인간이었다.

그 사실을 다시 확인하려니 마음이 쓰라리고 아팠다. 빳빳한 교복을 사러 갔다가 바늘보다 더 날카로운 것에 깊숙이 찔린 기분이었다. 내가 나를 찌를 때가 가장 아픈 법이다. 상처를 주는 것도, 찔린 나를 추슬러야 하는 것도 결국은 나 자신이기에.

어쩌면 살아간다는 건 그런 것의 연속인지도 모른다. 내 손으로 내게 상처를 주고, 또 내 손으로 다독이며 걸어가는 일.

나는 그날, 내가 얼마나 위선적인 사람인지, 얼마나 쉽게 말하고 쉽게 돌아서는 사람인지 뼈저리게 깨달았다. 그렇게 나를 미워하다가 문득 다른 생각이 스쳤다.

'큰애도 어쩌면 나처럼 헤매고 있는 건 아닐까. 사랑이 없어서가 아니라 서툴러서, 능숙하게 표현하는 법을 잘 몰라 보여주는 데 시간이 걸리는 사람인 건 아닐까. 나도 그런 사람이었으니.'

생각이 이쯤에 이르자 마음 깊은 곳에서 나를 조이고 있던 매듭이 하나둘씩 풀어지기 시작했다. 그리고 나는 그날의 나를 도려내지 않기로 했다. 낱낱이 까발려진 위선을 혐오로 덮은 채 끝내지 않기로 마음먹었다. 명백하게 부끄러운 일이지만 부정하지는 않기로 했다. 억지로 좋은 사람인 척하지 않기로 했다. 대신 나 자신과 새로운 약속을 했다. 내 안의 나를 모른 척하지 않는 정직한 사람이 되기로.

빳빳한 새 교복이 담긴 커다란 가방을 안고 집으로 돌아오는 길, 나는 나를 조용히 끌어안았다. 누군가를 쉽게 부러워하고, 내 아이에게 쉽게 실망했던 나를. 겉으로는 온 세상을 품을 듯 넓은 척했지만, 실상은 상처투성이에 좁아터졌던 진짜 나를.

나라는 존재가 불완전하다는 사실을 인정하는 데서 새로 시작해볼 참이었다. 어쩌면 그것이 내가 나로 살아가는 가장 진실한 방식의 첫 관문일지도 모르기 때문이다.

내 유튜브 구독자와 책의 독자들은 내가 멋지게 인생길을 운전해나가고 있다고 말했지만, 사실은 그렇지 않았다. 겉으로 드러난 내 모습과 그 속에 숨어 있는 진짜 나의 간극은 놀랄 만큼 컸다. 그 틈에서 허우적거릴수록 나라는 사람의 실체가 흐려지는 듯했다. 그날 나는 오래전 어떤 잡지에서 읽고 사진을 찍어 보관해두었던 시를 다시 꺼내 읽었다.

> 나에게 속지 마세요, 내가 쓰고 있는 가면이 곧 나라고 착각하지 마세요.
> 나는 수천 개의 가면을 쓰고 있으며, 그것들을 벗기가 두렵습니다.
> 무언가 '척'하는 것, 그것이 내가 가장 잘하는 일이죠.
> 만사가 아무런 문제 없고 즐겁다는 듯, 자신감에 가득 차 있는 듯 보이는 것이 내 장기이지요.
> 나는 무사하고, 즐겁고, 자신감 넘치고, 차분하고, 무서운 것이 없다는 듯이 보입니다.

나는 능숙하게 그런 인상을 줍니다.
겉으로는 인생이 잘 굴러가는 듯합니다.

그러나 제발 나에게 속지 마세요.
그 겉모습은 단지 가면일 뿐, 그 뒤에는 혼란스럽고, 두렵고, 외로운 내가 있습니다.

나는 두렵습니다.
당신이 나를 사랑하지 않을까봐, 당신이 나를 받아들이지 않을까봐,
당신이 나를 비웃을까봐 두렵습니다.
당신이 나를 비웃는다면 나는 무너질지도 모릅니다.
나는 내가 아무것도 아니라는 것을 압니다.
그리고 그 사실이 드러나서 사람들에게 거절당할까봐 두렵습니다.
그래서 나는 가면을 씁니다.
겉으로는 침착하고, 당당하고, 자신만만해 보입니다. 그러나 속으로는 떨고 있습니다.
나는 방황하며, 혼란스럽고, 불안합니다.

    심리학자 찰스 C 핀의 〈제발 내가 하지 않은 말을 들어주세요〉라는 시를 다시 읽는 순간, 다양한 가면 속에서 살아가는 위선적인 내 마음이 그대로 비춰지는 듯했다.

나는 말과 마음이 따로 놀던 순간들을 기억한다. 이해한다고 말했지만 속으론 불편했고, 사랑한다고 말했지만 거리를 두었으며, 괜찮다며 웃었지만 속에서는 부글거렸다.

그땐 몰랐다. 내 안에서 서로 다른 목소리들이 자라고 있었고, 그중 어떤 얼굴이 진짜 나인지 몰라 스스로도 혼란스러웠다는 걸.

아프지만 인정하자. 위선적인 나를 너무 미워할 필요는 없다. 그건 여전히 좋은 사람이 되고 싶다는 마음의 반증일 테니까. 이제는 감추지 않기로 했다. 완전하지 않아도 조금 어설퍼도 괜찮다.

~~~

위선은 말과 마음, 행동이 어긋날 때 드러난다. 아직 그 자리까지 도달하지 못했으면서 이미 거기에 있는 척할 때처럼 나조차 민망해지는 바로 그 감정. 좋은 사람이 되고 싶은 마음과 솔직해지고 싶은 욕망 사이를 오가다보면, 그 틈새로 위선이라는 그림자가 불쑥 고개를 내민다.

위선은 들키지만 않으면 제법 그럴듯하다. 누구보다 따뜻한 사람인 척, 좋은 부모인 척, 열린 사람인 척하며 스스로를 포장해왔다. '나는 꽤 괜찮은 사람'이라고 철석같이 믿으며. 내가 괜찮지 않다면 누가 괜찮겠느냐고 스스로를 위로하기도 했다.

그런데 이상하게도 가까운 사람 앞에선 늘 서툴렀다. 중요한 순간에는 진심보다 회피가 먼저였고, 겉으론 괜찮은 척했지만 속으로는 은근히 비난했다. 다행히도 그 모습은 오랫동안 나만의 비밀로 남아 있었다.

남의 위선 앞에서는 날카롭지만 정작 나의 위선에는 한없이 둔감했던 나. 그러다 어느 날 문득 '뭐야, 나 왜 이래' 하고 마주보는 순간들이 찾아왔다. 그제야 깨닫는다. 가장 불편한 위선은 남의 것이 아니라 내 것이라는 사실을.

나를 탓하고 싶은 상황을 말로는 도저히 표현하기 어려울 때 글로 써보기를 권한다. 우선 그 감정을 느꼈던 '풍경'을 천천히 떠올려보자. 그리고 당시의 나를 한 발짝 물러서 관찰하듯 옮겨 적는 것부터 시작하면 된다. 처음에는 윤곽만 흐릿하게 보이던 장면이 점차 또렷해지고, 좀 더 가까이 들여다볼수록 마음속에 엉켜 있던 감정의 실타래들이 눈에 들어오기 시작한다. 그 실타래를 한 올 한 올 풀어내는 일, 그것이 내 마음을 정면으로 마주하는 것이고, 치유하는 글쓰기의 첫걸음이다.

감정의 정확한 이름을 말하지 않아도 괜찮다. 그 감정을 느끼던 순간을 생생하게 묘사하면 오히려 더 선명하고 깊이 있게 전할 수 있다. 묘사는 마음속 깊은 곳에 뒤엉켜 있던 감정들을 조심스럽게 풀어내는 섬세한 손놀림과도 같은 것이다.

내가 써 내려간 문장들 속에는 내가 살아낸 시간이 고스란히 담겨 있다. 그 시간이 차곡차곡 쌓이면 언젠가는 이 모순조차 나를 설명하는 든든한 내력이 되리라 믿는다. 한없이 무겁고 축축했던 감정이 묘사의 언어로 옮겨지는 순간, 부드럽지만 확실한 힘으로 길어 올릴 수 있다. 이것이 묘사의 힘이다. 그리고 글쓰기만이 줄 수 있는 기쁨이기도 하다.

그렇게 묘사한 문장을 다시 읽으면 감정은 더 큰 울림으로 다가온다. 말보다 이미지가, 장황한 설명보다 섬세한 묘사가 지나간 시간의 여백을 채워주기 때문이다.

흔들리고 모순투성이인 삶도 괜찮다. 그런 삶을 담담히 기록하는 일, 이건 분명 큰 용기다. 위선적이면서도 진심인 나를 끌어안으며 오늘도 부족하고 부끄럽지만 용감한 글 한 줄을 조심스럽게 적어본다. 그 고백을 따라가다보면 어설프고 미숙했던 감정들 사이로 조금씩 진심이 드러나기 시작할 것이다.

"묘사하기는 상처를 다시 설명하는 일이 아니라 그 상처가 내 안에서 어떻게 숨 쉬고 있었는지를 기억해내는 일이에요. 그날의 빛과 냄새, 온도를 떠올릴 때 마음은 조금씩 제 온도를 되찾습니다."

명랑한 글쓰기 노트 6

묘사하기(Description)
: 쇼, 돈 텔(Show, Don't Tell)

묘사하기는 하고 싶은 말이 있더라도 독자에게 다 설명하는 대신 감정을 감각화하는 기법이다. 감정은 머리로 이해되는 것이 아니라 몸으로 기억되는 것이기 때문에 묘사하기 기법을 사용할 때 그 감정의 실체를 잘 느낄 수 있다.
어니스트 헤밍웨이는 이렇게 말했다.

"빙산의 일곱 부분은 물속에 잠겨 있다. 작가가 그것을 충분히 알고 있으면 굳이 다 말하지 않아도 독자는 느낄 수 있다."

즉 좋은 글은 감정을 다 설명하지 않아도 진심이 느껴진다는 뜻이다. 그런데 사람은 불편한 감정을 느낄 때, 본능적으로 요약하고 설명하려 한다. 이제 하고 싶은 말이 있더라도 독자에게 다 보여주는 대신 수면 위의 1/8만 보여주자. 수면 아래 7/8은 숨겨두는 것, 헤밍웨이는 이것을 '빙산 이론Iceberg Theory'이라고 불렀다. 이제 감정의 설명을 멈추고, 다음 내용을 참고해 그때의 감각을 불러오는 연습을 해보자.

Tell (설명하기)	Show (보여주기)
나는 화가 났다.	철렁 내려앉은 심장의 무게는 지금 떠올려도 아찔하다.
나는 그때 너무 놀랐다.	입에선 해석할 수 없는 짧은 소리가 연신 새어 나왔고, 가느다란 팔은 허공을 헤집듯 힘없이 허우적거렸다.
나는 정말 행복했다.	문을 열자 익숙한 냄새가 나를 반겼다. (…) 나도 모르게 콧노래가 흘러나왔다.

치유의 글쓰기에서 '쇼, 돈 텔', 즉 묘사하기는 상처를 그대로 노출하라는 뜻이 아니다. 다만 그 상처가 머물던 순간의 빛, 냄새, 소리, 온도를 정직하게 그려내는 일이다. '보여주는 문장'은 감정을 직접 말하지 않아도 독자와 자신 모두에게 감정의 현장을 경험하게 한다.

묘사는 눈에 보이는 것만을 기록하는 기술이 아니다. 보이지 않는 마음까지 드러낼 수 있는 가장 섬세하고 강력한 언어다. 이제 감정을 억지로 설명하려 애쓰기보다 각자 그 감정이 머물렀던 순간을 섬세하게 그려보자.

3억
3,500만 원

살다보면 다시는 떠올리고 싶지 않은 순간이 있다. 좋았던 기억은 서서히 흐려지는데, 잘못된 결정은 갈수록 더 또렷해진다. 마음은 종종 그때로 돌아가 멈춘 채 나는 떠올려본다.

'그때 왜 그랬을까.'

'그 말은 하지 말걸.'

'왜 그걸 놓쳤을까.'

'좀 더 신중했더라면 더 나은 내가 되었을까.'

떨리던 손으로 사직서를 내밀던 날, 시댁 식구의 말 한마디에 마음이 옹졸해지던 저녁, 승진을 눈앞에 두고 스스로 물러나야 했던 어느 해 가을. 그리고 모든 걸 내려놓고 떠났던 낯선 나라에서의 첫날.

그 선택을 하기 위해 피하기 어려웠던 인생의 또 다른 선택들. 지나고 보면 별것 아닌 일처럼 보이지만, 그때는 내 인생 전체를 쥐고 흔들 만큼 대단하게 느껴졌다. 그 시절의 나는 너무도 진지했고, 그래서 더 아팠는지도 모른다.

잊고 싶은 장면일수록 이상하게 더 선명하게 남는다. 마치 그때의 내가 지금의 나에게 꼭 전하고 싶은 말이 있기라도 한 것처럼.

1년간 미국살이를 결심했을 때 가장 먼저 해결해야 했던 건 5년 넘게 살아온 24평짜리 아파트를 정리하는 일이었다. 그 집은 두 아들이 밤낮없이 뛰어놀다 아랫집 아주머니에게 눈물 쏙 빠지게 혼쭐이 난 뒤, 쫓기듯 대출을 받아 장만했던 용인시 수지구 죽전동의 1층 아파트였다. 이제는 그 집과의 이별을 결심한 것이다.

"집 좀 내놓고 싶어서요."

"매매요, 전세요?"

"매매요. 1층인데, 3억 5,000만 원 받을 수 있을까요?"

광화문에 있는 미국 비자 전문 유학원에서 상담을 마치고 집으로 돌아오던 빨간색 광역 버스 5003번 안. 평소 차만 타면 정신없이 곯아떨어지던 나였지만 그날만큼은 부동산마다 전화를 돌리느라 한순간도 쉴 틈이 없었다. 동네 부동산 중개소 몇 곳에 집을 내놓고 나니 마음은 이미 미국에 가 있었다.

고작 1년 살다 돌아올 계획이라면 전세나 월세를 놓는 게 보통이었지만, 나는 단호했다. 이 집과의 인연을 이제는 정리하고 싶었다. 이 집에서 보낸 5년이 늘 불행했던 건 아니었지만, 아이와 나는 너무 많이 아팠다. 아픈 건 두 사람이었지만, 온 가족의 공기가 잿빛이었다.

분당 미금역 3번 출구 근처 건물 5층의 소아정신건강의학과와 정신건강의학과를 오가며 엄마와 아들이 동시에 우울증 약을 먹는 기막힌 일상이 이어졌다. 당시 초등학교 3학년이던 작은아들은 학급에서 심한 따돌림을 당하고 있었다. 나는 그런 아들이 안쓰러워 새벽마다 울면서 기도했다. 그러고는 이내 아무 일 없었다는 듯 코럴색 립스틱을 바른 말쑥한 얼굴로 옆 학교 3학년 2반 교실로 출근하곤 했다.

아들에게 약을 챙겨 먹이며 내 약도 꺼내 삼키던 순간의 참담한 심정은, 지금도 제대로 표현할 길이 없다.

퇴근 후 피곤한 몸을 이끌고 집에 돌아오면 아들은 거실 한쪽 구석에 웅크리고 앉아 아무것도 하지 않으려 했다. 그 시간은 점점 길어졌고, 옆에서 엄마와 동생의 어둡고 우울한 표정을 보며 눈치를 살펴야 했던 큰애의 얼굴까지 덩달아 상해갔다.

'어떻게 하면 온 가족이 오메가3나 비타민D 같은 영양제를 챙겨 먹던 평범한 시절로 돌아갈 수 있을까?'

사정을 모르는 동네 사람들은 놀이터 벤치에서 아이스 아메리카노를 마시며 참 쉽게도 조언을 건넸다. 둘째만 챙기지 말고 큰애도 좀 신경 쓰라고, 아무리 봐도 그 집 큰애의 표정이 너무 어둡다고. 그럴 때마다 태연한 척 돌아서면서도 내 마음은 매번 찢어지는 것 같았다.

집으로 돌아오는 길. 그 순간 나의 바람은 오직 하나였다.
아는 사람이 아무도 없는 곳으로, 아주 멀리 떠날 순 없을까.

떠난다고 모든 문제가 해결되지 않는다는 걸 모르지 않았다. 하지만 떠나지 않으면 영영 이대로 슬프고 아프고 힘들 것만 같았다. 앞일은 알 수 없으니, 일단 여기서 잠시 멈춰보자. 그 간절한 마음이 누가 봐도 무리인 1년간의 미국살이를 결심하게 만들었다.
집을 팔자. 일단 집부터 팔자.
나이 마흔을 넘기고 아이 둘을 키우고 있는, 그것도 좀 배웠다는 여자의 선택치고는 몹시 즉흥적이고 감정적인 결정이었다. 좀처럼 집 보러 오는 이가 없었던 좁고 컴컴한 1층 아파트는, 다행인지 불행인지 호가보다 한참 낮춘 가격에 새 주인을 만났다. 결국 1,500만 원을 내려 3억 3,500만 원에 극적으로 거래가 성사되었다.
그땐 다행이라 여겼지만 지나고 보니 불행이었다. 집을 사고 팔 때는 결코 즉흥적으로, 감정적으로 결정해서는 안 된다는 사실을 사무치게 깨닫기까지 몇 개월이 채 걸리지 않았다.

사실 미국이어야만 했던 특별한 이유가 있었던 건 아니다. 미국 어디에도 가까운 친척은커녕 친구 한 명 없었다. 굳이 말하자면 내 몹쓸 '미국병'이 유일한 이유였다.

아침이면 노란 머리 아이들이 영어로 재잘거리는 교실에 두 아들을 들여보내리라. 그러고는 눈부신 햇살을 온몸으로 받으며 캘리포니아 어바인의 아담한 카페로 향해야지. 서툴지만 제법 그럴듯한 영어로 따뜻한 카페라테 한 잔을 주문한 뒤 여유롭게 원고를 끄적이는 하루. 그런 비현실적인 장면을 꿈꾸는 게 내 병의 주된 증상이었다.

동생의 치료 때문에 4학년이 되도록 변변한 영어학원 하나 다니지 못했던 큰애가 미국에서 기적처럼 입과 귀가 동시에 트이는 모습을 그리며 혼자 웃기도 했다. 돌이켜보면 여러모로 그때의 나는 정상이라 하긴 어려웠다.

내 결정을 난감해하던 남편은 온갖 난관과 주변의 타박을 감수하며 휴직을 신청해야 했다. 공무원의 휴직이 여타 회사에 비해 꽤 자유로운 편이라지만, 이처럼 갑작스럽고 복잡한 상황에서는 어느 직장에서든 욕먹기 딱 좋았다.

급하게 팔아버린 집. 대출금과 집 매매 후 중개 수수료까지 정리하고 나니 계좌에는 정확히 2억 2,000만 원이 남았다.

결혼 13년 차. 아이 둘을 키우며 맞벌이로 아등바등 살아온 성적표치고는 참 초라했다. 그간 원리금을 상환하기 위해 학원비 몇 푼이나마 아끼겠다고 엄마표 공부로 아이와 씨름하며 버텨왔는데. 하지만 그런 속사정을 궁금해하는 사람은 없었다. 우리의 시간과 노력이 통장 잔고 하나로만 증명되는 듯한 서늘함. 이제 우리 네 식구는 어떻게 되는 걸까.

그렇게 우리는 2019년 어느 화창한 봄날, 아무 대책도 없이 이민 가방을 끌고 한국을 떠났다.

문제는 한국의 집값이었다.

이 글은 낯선 이국땅에서의 여유롭고 신선한 1년 살이 경험담이 아니다. 대한민국 성인남녀라면 누구나 솔깃해할 키워드, 바로 부동산 시세 차익에 관한 기막히고도 슬픈 이야기다.

부동산에 조금이라도 관심이 있는 사람이라면 2019년을 기억할 것이다. 그 짧은 한 해 동안 대한민국 집값은 유례없는 폭등을 겪었다. 맞다. 우리 가족의 유일한 재산이었던 집 한 채를 호기롭게 팔아버린 바로 그해였다.

그 무렵 우리는 캐나다 밴쿠버 빅토리아섬의 노스리지 초등학교 인근 반지하 주택에서 매달 월세를 내며 통장 잔고를 비워가고 있었고, 그 1년 동안 대한민국의 부동산은 기다렸다는 듯 폭등하기 시작했다.

몸은 캐나다에 있었지만 눈은 네이버 부동산 화면을 떠나지 못했다.

아, 잠깐. 왜 갑자기 캐나다냐고? 미국으로 가지 못하고 캐나다로 갔던 데는 이유가 있었다. 광화문의 유학원을 통해 큰돈 들여 신청한 미국 비자가 단칼에 거절당했기 때문이다. 유학원 원장조차 이런 경우는 처음이라며 나보다 더 기막혀했다. 그렇게 미국에게 거절당한 우리는 한 번도 생각해본 적 없는 캐나다행 비행기에 몸을 실어야 했다.

객지 생활은 숨만 쉬어도 돈이 들었다. 네 식구의 항공료와 정착 비용 1,000만 원, 두 아이의 학생 비자 발급을 위한 1년 치 학비 2,300만 원, 매달 꼬박꼬박 빠져나가는 월세 200만 원과 고기 맛을 알기 시작한 아이들의 식비까지. 우리의 얼마 남지 않았던 잔고는 썰물처럼 빠져나갔다. 그나마 여동생이 조카들 고기 좀 먹이라며 매달 보내준 30만 원이 가뭄의 단비처럼 큰 힘이 되어주었다.

돈만 넉넉했다면, 아니 팔고 온 대한민국 집값만 그토록 치솟지 않았다면 그곳에서의 1년은 그럭저럭 괜찮았을 것이다. 온 가족이 툭하면 거실에 옹기종기 모여 앉던, 드물게 여유로운 시절이었기 때문이다. 하지만 밥 한 끼, 커피 한 잔에도 움츠러들어야 했던 가난한 엄마인 나는 중국 마트에서 사온 일본 쌀로 쉼 없이 집밥을 차리고 매일 도시락을 싸야 했다. 이민 가방에 넣어온 카누를 타 마시다가 카페 특유의 분위기가 사무치게 그리운 날엔 근처 맥도날드로 가서 1달러짜리 커피를 마셨다. 당시 환율로 캐나다 1달러는 약 900원. 내가 나에게 허락할 수 있는 여유는 천 원도 되지 않았다.

1달러짜리이긴 해도 꽤 큰 사이즈의 커피를 손에 들고, 어수선한 햄버거 가게 구석 자리를 차지한 채 원고와 한참을 씨름하다보면 도무지 밝고 희망찬 생각을 하기 어려웠다. 그럴 때마다 내가 어쩌다 이런 신세가 되었나 곰곰이 묵상하면서 우울해졌다. 그 동네에도 한국처럼 널리고 널린 게 스타벅스였지만, 감히 그곳에 갈 수 없는 신세에 허탈한 웃음이 났다.

그렇게 1년이 흘러 한국에 돌아왔을 때 우리 계좌에는 1억 8,000만 원이 남아 있었다. 떠나기 전 냉큼 팔아버린 그 아파트는 1년 만에 정확히 1억 5,000만 원이 올라 있었고, 출국 직전에 전세 끼고 사둘까 고민하다가 포기한 위례 신도시의 33평 아파트는 2억이 뛰어 있었다. 우리는 그야말로 '벼락 거지'가 되어 있었다.

귀국했지만 당장 지낼 곳이 없어 시댁으로 들어갔다. 큰 성공은 바라지도 않으셨고, 그저 안정적으로만 살아주기를 바랐던 맏아들의 가족. 우리가 이민 가방을 질질 끌고 1년 만에 돌아온 날, 시부모님의 표정은 바로 보기 민망할 만큼 황망했다.

시댁은 경기도 여주 시내에서도 한참 들어가야 하는 시골 마을에 있었다. 다행히 마당 한 켠에 우리 가족이 머물 수 있는 별채가 있어 시어머니와 같은 냉장고를 쓰는 일은 피할 수 있었다. 하지만 수시로 드나드는 쥐, 바퀴벌레, 도마뱀, 개구리 같은 불청객들은 오롯이 나 혼자 견뎌내야만 하는 몫이었다. 그런 것들이 있는 줄도 모르고 세상 편하게 지내는 남자 셋에겐 문제가 되지 않았으니까.

어두컴컴하고 이가 달달 떨리도록 썰렁한 욕실에서 황급히 씻다보면 벽에 붙은 청개구리가 벌거벗은 나를 빤히 쳐다보고 있었다.

"야, 뭘 쳐다봐."

날카롭게 쏘아붙였지만 그놈의 개구리는 눈 하나 깜빡하지 않앉다. 개구리에게 무슨 죄가 있겠는가. 내 발등을 찍은 건 나인데. 곤하게 자다가 얼굴 위를 기어 다니는 바퀴벌레를 손바닥으로 툭 쳐내고 다시 자던 착한 두 아들은 엄마의 속사정도 모른 채 예전처럼 아파트에 살고 싶다는 말을 흘리듯 두어 번 했을 뿐이다.

그렇게 미안함이 밀려오는 밤이면, 또다시 내가 어쩌다 이 신세가 되었는지 깊이 묵상하지 않을 수 없었다.

어땠을까.

'그때 교사를 그만두지 않았다면.'

'그때 한국에 남아 알뜰살뜰 대출금을 갚아나갔다면.'

'그때 그 집을 팔지 않았다면.'

'그때 알아봤던 다른 지역의 아파트를 사두었더라면.'

당시 부동산 시장이 급등하면서 "그때 왜 팔았냐", "그때 왜 안 샀냐" 하며 서로를 원망하다 부부싸움은 물론 이혼까지 이어졌다는 기사를 본 적이 있다. 싸울 만도 했을 터다. 집을 가진 자와 갖지 못한 자의 간극은 하늘과 땅만큼 크게 벌어졌고, 그 간격은 지금까지도 좀처럼 좁혀지지 않고 있으니 말이다.

우리라고 무사했을까. 전 재산을 팔아치운 아내 곁에서 묵묵히 참아주고 함께 살아주는 남편을 보고 있노라면 괜시리 미안해지고 정이라는 게 이렇게 무서운 건가 싶다.

귀국 후 만난 친구가 집을 장만했다는 소식을 전해왔다. 원래 가지고 있던 집 값이 오른 덕에 아예 새 집을 사버렸다는 이야기를 듣고 돌아오는 길, 습관처럼 네이버 부동산에 들어가 친구네 동네의 아파트 시세를 검색했고, 그러다 또다시 슬퍼졌다. 시간은 흘렀지만 마음은 여전히 그곳에 머물러 있었다. 비슷한 출발선에 섰던 우리였는데, 대한민국에서 집을 가진 사람과 그렇지 않은 사람의 격차는 어느새 믿기 힘들 만큼 벌어져 있었다.

그래, 집을 잃었지만 우리는 그보다 더 크고 따뜻한 것들을 손에 넣었다. 냉정하게 말해 훌쩍 떠났던 그 길이 아니었다면 우리 가족은 그 1년 동안 서로의 얼굴을 그렇게 오래 마주 보며 지내지는 못했을 것이다. 해가 잘 들지 않는 반지하 방에서 네 식구가 부대끼며 보낸 낮과 밤. 심리적으로 무너진 엄마가 아이들 앞에서 울지 않으려 애쓰던 시간. 우리 네 식구는 그 시간을 함께 건너왔고 그 덕분에 지금의 단단하고, 따스한 가족이 될 수 있었다. 그렇다면 이제 그 집은 보내줄 때도 되지 않았을까.

삶은 원래 손에 쥔 것을 헤아리며 사는 게 아니라, 놓치고 난 뒤에야 비로소 깨닫게 되는 것들의 연속이 아닌가. 금전적으로는 엄청난 손해를 봤고, 사회적 위치와 경력도 포기해야 했다. 하지만 그 시간 속에서 나는 내 자신과 가족을 다시 얻었다. 그때 그 결정은 돌이켜보면 아쉽긴 하지만, 그 시절 내게 허락된 최선의 선택이었다. 그러니 괜찮다고, 오늘도 나는 다정하게 나를 토닥인다.

괜찮다, 그래도 잘했다.

그 시절의 내가 있었기에 지금의 나도 있다.

처음엔 모든 게 후회였다. 내 손으로 벌인 일이었기에 더 받아들이기 힘들었다. 며칠이고 스스로를 책망하며 무너진 채로 지냈다. 그런데 이상하게도 그 후회의 끝자락에서 다소곳이 움트는 감정이 있었다. 후회는 삶을 잘 살고자 했던 사람에게만 찾아오는 감정이라고 스스롤로 위로하는 마음. 아무런 변화도 시도하지 않았다면, 후회할 일조차 만들지 않고 안주했을 테니까 말이다. 후회 속에만 머물지 않으려는 작은 의지, 다시 살아보려는 미약한 기운. 시간이 흐르고 후회가 조금씩 가라앉자 그 감정들이 나를 조심스럽게 일으켜 세웠다. 내 모든 후회의 뿌리엔 언제나 사랑과 열망이 있었다.

이제 후회는 내게 '잘 살고 싶었던 진심'의 증거다. 후회란 단순히 내 잘못을 확인하는 감정이 아니라 여전히 내가 괜찮은 사람이면 좋겠다는 마음의 뿌리라는 것을 이제는 안다.

후회는 사라지지 않는다. 하지만 후회를 대하는 나의 태도는 이전과 달라질 수 있다.

후회를 짧게 마무리하는 데 필요한 건 무엇일까? 자주 후회하고 돌아오기를 반복하는 내 경험에 따르면 '왜 그랬을까'를 끝없이 반복하는 대신 '그럼에도 불구하고'라는 문장으로 마음의 방향을 틀어보는 연습이다.

중요한 건 자신을 비난하는 대신 그때의 나를 이해하려는 시도다. 후회의 늪에 빠지지 않기 위해서는 다짐보다 '이해'가 먼저다. 그리고 그 이해는 대부분 말보다 글을 통해 다가갈 때 훨씬 유연해지고 폭이 넓어진다.

지나간 장면을 자꾸 반복해서 떠올리는 일은 고통만 남기는 것 같지만 꼭 그렇지만은 않다. 자세히 들여다보면 그 안에는 어떤 간절함과 책임감이 내재하고 있다. 그 감정들을 글로 꺼내 적는 순간, 후회는 더 이상 과거에 나를 붙잡아두는 쇠사슬이 아니라 현재를 움직이는 힘이 된다.

"후회는 과거를 붙잡는 감정이 아니라, 그때의 나를 이해하려는 시도의 다른 이름입니다. 그때는 그게 최선이었다는 걸 지금의 내가 이제야 알아차릴 뿐입니다."

> 명랑한 글쓰기 노트 7

구체화하기(Concretization)
: 추상적 감정이나 모호한 기억을 구체적인 언어로 되살려 이해와 화해로 나아가는 글쓰기

구체화하기 전략은 앞서 살펴본 묘사하기와 함께 치유의 글쓰기에서 중요한 두 축이다. 둘 다 감정을 설명하는 대신 '보여준다'는 점에서 닮았지만 묘사하기가 감정의 분위기와 장면을 그리듯 보여주는 방식이라면, 구체화하기는 그 감정이 언제, 어디서, 어떻게, 어떤 모습으로 드러났는지를 세밀하게 포착해 보여주는 기법이다. 둘을 함께 사용할 때 글은 감정의 모호함을 벗고 살아 있는 체험의 언어가 될 수 있다.

> ♣ 구체화하기 핵심 전략 3가지 ♣

첫째, 고유명사나 사물의 이름을 적극 활용하자

감정은 언제나 어떤 사물과 장소, 사람 속에 깃들어 있다. 구체적인 고유명사나 사물을 활용하면 생각과 감정에 또렷한 이름표를 달아주는 효과가 있다. 이때 사물은 감정

의 대리인이 된다. 상황을 묘사할 때 실제 지명이나 브랜드를 활용하면 글은 구체성을 얻고, 독창성을 띠며, 강한 존재감을 뿜어낸다. '햄버거를 먹었다'보다 '퇴근길, 맥도날드에서 빅맥 세트를 6,900원에 사 먹었다'고 쓸 때, 독자는 더 자연스럽게 그 장면 안으로 들어온다.

둘째, 시간과 공간의 좌표를 세워보자

감정은 '언제, 어디서' 일어났는지를 만나야 비로소 현실이 된다. 이를테면 '당시에 살던 집'이라는 표현보다는 '대출을 받아 장만했던 용인시 수지구 죽전동의 1층 아파트'라고 표현하면 독자는 그 집의 모습과 저자의 상황을 훨씬 생생하게 떠올릴 수 있다. 물론 억지로 드러낼 필요는 없으니 부담은 갖지 않길!

셋째, 정확한 금액, 액수를 적어보자

'꽤 큰돈'은 '2억'으로, '저렴한 커피'는 '1달러짜리 커피', '어마어마한 월세'는 '200만 원짜리 월세'로 정확한 금액을 문장에 담아보자. 어떤 수식어보다 독자에게 더 와닿는 표현이 될 것이다. 물론 액수 역시 반드시 드러내어야만 하는 건 아니니, 내가 허용할 수 있는 선에서 자유롭고 구체적으로 활용해보자.

감정을 구체화하는 과정은 단순한 기록이 아니다. 그때의

'나'를 다시 만나고, 그 순간의 '몸과 마음'을 복원하며, 그 안에 머물렀던 진짜 감정을 인정하는 일이다.

우리는 보통 감정을 피하거나 포장하지만 구체화하기는 그 감정에 온전히 머무는 연습이다. 그래서 글을 쓰다보면 '그때의 나'를 탓하던 마음이 조금씩 누그러지고, 결국 '그럴 수밖에 없던 나'를 이해하게 된다.

이제 모호한 감정 대신 브랜드와 장소, 숫자 같은 구체적인 단어를 불러내보자. 슬픔도, 후회도, 사랑도 결국은 구체적인 이름과 지명, 액수와 냄새로 남지 않던가. 그래서 나는 마음을 기록할 때 그날의 온도와 장소 등을 함께 적으려 한다. 그 단어들은 내가 지나온 삶을 증명하고, 다시 꺼내 읽을 때마다 그때의 공기와 마음을 생생히 되살려 줄 것이다.

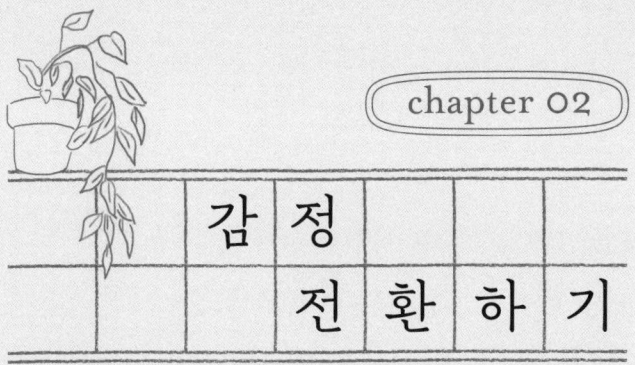

chapter 02
감정 전환하기

시선을 바꾸면
새로운 길이
보인다

정수기와
정신과 사이

#배려
#회고하기

삶에서 일어나는 모든 일엔 단서가 있다. 우리가 내딛는 발걸음 하나, 스치는 인연 하나에도 의미가 숨어 있다. 무심코 던진 말 한마디가 마음에 오래 남았다면 그것은 삶이 우리에게 보내는 어떤 신호일지 모른다. 그래서 많은 전문가들은 삶이 건네는 은유와 상징에 귀를 기울이라고 말한다. 그리고 그 순간을 되돌아보며 그 안에 담긴 메시지를 해독해보라고 조언한다.

겉보기엔 단순한 사건 같지만, 그 안에는 오직 나만 들을 수 있는 메시지가 숨어 있다. 그 해답은 논리나 이성으로 판단할 때가 아니라 잠시 멈춰 서서 마음이 미세하게 떨리는 지점을 바라볼 때 비로소 드러난다.

되돌아본다는 것은 단순히 과거를 회상하는 일이 아니다. 그날의 감정, 그 사람의 표정, 그 순간의 공기를 다시 느껴보는 일이다. 그 과정을 통해 우리는 삶이 남겨둔 단서들을 발견한다.

그날, 그 일은 내 인생에 어떤 메시지를 전하려던 것일까.

그 사람은 왜 하필 그 자리에서 내 눈앞에 나타났을까.

그리고 그 모든 일은 결국 나에게 무엇을 말하고자 했던 것일까.

신문을 넘기다 멈칫했다. 눈에 들어온 건 무심코 넘겨버리기 딱 좋은 평범한 전면 광고였다. 지금은 흔해 빠졌지만, 당시 가정용 정수기는 부잣집을 중심으로 조용히 보급되던 가전이었다. 그러다 동네마다 하나둘 정수기가 들어서기 시작했고, 웅진 코웨이가 이 렌털 서비스를 대대적으로 홍보하려 가정집 100곳을 선정해 5년간 정수기를 무상 대여해준다는 내용의 지면 광고였다. 대략 100만 원이 훌쩍 넘는 혜택이었다.

솔깃했다. 당시 아이들은 다섯 살과 여섯 살. 목마르다는 아이들의 평범하고 당연한 요구조차 짜증스럽고 버겁게 느껴지던 어느 날이었다.

'부엌에 정수기를 들여놓으면 얼마나 좋을까. 한여름 에어컨도 없는 주방에서 물을 끓이고 식혀서 병에 담아 냉장고에 쟁이는 그 번거로운 일이 사라질 텐데. 그뿐인가. 당장 뭔 일이라도 일어날 듯 물을 재촉하는 연년생 두 아들에게 물병을 꺼내 따라주고 물을 다시 채워 냉장고에 넣는 일, 백날 해도 티도 나지 않는 그 수고로움을 덜 수 있지 않을까?'

이벤트는 사연 응모 방식이었다. 우리 집에 정수기가 필요한 이유, 정수기를 쓰게 되면 생활이 어떻게 달라질지 홈페이지 게시판에 적어 올리란다.

느낌이 왔다. 이건 주부 대상 백일장이다! 백일장이라면 달리기보다는 조금 더 자신 있었다. 고등학생 때 체력장 종목 중 오래달리기만큼은 3년 내내 전교 꼴찌를 면한 적이 없었다. 기다리던 체육 선생님이 들고 있던 스톱워치를 반장에게 넘기고 사라져버린 적도 있었다. 하지만 글을 쓰는 일이라면 가끔은 이길 수 있다는 희망이 있었다. 종목이 마음에 들었다.

"에이, 설마 그게 되겠어?"

남편은 코웃음을 쳤다. 확률이 희박하다는 건 알았지만 그래도 도전해보겠다는 건데, 꼭 저런다. 가끔은 가장 가까운 사람이 가장 먼저 기를 죽인다. 뭐 좀 해볼라치면 초를 치는 남편 덕에 바짝 오기가 생겼다.

괜한 자신감은 아니었다. 사실 나는 대학 시절 틈만 나면 라디오를 들으며 사서함 #1077과 #8099로 사연을 적어 보내던 청취자였다. 덕분에 어쩌다 한 번씩 마스크팩, 핸드크림, 치킨 교환권 같은 걸 받기도 하는 운 좋은 여대생이었다.

백일장의 핵심은 콘셉트다. 비슷비슷한 사연 속에서 돋보이려면 '웅진 코웨이, 사랑해요' 정도로는 어림도 없었다. 결정적한 방은 '나만의 고유한 이야기'를 퍼올리는 능력이다. 날뛰던 아이들도 코웃음 치던 남편도 잠든 고요한 밤, 나는 낡은 노트북을 켜고 타닥거리기 시작했다. 두 아들에게 수시로 버럭 하고 소리치던 엄마는 글 속에서만큼은 '어려운 상황 속에서도 씩씩하게 두 아들을 키우는 속 깊은 여성'으로 재탄생했다.

그리고 2주 후, 웅진 코웨이 본사로부터 믿기 힘든 전화를 받았다. 당선되었다는 소식이었다. 나는 전화기를 든 채 방 안을 빙글빙글 돌며 펄쩍펄쩍 뛰었고, 어린 두 아들도 덩달아 뛰어올랐다. 늘 표정이 어둡던 엄마의 활짝 웃는 얼굴을 본 아이들은 까닭도 모른 채 따라 웃었다. 기쁨이란 얻기는 어려워도 한번 번지기 시작하면 놀라울 만큼 빠르고 쉽게 퍼져나간다.

예상대로 남편의 반응은 시큰둥했다.

"미달이었나보네."

아침저녁으로 널뛰는 아내의 감정 기복을 버거워하며 시들어가던 남자였다. 그 시절 우리는 함께 웃고 장단 맞추는 일조차 어색해했고, 이혼이라는 거칠고 불편한 단어가 오르내리던 때이기도 했다.

남편의 시들한 태도가 못마땅했지만 나는 돌아서며 씨익 웃었다. 이제 나는 가정용 정수기를 부리게 될 백일장 입상 주부 아닌가. 사소한 일에 마음 쓰지 말자. 툴툴대는 남편을 흘겨보던 당시에는 꿈에도 몰랐다. 그 공짜 정수기가 나의 무료한 일상에 어떤 사람, 어떤 이야기, 어떤 미래를 불러오게 될지.

진짜 이야기는 지금부터다. 정수기가 설치되자 '코디'라는 존재가 등장했다.

지금이야 기술이 발달해 필터를 직접 갈아 끼우는 일이 흔하지만 그 당시만 해도 정수기는 아무나 함부로 손대기 어려운 최첨단 가전에 속했다. 정수기를 쓰기 시작하면서 코디라는 직업이 있다는 걸 처음 알았다. 주방 살림을 관리해주기 위해 정기적으로 드나드는 외부인은 내 삶에서 처음이었다.

코디 없이는 정수된 물을 마실 수 없다는 사실을 인지했지만 그 존재는 여러모로 낯설기 짝이 없었다. 하지만 역시 시간만 한 약은 없었다. 처음 몇 번은 시어머니의 방문처럼 긴장되고 부담스러웠지만 차차 익숙해졌다.

들어서자마자 집 안을 재빨리 훑는 눈길은 시어머니와 흡사했지만 어떤 꼴을 보고도 치아를 드러내고 환하게 웃으며 인사를 건넨다는 점은 분명 달랐다. 코디에게 흠 잡히지 않으려 애쓸 필요가 없다는 사실을 나는 서서히 깨달아갔다.

몹시 외로웠던 시절이었다. 둘째 아이의 치료를 위해 어린이 재활 병원 근처로 급하게 이사를 해야 했고, 낯설고 부유한 그 동네는 전세 보증금만큼이나 부담스러워 끝내 마음을 붙이지 못했다. 1년이 훌쩍 지나도록 이웃 누구와도 어울리지 못한 채 동네를 겉돌았다.

아이의 재활 치료 후 5분 남짓한 부모 상담 시간이 하루 중 유일한 성인과의 대화였지만 그마저도 늘 불안했다. 치료실 밖에는 아직 어린 첫째가 홀로 기다리고 있었기 때문이다. 좁은 복도에 홀로 앉아 있던 세 살배기 형은 지친 동생을 안고 나오는 엄마를 보며 젖은 눈으로 또박또박 말했다.

"엄마, 나 안 울고 잘 기다리고 있었어요."

어른을 위로하려는 아이의 말은 때로 어른을 무장해제시킨다. 누군가의 위로가 절실했던 밤이면 잠든 큰아이의 작은 발가락을 쓰다듬으며 한참을 소리 없이 울었다. 그것이 그 시절 나의 하루였다.

그런 쳇바퀴 같은 일상에 신선한 바깥 공기를 몰고 들어와 환하게 웃어 보이는 코디의 존재는 뜻밖의 활력이었다. 나는 정수기 점검과 필터 교체에 걸리는 20분 남짓한 시간을 은근히 기다리기 시작했다. 코디는 로봇이라 해도 믿을 만큼 빠르고 정확한 손놀림으로 필터를 교체하고 배관을 청소했다. 그러면서도 맥락 없는 내 하소연을 묵묵히 들어주고 짤막한 위로의 말을 건네곤 했다.

다행히 우리 집에 배정된 코디는 심성이 따뜻하고 넉넉한 사람이었다. 때론 가까이 있는 낯선 이의 온기가 멀리 있는 가족의 전화 한 통이나 통장에 찍힌 입금 내역보다 더 큰 힘을 발휘한다는 걸 그때 처음 알았다.

코디는 나를 딸처럼 안쓰러워했다. 자신도 겪어내야 했던 어둡고 무거운 젊은 날들을 조심스럽게 꺼내 보이며 지금의 내가 얼마나 힘든 시기를 버텨내고 있는지 찬찬히 일깨워주었다. 살아낸 사람의 말에는 이겨낸 시간이 고스란히 묻어 있었다.

언제 마지막으로 웃었는지 기억조차 나지 않던 나는 코디를 따라 한 번씩 소리 없는 웃음을 지었다. 내가 웃으면 아이들도 웃었고, 지켜보던 코디도 웃었다. 웃음은 아직 내가 살아 있다는 신호였다.

그러던 어느 날, 코디는 나에게 조심스럽게 자신의 직업을 추천했다. 경차 한 대만 몰 수 있으면 크게 힘들지 않은 일이니 애들 조금 더 키워놓고 시작해보라며 부드럽게 권유했다. 그럴 때마다 나는 대답을 슬쩍 흐렸다. 내게는 이미 공무원이라는 직업이 있다는 사실을 밝힐 수 없었다. 안정적인 직장이 삶을 지켜주진 못한다는 사실을 굳이 드러내고 싶지 않았기 때문이다. 집 안을 엉망으로 만들어놓고 실성한 사람처럼 멍하니 애들만 바라보다 하루를 흘려보내는 여자가 대한민국 초등교사라는 사실을 알리고 싶지도 않았다. 나 하나 때문에 교사 전체가 불신과 실망을 떠안게 하고 싶지 않았다.

그렇게 이어지던 어느 날이었다.

"저기요, 은경 씨. 절대 기분 나쁘게 듣지는 말아요."

일을 끝내고 가방 정리까지 마친 코디가 불쑥 멈춰 섰다. 잠시 망설이는가 싶더니 결심한 듯 조심스레 말을 꺼냈다.

나는 '은경 씨'라는 호칭이 좋았다. 다들 나를 '규현 엄마'라 불렀지만, '은경'이라는 내 이름으로 불린다는 건 엄마가 아닌 나라는 사람의 존재를 온전히 인정받는 일이었으니까.

"은경 씨, 혹시 괜찮으시면 제가 가스레인지를 아주 살짝만 닦아드려도 될까요? 애들 키우느라 너무 고생하는 것 같아서요. 우리 딸 생각도 나고…… 제가 진짜 금방, 후딱 닦고 갈게요. 괜찮죠?"

두 여자의 시선이 동시에 가스레인지로 향했다. 한때는 반짝였을 은빛 상판은 이미 짙은 고동색으로 변한 지 오래였다. 되짚어보니 이 집에 이사 온 뒤로 한 번도 가스레인지를 닦아본 적이 없었다. 하지만 나는 잘 알고 있었다. 가스레인지의 상판이 마구 그을려 있고, 국물이 흘러내려 굳어 있어도, 어묵을 볶고 카레를 끓이는 데는 아무 지장이 없다는 사실을. 아이들은 가스레인지가 원래 그런 색인 줄 알고 자라고 있었다.

변색된 건 가스레인지뿐만이 아니었다. 집 안 곳곳이, 그리고 나의 하루하루가 소리 없이 바래가고 있었다. 방을 쓸고 걸레질을 하고 반짝이는 무언가를 되찾을 힘이 이제 내겐 한 방울도 남아 있지 않았다. 삶을 무너뜨리는 건 반드시 거대한 사건이나 사고만이 아니다. 구멍 난 마음 하나만으로도 일상은 충분히 엉망이 될 수 있다.

코디는 그 사실을 아는 사람이었다. 그래서 이 말을 꺼낼 때만큼은 어느 때보다 신중했다. 내 심기를 건드릴까 싶어 단어 하나하나를 조심스레 고르고 있었다. 나는 허락의 의미로 배시시 웃어 보였다. "바쁘신데 괜찮겠냐"며 염치 있는 체 사양하는 시늉을 했지만 마음은 이미 활짝 열려 있었다. 친정엄마조차 포기한 부엌을 누군가 나서서 닦아준다는데, 거절할 이유가 없었다.

나는 거대한 설거지 더미 속에서 수세미를 찾아 건네고는 재빠르게 물러섰다. 허락을 얻은 코디는 춤을 추듯 경쾌하게 움직였다. 가스레인지 위에 겹겹이 쌓인 얼룩을 하나씩 닦아내기 시작했다.

언제부터였을까? 이 얼룩들은 언제부터 여기에 이렇게 자리 잡고 있었던 걸까? 포기한 자리엔 지저분한 흔적이 남았지만 다정한 손길을 만나 다시 반짝였다.

공짜로 줘도 마다할 시커먼 고철이 제 빛을 되찾는 데는 채 5분도 걸리지 않았다. 지켜보던 나는 손뼉을 치며 아이처럼 좋아했다. 서로에게 총을 겨누듯 대치하던 아들들도 달려와 함께 손뼉을 치며 방방 뛰었다.

"와, 뭐야? 가스레인지 닦았어? 웬일이야? 완전 새것 됐네. 오호, 잘했다. 수고했어. 속이 다 시원하네."

남편도 기분이 좋아보였다. 이렇게 한눈에 알아볼 일이었다면 차라리 본인이 좀 나서서 닦아줄 수도 있었으련만. 그 생각이 스치자 속으로 쌍욕이 절로 나왔다.

가스레인지가 새것이 된 연유를 알게 된 남편은 허탈한 표정을 짓더니 기어이 내 말을 자르고 설교를 시작했다. 이럴 거면 그냥 목사를 하지.

"지금 웃음이 나와? 이걸 지금 자랑이라고 말하는 거야? 하, 참 기가 막혀서. 살림하는 주부라면 이거 엄청 기분 나빠해야 하는 일이야. 그렇게 좋아서 웃을 일이 아니라고."

아, 기분 나빠해야 하는 거였구나. 그런데도 나는 자꾸 웃음이 새어 나왔다. 잠시 그런 생각이 스쳤지만, 따질 힘조차 없었다. 다들 나에게 그만 정신 좀 차리라고 했다. 언제까지 정신 나간 사람처럼 이 꼴로 살 거냐며 핀잔을 주곤 했다. 그런데 이상하다. 아까 그 코디는 정신이 번쩍 들게 하는 충고 대신 그저 손을 내밀어 엉망이 된 가스레인지를 조용히 닦아주고 갔는데.

그 시절의 나에게 필요했던 건 시끄러운 걱정이 아니라 조용한 친절이었다. 알고도 모른 척하는 다정함. 무엇이 문제인지 뻔히 알면서도 굳이 들추지 않고 몸을 움직여 도움을 건네는 속 깊은 마음. 누군가에게는 아무 것도 아닐 수 있는 그 손길이 내 마음속 어딘가를 조심스레 건드렸다.

말끔히 닦여 반짝이는 가스레인지를 멍하니 바라보며 나는 중얼거렸다. 어서 한 10년쯤 훌쩍 지나가버렸으면 좋겠다고.

그리고 다음 날, 나는 오랫동안 미뤄두었던 병원에 가보기로 했다. 남편이 몇 달째 병원에 좀 가보라고 권할 때도 꿈쩍 않던 내가 제 발로 병원을 찾은 것이다. 정신과 대기실에 앉아 진료 순서를 기다리며 나는 지지분한 수세미를 마다하지 않고 기어이 빛을 되살려준 코디의 힘찬 손목을 떠올렸다. 그분에게 전하고 싶었던 깊은 감사는 진료라는 선택으로 대신했다. 너무 자주, 너무 오래 울어 짓무른 눈을 감추려고 선글라스를 쓴 채 진료실에 들어선 내게 의사가 첫마디를 건넸다.

"너무 늦게 오셨네요."

그 말에 나는 오열하기 시작했다.

반짝여야 할 무언가는 얼룩져 있었고, 그걸 닦을 마음도 여유도 없이 오랜 시간 힘겹게 버텨낸 삶이었다. 그런데 어떤 조용한 손길이 그 얼룩을 닦아주자 마음 한 귀퉁이도 함께 반짝였다. 거창한 말보다 묵묵한 선행이, 냉철한 조언보다 다정한 시선이 누군가의 삶을 밝혀주는 빛이 되는 순간이었다.

구구절절한 설교도 조건도 없이 다가온 누군가의 배려는 마음 깊은 곳을 흔든다. 배려는 파동처럼 번져나가고, 그렇게 퍼진 파장은 삶의 결을 바꿔놓을 수 있다. 말없이 건네받은 작은 호의가 때로는 거창한 위로보다 더 큰 전환점이 되기도 한다.

배려는 마음속에서만 스쳐 지나가면 쉽게 잊히지만, 글로 적어두면 오래 남는다. 배려받았던 순간을 기록하는 일은 단순한 회상이 아니라 감정의 전환이 되기 때문이다. 힘들었던 마음이 누군가의 다정함으로 인해 어떻게 달라졌는지를 글 속에서 다시 확인할 수 있다.

어떤 다짐은 거창하게 시작되지만 금세 흐지부지 사라지고, 어떤 다짐은 조용히 시작되지만 오래 살아남는다. 다짐은 대개 '미래'를 향하는 것처럼 보이지만 그 뿌리는 언제나 '과거'에 있다. 결국 우리의 다짐은 과거의 경험과 감정이라는 토양 속에서 자라기 때문이다.

그래서 글을 쓰고 싶을 때 나는 먼저 나 자신에게 묻는다.

'나는 왜 이 장면을 떠올리게 되었을까?'

그 질문은 자연스레 과거의 사건으로 이어지고 그때의 나를 들여다보게 한다.

과거의 사건을 탐색하고 그때의 감정을 정리하고 받아들이는 과정을 거쳐야만 우리는 조금씩 단단해진다. 그 여정에서 가장 유용한 도구 중 하나가 바로 '회고적 글쓰기'다.

회고적 글쓰기는 과거의 특정 경험이나 사건을 되짚으며 그때의 감정과 생각, 그리고 그 안에 담긴 나의 반응을 다시 들여다보는 글쓰기다. 당시에는 미처 알아채지 못했던 마음이 보내는 신호를 지금의 시점에서 새롭게 해석하고 그 의미를 다시 찾아내는 과정이기도 하다. 말 그대로 되돌아보되, 단순히 과거를 복기하기 위한 게 아니라 그때의 나를 이해하고 품기 위한 과정이다.

나를 움직이게 했던 누군가의 사소한 행동을 떠올리며 쓰다 보면, 우리는 명랑해지지 않을 도리가 없다. 용케 나를 구해냈다는 작은 안도가 글 속에서 찬찬히 자란다. 그렇게 그때의 나를 쓰면서 지금의 나는 한층 더 단단해진다.

"우리는 회고적 글쓰기를 통해 단순히 과거를 되짚는 것이 아니라, 그때의 나를 다시 만나 이해하고, 조금 더 다정한 마음으로 화해하는 법을 배워갑니다."

> 명랑한 글쓰기 노트 8

회고하기(Reflection)
: 과거를 돌아보며 그때의 나를 이해하고 화해하는 글쓰기

치유의 글쓰기에서 '회고하기'란 단순히 과거를 떠올리는 일이 아니다. 그때의 나를 다시 만나 이해하고 수용하는 연습이다. 이 글쓰기의 목적은 '그 일이 왜 일어났는지'를 따지기보다 그 시절의 한 장면을 조용히 꺼내 들여다보고, 과거의 나를 거울 삼아 지금의 나를 비춰보는 데 있다. 그렇게 써 내려간 문장은 과거의 상처를 붙잡는 대신 그 상처를 이해로 바꾸는 길을 보여준다.

우리가 회고적 글쓰기를 통해 하는 일은 고통을 '사건'에서 떼어내어 '서사'로 옮기는 작업이다. 특정 시기의 한 장면을 떠올리고 그 순간의 감정과 반응을 되살려 글로 써보자.

❖ **회고하는 글쓰기를 위한 3단계 전략** ❖

1단계 : 기억을 호출하기
그때의 장면을 가능한 한 생생하게 떠올려본다. 꼭 큰 사건일 필요는 없다. 그날의 공기, 냄새, 소리, 표정, 말투 같은

작은 단서에서 시작해보면 된다.

2단계 : 그때의 내 감정 붙잡아 써보기

그때의 나는 무엇을 보고, 들었고, 느꼈는지에 집중한다. 그때의 무력감, 머뭇거림, 망설임이 다 떠올라 다소 불편할 수도 있다. 하지만 그 불편함을 피하지 않고 써 내려가는 것이 중요하다.

3단계 : 현재의 시점으로 다시 쓰기

그때는 미처 몰랐지만 지금 새로이 보이는 점을 적어본다. 그 일이 나를 어떻게 바꾸었는지, 그 순간이 지금의 나에게 어떤 힘이 되었는지를 돌아본다.

이때 기억이 쉽게 떠오르지 않는다면 스마트폰 사진첩을 열어보자. 사진 속 표정, 배경, 계절, 입고 있던 옷 하나까지 그냥 지나치지 말자. 그 안에는 당장이라도 글감이 되어줄 기억의 단서들이 촘촘히 숨어 있다.

그렇게 '상처받은 나'와 '지금의 나'를 연결하는 순간 치유와 성장은 동시에 일어난다.

성난
사람들

힘들어하는 누군가를 바라보다보면, 오래전 비슷한 자리에 서 있었던 내 모습이 문득 떠오를 때가 있다. 예상치 못한 상황 속에서 누군가가 만들어내는 장면이 어느 순간, 지나간 내 과거를 비추는 거울처럼 다가온다. 그때는 버티느라 알아차리지 못했던 내 마음을 시간이 한참 흐른 뒤에서야 비로소 이해하게 되는 것이다.

그 시간을 통과하며 타인의 처지와 감정을 조금이나마 헤아리게 될 때 삶을 바라보는 내 시선도 달라진다. 굳이 설명하지 않아도 짐작할 수 있고, 시비를 가리지 않아도 마음을 내줄 수 있다. 그 순간 우리는 타인을 위로하면서 동시에 예전의 나를 다정히 끌어안게 된다.

설 연휴 아침.

고향으로 떠나는 차들이 빠져나간 서울은 고요했다. 남편이 운전하는 차를 타고 대로변을 달리다 강남의 유명한 베이커리 앞을 지나가게 되었다. 살면서 한 번쯤은 꼭 먹어봐야 한다는 그 빵집. 그날따라 빵이 무척 먹고 싶었다.

가게 앞에 차를 세우려던 찰나, 차량의 자동 제어 장치가 갑자기 급제동을 걸었다. 그날따라 차가 유난히 예민하게 반응했다. 주차하려던 공간에 배달 오토바이가 살짝 걸쳐 있었는데, 차량의 센서가 그것까지 감지해 융통성도 없이 덜컥덜컥 브레이크가 작동했다. 그리고 이내 일이 벌어졌다.

마침 오토바이 기사님이 갓 포장한 빵 봉지를 챙겨 오토바이에 올라타려던 참이었다. 그런데 우리 차가 오토바이 앞에서 계속 주춤대는 바람에 의도치 않게 오토바이의 진로를 막은 상황이 되었다.

몇 번이나 차를 이동시키려 애를 쓰는 사이, 기사님이 헬멧을 벗어 손에 들고 성난 말걸음으로 조수석 쪽으로 다가왔다. 화가 잔뜩 난 표정과 날카로운 고함 소리, 창문을 내리라는 손짓을 본 그 순간, 빵을 먹고 싶다고 말했던 내가 원망스러웠다.

"거기 그렇게 막고 계시면 제가 나가질 못하잖습니까. 세우든 빼든 빨리 해주셔야 제가 나가지 않겠어요?"

이 정도를 예상했다. 충분히 짜증이 날 만한 상황이니 이 정도의 항의는 충분히 받아들일 수 있었다. 의도적인 건 아니지만 오토바이의 통행을 가로막은 건 우리 차였으니까. 우리는 곧장 사과하고 얼른 차를 빼려 했다. 그런데 현실은 충격적이었다. 잔뜩 성난 얼굴의 기사님은 헬멧으로 내리칠 듯 씩씩거리며 다가오더니 예상보다 훨씬 거친 목소리로 외쳤다.

"지금 오토바이 탄다고 무시하는 거야? 설날 연휴 아침부터 배달하는 것도 서러워 죽겠는데!"

그 말이 지금도 귀에 선명하다. 분노는 사소한 틈에도 쉽게 불붙는다. 기사님은 이미 성이 나 있었다. 설날 연휴 아침부터 배달하는 자신의 처지를 서러워하고 있었다. 예상하지 못했던 고성에 나는 말문이 막혀버렸다. 문제는 운전대를 잡은 남편의 성격 또한 만만치 않다는 것이었다. 이어진 상황은 굳이 길게 설명하지 않아도 짐작이 갈 것이다. 문자 그대로 '최악'이었다. 달콤하고 폭신한 빵 몇 개를 사 들고 모처럼의 연휴를 여유롭게 시작하려던 우리는 그날 하루를 통째로 날려버렸다. 천국 같았던 아침이 지옥으로 바뀌는 데는 단 1분이면 충분했다.

설날에도 배달해야 해서 서러워 죽겠다는 기사님 그리고 굳이 시비를 붙어야 속이 풀리겠다는 남편. 그 둘을 바라보며 내 마음에 떠오른 문장이 있었다.

"누군가를 비판하고 싶을 때는 이 점을 기억해두는 게 좋을 거다. 세상의 모든 사람이 다 너처럼 유리한 입장에 서 있지 않다는 것을."

《위대한 개츠비》의 주인공이 어린 시절, 아버지에게 들었던 충고의 말이다. 물론 나는 그 문장을 남편에게 꺼내지 않았다. 사실 이 문장을 들어야 했던 사람은 남편이 아니라 바로 나였다.

그날 내 마음에 오래 남은 것은 기사님의 성난 눈빛, 거친 목소리, 가쁜 호흡, 그리고 검고 거대한 헬멧이었다. 그저 그런 일상적인 언쟁이었을 뿐이라며 넘기려 했지만, 이상하게도 그 장면이 내 안에서 오래도록 떠나지 않았다.

왜 하필 이 사소한 충돌이 내 마음을 그렇게 붙잡았던 걸까.

처음에는 단순히 당혹스러웠기 때문이라 여겼다. 그러나 곧 알게 되었다. 나를 붙잡고 있었던 건 기사님의 분노가 아니라 그 분노 속에서 불쑥 떠오른 예전의 내 모습이었다.

한때의 나는 늘 화가 나 있었다. 억울하고, 서럽고, 외롭고, 누구 하나 내 말에 귀 기울여주지 않아 계속 쌓여가던 감정들이 어느 날엔가 분노가 되어 터져 나왔다. 겉으로는 남의 잘못을 지적하는 듯 보였지만 실은 나 자신에게 쏟아내는 고함이었다.

그래서였을까. 그날의 나는 기사님을 보며 낯선 타인이 아니라 과거의 나를 마주한 듯한 기분이 들었다. 나 역시 한때는 그처럼 잔뜩 성난 사람이었다. 그의 분노를 이해하는 일은 곧 오래된 내 분노를 이해하는 일이었다.

그 시절 내 분노가 최고조에 달하던 날은 십중팔구 둘째 아이의 진료일이었다. 평소에는 성격도 미지근하고 늘 기죽어 있던 내가 희미하게나마 화를 표출하는 거의 유일한 순간이었다.

아이의 삶은 '평범함'과는 한참 거리가 멀었다. 지능 저하와 발달 지연. 그 사실을 받아들이기까지 우리 부부는 수많은 병원을 전전하며 인생의 한 시절을 통째로 쏟아부었다.

아이의 발달장애는 그 원인이 흔치 않은 케이스였다. 초보 엄마였던 나는 충분한 지식이 없었고, 의사들의 권유를 그대로 믿고 따랐다. 검사를 받고, 시키는 대로 치료 방향을 준수하며, 매달 희망과 절망 사이를 오갔다.

하지만 뒤늦게 알게 된 사실인데, 아이의 지능 손상은 갑상선 기능 저하 때문이었다. 빗나간 검진과 치료 방향 속에서 우리는 한참을 헤맸고, 그러는 사이 치료의 골든타임을 놓쳤다.

큰 문제가 없더라도 아이의 발달은 이런 식으로 조금 늦을 수 있다는 의사의 말을 나는 애써 믿고 싶었다. 진실을 직면하는 것보다는 미심쩍은 희망에 매달리는 편이 훨씬 쉬웠기 때문이다. 나는 권위자의 말 한마디에 덜컥 모든 걸 맡겨버린 어리석고 무지한 보호자였다. 그리고 이제 와 후회한들 소용없다는 사실을 받아들이기까지 무려 10년이 걸렸다.

경기도 용인에서 서울의 대학병원까지 왕복 네 시간. 물리적으로도 부담스러운 거리였지만 심리적으로는 그보다 훨씬 더 멀고 험한 여정이었다. 핸들을 쥐고 입을 꾹 다문 채 달리는 동안 마음에는 늘 두 개의 목소리가 교차했다.

'치료도 소용없고 완치가 불가능하다는데 나는 왜 이러고 있지.'
'그래도 이렇게라도 해야……'

자책과 다짐이 번갈아 밀려오는 길 위에서, 나는 매번 나 자신을 설득하며 병원으로 향했다.

병원 주차장에서 자리 한 칸 얻는 데만 30분은 기본이었고, 예약해둔 진료는 자주 지연되었다. 한 시간 넘게 기다린 끝에 고작 3분도 채 안 되는 담당 의사 선생님과의 면담 겸 진료를 마치고 돌아오는 날이 부지기수였다.

아무도 그 먼 곳까지 오라고 한 적 없지만 나는 가야만 했다. 아이를 위해서라는 건 어쩌면 핑계였는지도 모른다. 실은 제때 아이의 증상을 발견해 적절한 치료를 받게 해주지 못했던 나 자신을 용서하기 위해서였는지도 모른다.

'그때 바로 더 큰 병원에 데려갔더라면……'

때늦은 후회. 하지만 아이 앞에서 이 말은 차마 꺼낼 수가 없었다. 그래서 울면서도 갔고 분노하면서도 갔다. 다시는 같은 어리석음을 반복하지 않겠다고 다짐하며 먼 길을 나서곤 했다.

그때 내가 화가 났던 건 무엇보다 의사들의 태도였다. 내 눈에 그들은 항상 바쁘고 무신경해 보였다. 분명 내 아이의 진료를 보는 중인데도 모니터 속 검사 결과를 응시하는 눈동자는 바삐 움직였고, 곧이어 속사포처럼 쏟아지는 설명과 처방만이 뒤따랐다. 궁금하고 걱정되는 것이 많아 질문을 열 개도 넘게 준비해 갔지만 몇 달 만에 만난 의사와 보호자가 나눌 수 있는 대화 시간은 길어야 2~3분 남짓. 우리가 진료실에 앉아 있는 동안에도 의사들은 두 개의 진료실 사이를 분주히 오갔고, 교수의 처방을 받아

적는 인턴은 피로에 절어 있는 얼굴이었다.

적어도 내가 만나고 겪어온 대학병원의 의사는 대체로 그랬다. 홍길동처럼 나타났다 순식간에 사라진 의사와의 짧은 면담 시간이 아쉬워 어렵사리 인턴에게 추가 질문을 던져봐도 돌아오는 대답은 늘 같았다.

"그 부분은 교수님이 보셔야 판단할 수 있습니다."

질문을 하고 답변을 듣고 나면 입안 가득 쓴맛이 고였다.

당시 흰 가운을 입은 이들은 아무 말도 하지 않았지만, '그만 좀 물어보라', '다음 환자들이 기다리고 있다', '당신 같은 보호자들 때문에 이미 진료가 한 시간 넘게 지연되고 있다'는 타박이 들리는 듯했다. 담당 의사, 인턴, 간호사, 누구 하나 밉지 않은 사람이 없었다. 그때의 나는 세상을 향해 큰소리로 욕이라도 실컷 하고 싶었다.

그런데 시간이 흘러 한걸음 떨어져 들여다보니 내 분노는 그저 의사들만을 향한 것이 아니었다. 그들의 태도에 화가 나기도 했지만 아이를 위해 물어봤어야 할 것조차 제대로 묻지 못한 나 자신을 향한 분노이기도 했다. 당시 나는 한없이 쪼그라들어 있었다. 진료실 안에서 나는 늘 자발적으로 을이 되곤 했다.

설명을 들어도 이해되지 않는 낯설고 생경한 검사 결과지와 처음 듣는 용어들, 가만히 있어도 끓어오르는 불안감, 그리고 내 탓으로 아들의 치료 시기를 놓쳐버렸다는 자책감. 그 모든 감정을 어디든 쏟아내야 했고, 마침 눈앞에 있던 대상이 그들이었을 뿐이다. 제대로 추스르지 못한 비난의 화살은 보란 듯 과녁을 벗어났다. 나는 어디에도 제대로 화를 내지 못한 채 또 고개를 숙였다. 누군가를 미워하기엔 나 자신을 원망하는 마음이 가장 컸기 때문이다.

설날 연휴 아침 빵을 사러 나섰다 배달 기사님과 충돌했던 그날, 나는 예전의 나를 떠올렸다. 억울함과 분노를 어디에도 풀지 못해 툭하면 세상과 부딪쳐버리던 시절의 나. 그 모습이 기사님의 성난 헬멧과 겹쳐 보여 애처롭고 오래도록 마음이 쓰였다. 다행히 지금의 나는 그때보다 조금은 더 단단해졌고 조금은 덜 성나 있다. 또한 세상의 모든 기사님들이 성난 채로 일하는 건 아니라는 사실도 물론 알고 있다.

예상치 못한 순간 불끈 화를 낸다는 건 어쩌면 마음속 상처를 드러내 보이는 일인지도 모른다. 말하지 못한 슬픔과 감춰야 했던 억울함이 켜켜이 쌓였다가 어느 날 예고 없이 터져 나오는 것이다. 겉으로는 '화'라는 이름을 하고 있지만, 그 안에는 울고 싶었던 마음이 웅크리고 있다.

타인의 분노는 때때로 나를 울린다. 그 성난 마음 뒤에 숨어 있는 외로움과 서글픔을 알아볼 수 있기 때문이다. 그리고 그 마음이 예전의 나와 닮아 있다는 걸 알아차리게 되기 때문이다.

그런 시간을 지나온 덕분에 나는 이제 기사님의 씩씩대는 호흡 너머의 마음을 조금은 살필 수 있는 사람이 되었다. 우리가 타인을 이해한다는 것은 결국 우리 안의 오래된 상처를 다시 돌아보는 일이기에.

⌇

 아픔과 슬픔, 후회와 분노 같은 감정들이 마음 속에서 다시 떠오를 때면 나는 그때의 나를 제3자의 시선으로 조금은 멀찍이서 바라본다. 그 거리감은 내 안의 연약한 부분을 살필 수 있게 해주고, 함부로 나 자신을 비난하지 않도록 보호막이 되어준다. 그렇게 조금씩 자신을 객관화하고 그 감정을 언어로 번역하는 훈련을 통해 상대와 나를 이해하는 연습을 해나간다.
 이해란 세상 모든 것을 다 아는 게 아니라, 오히려 모든 걸 완벽히 알 수는 없음을 받아들이는 데서 시작된다. 상대가 말하지 않은 마음까지 모두 어림짐작으로 알아차리겠다는 욕심이 아니다. 그보다는 말을 끝까지 들어보겠다는 경청의 태도에 가깝다. 상대의 말 한마디, 표정 하나에 담긴 맥락을 놓치지 않고 내가 경험하지 못한 삶의 방식도 있다는 것을 인정하는 일. 그래서 이해는 사랑보다 더 어렵고 공감보다 더 조심스럽다.
 물론 이해가 갈등을 없애주는 만능 열쇠라고 할 수는 없다. 하지만 치유의 관점에서 보면 이해는 갈등을 다른 각도에서 바라보게 해준다.
 나와 타인이 같을 필요는 없다. 다름 속에서도 함께 머무는 방법을 찾아낼 수 있다면 그것으로 충분하다.

투영하기는 기억을 호출하는 동시에, 그 기억을 다시 살아보는 일이다. 그리하여 타인의 그림자에 빛을 비추고, 동시에 내 안의 어둠을 밝힌다. 누군가의 이야기를 통해 과거의 나를 들여다보면서 비로소 자신을 이해하게 되는 것이다.

따라서 투영하는 글쓰기는 타인의 시선으로 바라보는 것에서 출발하지만, 결국은 나 자신을 더 깊이 들여다보기 위한 안전한 우회로라 할 수 있다.

우리는 그런 문장을 쓸 수 있을 때 비로소 명랑해진다. 잠시 기분이 나아지는 데서 그치지 않고 지난 시간의 무게를 감당할 수 있는 단단함과 너그러움이 마음속에서 자라기 때문이다.

"과거의 나를 다른 사람의 모습에 비춰보는 시간 동안 우리는 오래 묻어두었던 상처와 마주하고, 그 상처를 새롭고 성숙한 시선으로 바라보는 경험을 하게 됩니다."

> 명랑한 글쓰기 노트 9

투영하기(Projection)
: 타인의 이야기나 사물, 풍경을 빌려 나를 비추어보는 글쓰기

투영하는 글쓰기는 심리학의 프로젝션projection, 즉 투사 개념에서 출발하지만 치유의 관점에서 보면 단순히 타인에게 감정을 전가하는 게 아니라 내 안의 깊은 감정을 탐색하고, 이해하며, 해소하기 위한 은유적 도구로 사용된다.

투영하는 글쓰기의 전략 4단계

1단계: 대상 선택하기

먼저 마음에 남는 장면 하나를 골라보자. 최근에 본 드라마의 장면이나 지하철에서 마주친 사람의 표정처럼 사소한 기억도 좋다. '이상하게 마음이 끌리거나 불편했던 대상'을 고르는 것이 핵심이다. 그 감정이 곧 내가 아직 이해하지 못한 나의 문제적 조각이기 때문이다.

2단계: 대상 묘사하기

그 대상의 모습, 색, 냄새, 움직임 등을 가능한 한 구체적으

로 기록한다. 이때 자신의 감정 언급은 피하고, 객관적인 관찰자의 시선으로 적어본다.

3단계 : 감정 찾아내기

글을 다시 읽으며 스스로에게 묻는다.

'이 대상을 왜 이렇게 썼을까?'

이 질문을 따라가다보면 문장 속에 숨어 있는 감정, 즉 외로움, 분노, 죄책감, 애정 등이 모습을 드러낸다.

4단계 : 대상과 나의 관계 해석하기

파란 셀로판지를 눈에 대면 세상이 온통 파랗게 보인다. 투영하는 글쓰기도 이와 같다. 어떤 색의 셀로판지(시선과 감정)에 내 생각을 통과시키느냐에 따라 노트 위에 맺히는 문장은 전혀 다른 색을 띤다.

결국 투영이란 단순한 회상이 아니다. 내 생각을 어떤 시선에, 어떤 감정에 통과시킬지 선택하는 작업이다. 그 선택이 글의 색깔을 정한다.

그녀들의
기분
관리법

#공감

#극사실주의

우리는 고난과 역경 시나리오에 너무 익숙하다. 우리 할머니들은 전쟁과 가난의 시간을 통과하며 삶의 냄새가 밴 손으로 가족을 건사했다. 우리 어머니들은 그런 부모 밑에서 생계를 붙들고, 울음을 삼키며 살아왔다. 그렇게 이어진 고단한 숨결은 어느새 우리 안에도 스며들었다.

고난의 생존자들은 때로 타인의 삶에 지나치게 엄격해진다.

"나는 더한 일도 버텼어."

"그 정도는 힘든 것도 아니야."

혹독한 인생길에서 엄살조차 부릴 틈 없이 살아남았으니, 상대 역시 그렇게 해야 한다고 믿는 것이다.

하지만 살아남기 위해 꽉 움켜쥐었던 주먹을 조금만 느슨하게 풀고 다양한 지혜와 관점을 받아들일 수 있다면 어떨까. 우리는 생존의 법칙이 아닌 공존의 지혜로 살아갈 수 있을 것이다.

───⌒───

스무 살.

그때 우리는 서로에게 적당히 친근한 친구였다. 대학 새내기 시절에 만나 함께 과제를 하고 어울리던 그저 평범한 동기들. 초등교사를 양성할 목적으로 세워진 교육대학교에 입학하고 보니 학교생활의 8할이 조별 과제였다. 교대생이 된다는 것이 4년 내내 조별 과제에 매달리는 일인 줄은 미처 몰랐다. 수업마다, 학번마다 그에 대한 비슷한 성토가 끊이지 않았다.

그 시절 우리 모두는 조별 과제에 시달리느라 녹초가 되었지만, 고향 집 부모님들은 기쁨에 들떠 자식 자랑을 멈추지 않았다.

"우리 아들이 교대에 갔다."

"우리 딸이 곧 '핵교 선생'이 될 거다."

스무 살의 우리는 여러모로 서툴고 평범한 대학생에 불과했지만 세상은 이미 우리 어깨에 '선생님'이라는 묵직한 타이틀을 던져주고 있었다.

그로부터 26년이 지났다. 자취방에 모여 조별 발표를 준비하던 네 명의 그녀들은 지금도 여전히 만난다. 중년이 된 우리는 아무리 바빠도 분기에 한두 번은 꼭 얼굴을 본다. 숨 막히는 일상 속에서 서로의 얼굴을 마주해야 비로소 숨을 돌릴 수 있으니, 우리에게 서로는 산소호흡기 같은 존재다.

주문한 커피가 나오기도 전부터 하소연이 쏟아진다. 그간 쌓아둔 이야기가 깊을수록 마음은 더 급해진다. 오늘도 이야기보따리를 다 풀지 못하고 헤어질까봐 그게 가장 걱정일 뿐이다. 오랜 세월만큼이나 우리의 수다는 막힘이 없고, 솔직해졌고, 슬프면서도 과감해졌다.

서로가 서로에게 몇 안 되는 친구로 남을 것 같다는 예감은 30대 중반쯤부터였다. 그 무렵엔 연락이 간신히 이어지던 친구들이 하나둘 약속이나 한 듯 정리되던 시기이기도 했다.

"너 아니면 이제 마땅히 친구가 없어."

그런 소중하고 간절한 마음이 우리를 더욱 견고하게 묶어주었다. 덕분에 우리는 만날 때마다 약속한 듯 각자의 사연 보따리를 풀어 놓았다.

오늘도 시작은 친구 연정이다. 투자 실패라는, 현대인에게는 너무 흔하지만 동시에 가장 흥미로운 키워드로 대화의 스타트를 상쾌하게 끊어준다. 나는 그런 연정이가 참 좋다. 투자 실패에 관해서라면 나도 할 말이 좀 있으니까. 나도 역시 잃어봤으니까. 돈 좀 불려보겠다며 뛰어들었다가 주춤하는 사람이 100명 중 99명인 시대. 누가 더 웅장하게 잃었느냐를 두고 터지는 웃음 속에서 도파민이 폭발한다.

"진짜 짜증 나. 나 주식 어떡하지? 마이너스 30이야. 뺄까, 그냥 들고 있을까?"

"마이너스 30? 근데 너, 우리한테 그런 거 묻지 마. 우리 그런 거 잘 모르잖아."

"어……. 그치. 잘 모르긴 하지. 큰 기대는 없을 테니 부담은 갖지 말고 들어만 줘. 근데 잘 모르긴 마찬가지인 나는 왜 거기에다가 1,500이나 넣었을까?"

"야, 그래도 우리 중엔 니가 젤 똑똑하지. 돈도 젤 많이 넣었고. 부자네, 부자."

세월은 눈만 마주쳐도 낄낄거리던 말랑말랑한 대학생들을 이제는 집 걱정, 돈 걱정부터 쏟아내는 사람으로 바꿔놓았다.

"집주인이 나가래. 나 집 사야 돼, 말아야 돼? 남편은 진짜 아무 생각도 없고, 10월이면 주인이 들어온다는데 나보고 어쩌라는 거야. 지난번에 전세로 들어갈 게 아니라 무리해서라도 대출받아 집을 샀어야 했는데, 이렇게 될 줄 누가 알았겠냐. 전세가 그동안 너무 많이 뛰었더라? 지금 사는 동네가 딱 좋은데 아무래도 옆 동네로 다시 알아봐야 할 것 같아."

"야, 말도 마. 나 작년에 친구 따라 8,000만 원 빌려서 키즈 카페 투자했잖아. 계약서에 도장 찍고 두 달 만에 코로나 터져서 파리만 날리고 이자는 매달 42만 원이야. 원금은 진즉에 날아갔고. 그냥 적금이나 들 걸 그랬어. 그게 내 팔자인가 봐."

"그러게, 어디 돈 생길 구멍 없냐? 돈 좀 모이면 하와이 가보고 싶어. 거기 송중기 집 있다던데."

"진짜? 송중기네 애들은 얼마나 좋을까. 태어났는데 집이 여기저기 있으니. 그럼 우리도 하와이 가서 휴가도 보내고 송중기도 볼 수 있겠네. 갈까?"

"야, 그렇게 따지면 한국에 있는 연예인은 벌써 다 봤어야 하는 거 아니냐?"

"그러네. 그럼 굳이 가지 말자. 송중기 본다는 보장도 없는데. 하와이 멀기도 하고."

웃음과 절망이 절묘하게 뒤섞인 대화는 결국 우리 각자가 일상을 버틸 배터리가 몇 퍼센트나 남아 있는지 확인하는 시간이 된다.

이야기의 피날레는 늘 우리가 보호자 역할을 해야 하는 가족 구성원들의 각종 병환 이야기가 차지한다.

"지난번에 조직 검사한다고 했었잖아. 우리 엄마, 암이래. 다행히 초기라 항암 바로 시작하기로 했어."

"정말? 아이고, 놀랐겠네."

"어, 그래서 한동안 정신이 없었어. 검사받고 병원 정하고 치료 시작하는 게 진짜 보통 일이 아니더라. 너 예전에 시아버지 간암이라고 했지? 지금 좀 괜찮으셔?"

나이가 들어 '간병'이라는 키워드가 삶에 추가된 것일 뿐, 우리 넷 중 둘은 이미 장애아를 키우고 있다. 지긋지긋하게 이어오던 보호자 역할의 무심한 확장판 정도라, 이제 웬만한 일엔 타격감도 없다.

그래도 아무리 무뎌진 우리라 해도, 7년째 아기를 기다리는 주희의 이야기 앞에서는 마음이 늘 저릿하다.

"나 이번에 시험관 10차 했어. 뭐, 또 안 됐지. 계속 이러니까 우리 엄마는 너무 불안한가 봐. 지난주에 올라오셔서 나 앉혀놓고 몸 관리 잘하라고 한참 잔소리하시더라. 좋은 거 다 챙겨 먹고, 좋다는 건 다 하는데도 안 되는 걸 나보고 어쩌라고. 나라고 매일 병원 다니고 싶겠냐. 솔직히 몸도 마음도 너덜너덜해지고 지쳐. 근데 될 때까지 계속하라고 하시니까 이젠 친정 가는 것도 부담스러워."

어느덧 친정마저 부담스러워지는 나이가 되어버렸음을 확인한 우리는 남은 케이크 조각을 털어 넣고 테이블 위의 빈 접시를 힘차게 치우기 시작한다. 시끄럽고 유쾌하게 서로의 이야기에 눈을 반짝이며 맞장구치던 그 순간들 덕에 마음 한가운데 고여 있던 탁한 감정들이 서서히 맑아지고 있었다. 사람 사는 거, 다 거기서 거기다. 걱정 없는 집 없고, 나 혼자만 구질구질하게 사는 것도 아니다. 누구나 자신만의 전쟁터에서 묵묵히 버티며 살아가고 있다는 사실을 선명하게 확인하는 시간이다.

한참을 쏟아낸 뒤 우리는 서로의 얼굴을 바라보며 웃는다. 각자의 전장에서 살아남은 사람들이 어깨를 부딪치며 씩 웃는 것 말고 달리 할 수 있는 게 뭐 있겠나. 삶은 여전히 복잡하고 해결된 건 하나도 없다. 하지만 모여 앉아 밥보다 비싼 커피와 케이크를 먹어치운 시간만으로도 마음 한켠이 가벼워진다.

세월이 덧씌운 허울을 훌훌 벗고 스무 살 싱그러운 나로 돌아가도 전혀 어색하지 않은 사이. 내 속을 훤히 아는 사람들. 마치 나 자신과 대화하듯 속사정을 나누는 이들과 주고받는 말들은 다시 나를 들여다보게 만든다. 서로에게 쏟아낸 이야기였지만 실은 또 다른 나와 이야기하는 듯 신기한 시간. 그렇게 깊어진 대화 끝에 남는 건 분노도 후회도 아니다. 삶을 조금 더 유쾌하게 바라볼 수 있는 새로운 용기다. 여전히 버거운 삶이지만 이런 식이라면 웃으면서 버틸 수도 있겠다는 자신감이 생긴다.

그러고 나면 언제 그렇게 징징거렸나 싶을 만큼 새초롬한 얼굴로 베이커리 매대 앞에 선다. 남편이 좋아하는 소시지 빵을 몇 개 담고 아이들에게 "엄마 이제 곧 집에 간다"며 전화를 건다. 어깨에 바리바리 짊어지고 왔던 삶의 무게를 카페 테이블에 남겨둔 채 한결 가벼운 걸음으로 발길을 돌린다.

온화하고 사근사근한 얼굴로 집에 돌아와 남편에게 소시지 빵을 건넨다. 아이들 밥을 챙겨 먹이고 함께 배드민턴을 치느라 땀을 뻘뻘 흘리고 돌아온 남편은 아내의 환한 표정에 머쓱하게 웃으며 빵을 받아 든다.

우린 알고 남편들은 모른다. 동창 모임에서 돌아온 아내의 명랑한 표정과 다정한 손길을 만든 게 무엇인지. 집에서는 차마 울며불며 풀어내지 못한 하소연을 카페 구석 자리에서 얼마나 정교한 솜씨로, 얼마나 섬세하게 풀어냈는지를. 그 섬세한 하소연 덕분에 서로 마주 앉은 그녀들과 내가 얼마나 환한 안도의 숨을 내쉴 수 있게 되었는지를.

어떤 감정은 내 것이 아니어도 나를 가볍게 한다. 친구의 눈물은 내 슬픔을 다독여주고, 친구의 분노는 내 억울함을 대신 말해준다. 또 친구의 결심은 내 두려움을 덜어주고, 친구의 회복은 나를 절망 속에서 건져낸다. 그렇게 삶이 아주 조금 명랑해진다. 그리고 우리는 그 약간의 명랑함으로 삶의 방향을 조정하고, 힘을 모으고, 다시 앞으로 나아간다.

분명 우리 내면에도 그런 두려움이 잠재해 있다. 절박한 심정으로 내뱉은 말이 외면당할 때, 고통에 찬 호소가 무시당할 때, 우리 내면은 견뎌내기 쉽지 않은 다양한 감정들에 시달린다. 수치심과 불안, 분노, 한스러움, 무기력과 고독감, 극심한 우울까지. 진심을 다해 꺼내놓은 말, 속내를 드러낸 글을 아무도 들어주지 않거나 공감해주지 않는 것은 얼마나 큰 고통인가.

힘들어 보이는 누군가의 이야기를 들을 때 우리는 자기도 모르게 그 사람의 자리에 자신을 겹쳐놓는다. 똑같은 상황은 아니어도 비슷한 감정의 결을 따라가다보면 어느 순간 마음이 이어지는 지점이 생긴다. 그것이 공감이다. 공감은 "나도 알아"라는 마음의 손짓이자 "너만 그런 게 아니야"라며 건네는 조용한 위로다.

공감은 말보다 먼저 도착한다. 단어 하나, 눈빛 하나, 가만히 맞장구치는 숨결 속에도 공감은 숨어 있다. 누군가의 이야기를 들으며 나도 모르게 목이 메고 상대가 말하지 않은 부분까지 짐작하게 되는 순간, 그것은 단순한 동의가 아니라 감정의 동행이다. 내가 겪었던 고통의 기억이 누군가의 아픔에 다리를 놓아주는 것이다.

공감은 나의 아픔이 남의 아픔과 닿을 수 있다는 믿음에서 비롯된다. 완전히 같을 수는 없지만 조금은 닮았으리라는 짐작. 그 닮음이 때로는 눈물보다 강한 유대를 만든다.

글쓰기는 공감의 언어를 훈련하는 일이다. 같은 마음을 단어와 문장으로 증명해 보이는 일이다. 내 감정을 솔직하게 쓰되, 읽는 사람을 상상하며 문장의 방향을 조금씩 다듬는다. 그 세심한 조율이 독자와의 거리감을 좁히고, 내가 받은 공감을 또 다른 누군가에게 돌려주는 선순환을 만든다.

공감은 결국 혼자서는 도달할 수 없는 감정이다. 누구라도 나를 다정하게 바라보아준 기억이 있기에, 나 역시 다른 사람의 삶에 조심스레 귀를 기울이게 된다.

공감은 이해보다 다정하고, 사랑보다 덜 부담스러우며, 연민보다 더 평등하다. 그것은 누군가의 마음 옆에 잠시 함께 머물겠다는 의지다. 그게 가능할 때 우리는 모두 조금씩 더 명랑해질 수 있다.

극사실주의 글쓰기는 그 감정을 직접 표현하지 않고 '사실을 있는 그대로 세밀하게 보여주는 것'이다. 일상에서 벌어지는 장면을 글로 옮겨적음으로써 독자뿐 아니라 글쓴이 자신도 그 순간의 그 장면 속 진실과 다시 마주하게 한다. 그래서 극사실주의는 감정을 주입하지 않아도 몰입을 이끌어내고, 설명 대신 공감으로 이끈다. 그저 사실을 있는 그대로 보여줄 뿐인데, 독자는 그 안에 자연스럽게 감정을 이입하게 된다. 그때 마음속에 스치는 미묘한 울림이 바로 공감의 순간이다.

 이 글쓰기 방식의 매력은 분명하다. 감정의 리얼리티를 확보하면서도 과장이나 신파 없이 마음을 건드리는 방식. 그래서 더 진짜 같고 더 오래 남을 수 있다.

"삶의 진짜 얼굴은 늘 사소한 디테일에 숨어 있습니다. 작은 몸짓과 흔적을 집요하게 붙잡을 때, 우리는 공감이라는 가장 깊은 언어에 도달할 수 있어요."

명랑한 글쓰기 노트 10

극사실주의(Hyperrealism)
: 현실의 표면을 극도로 세밀하게 재현함으로써,
그 이면의 감정과 진실을 드러내는 글쓰기

극사실주의는 있는 그대로의 현실을 기계적으로 복제하려는 시도가 아니다. 오히려 현실을 정밀하게 재현하는 과정에서 그 너머에 숨어 있는 감정과 인식까지 자연스레 드러나게 하는 글쓰기 방식이다.

극사실주의 글쓰기는 감정을 앞세우지 않는다. 사실을 통해 진실에 다가가는 글쓰기다. 작가는 관찰자의 거리에서 사물과 사람, 장면을 있는 그대로 포착하되, 그 구체성과 절제를 통해 독자가 스스로 감정을 느끼게 한다. 거창한 사건보다 일상의 미세한 틈, 반복되는 몸짓과 침묵 속에서 삶의 리듬과 내면의 진동을 발견하는 것, 그것이 바로 극사실주의의 힘이다.

❖ 극사실주의 글쓰기 방법 3가지 ❖

첫째, 일상의 미세한 틈을 포착하라 : 아무 일도 없는 순간

의 진실

극사실주의는 거창한 사건보다 작은 일상에서 빛난다. 누구도 주목하지 않는 순간, 무심한 표정, 반복되는 몸짓 속에 진짜 이야기가 숨어 있다.

예 : 집에 돌아와 남편에게 소시지빵을 건넨다.

순간적으로 포착된 행동 하나로 주저하는 마음을 선명하게 보여준다.

둘째, 거리를 두라 : 감정은 절제할수록 깊어진다

극사실주의 글쓰기는 감정을 쏟아내기보다 절제함으로써 더 큰 몰입을 이끌어낸다. 그러기 위해 작가는 인물과 사건에서 한 발 떨어져 기록자의 태도로 관찰해야 한다.

예 : 나 주식 어떡하지? 마이너스 30이야.

구구절절한 설명은 없다. 그러나 독자는 이미 말하지 않은 감정의 농도를 정확히 읽어낸다. 절제된 문장이 오히려 진실을 더 크게 울리는 이유다.

셋째, 반복 속에서 패턴을 찾아라 : 사소함의 리듬

매일 반복되는 행동, 습관처럼 나오는 말, 무심한 몸짓이 인물의 진짜 성격과 세계관을 드러낸다. 극사실주의는 한 장면의 정밀한 묘사를 넘어서 반복 속에서 의미를 읽어내는 글쓰기다.

예 : 오늘도 시작은 친구 연정이다.

이 한 줄만으로도 아내가 가족과 관계 맺는 방식이 자연스럽게 드러난다.

겉으로는 무심해 보이지만 읽고 나면 마음이 오래 남는 글, 그것이 극사실주의 글쓰기의 본질이다. 극사실주의의 진짜 힘은 여기에 있다. 감정을 주입하지 않았음에도 오히려 감정이 더 깊이 전달된다는 점. 그래서 독자는 강요가 아닌 스스로의 경험으로 "나도 저런 적 있었는데" 하고 공감하게 된다.

이것도
올수리라면
올수리니까

#인정
#셀프인터뷰

    스스로 선택한 일인데도 갑자기 분하고 억울해질 때가 있다. 이상하게도 그 감정은 예고 없이 찾아와 마음 한쪽을 콕 찌른다. 그럴 때마다 나는 스스로에게 조심스레 묻는다.

"지금, 정말 억울한 건 뭘까?"

"그때의 나는 어떤 마음으로 그 선택을 했을까?"

    아쉬움은 대게 누군가에게 털어놓기에는 너무 사소하거나, 이미 늦어버린 순간에 고개를 든다. 그래서 나는 종종 이렇게 다시 묻는다.

"그 일은 정말 끝난 걸까?"

"아니면 아직 내 안에 말하고 싶은 무언가가 남아 있는 걸까?"

    스스로 묻고 답하다보면 놀랍게도 마음이 조금 풀린다. 억울함이 미련으로, 미련이 애정으로 모습을 바꾸기도 한다. 감정이

사라지는 게 아니라 다른 형태로 나에게 다가오는 것이다.

심리학에서는 이런 과정을 '감정의 재맥락화reappraisal'라고 부른다. 처음에는 후회와 자책으로 가득했던 장면도 시간이 지나면 다른 각도에서 다시 볼 수 있다는 뜻이다.

"그땐 정말 힘들었지?"

"하지만 그 상황에서 할 수 있는 만큼은 했잖아."

그렇게 스스로에게 말을 걸다보면 나는 어느새 나의 가장 좋은 청취자이자 위로자가 된다. 셀프인터뷰는 결국 그 대화를 글로 기록하는 일이다.

올수리. 드디어 우리 집도 올수리를 한다.

그동안 나는 "올수리 하기로 했다", "집을 수리하는 중이다", "인테리어를 마쳤다"라고 말하는 친구와 이웃들을 부러운 눈으로 지켜보기만 했다.

국적 불명의 세 글자 '올. 수. 리'.

그 말이 왜 그렇게 부러운지 나는 안다. 그걸 하는 데 드는 비용이 대략 얼마인지 알고 있기 때문이다. 수리를 안 해도 그럭저럭 살 만한 집을 굳이 뜯어고치려는 결심은 그 비용을 넉넉히 감당할 수 있다는 여유에서 비롯되었을 것이다. 무엇보다 올수리를 한다는 건 본인이 '세대주'라는 확실한 증거 아닌가.

얼마 전 서류가 필요해 거주지 변경 이력이 모두 기록된 주민등록초본을 뗀 적이 있었다. 지금 살고 있는 집이 '내 인생 34번째 집'이라고 기록된 종이를 받아 들고 나는 주민센터 한복판에서 너무 크게 웃는 바람에 이상한 여자가 되어버렸다.

지금껏 그토록 수많은 집을 전전하면서도 신축에 살아본 적도, 올수리를 해본 적도 없다. 늘 구축 아파트의 원형을 고스란히 보존한 집들만 전전해왔으니 말이다. 그중 결혼 이후의 이사만 11회. 도대체 월급을 얼마나 받아야 30평 아파트의 올수리를 망설임 없이 척척 결심할 수 있는 걸까. 줄곧 부러울 뿐이었다.

맘카페에 '올수리 업체 선정 골치 아프네요'라는 글이 올라오면 굳이 클릭해 읽으며 혼자 삐죽거리곤 했다. 인테리어 업체 선정만 생각하면 두통이 온다며 괴로워하던 글쓴이가 불과 두어 달 뒤에는 짠, 하고 나타나 '막상 해놓고 나니 고생한 보람이 있네요. 업체명 필요하시면 쪽지 드릴게요'라는 자랑인지 광고인지 모를 애매한 뉘앙스의 글을 남기는 경우들을 숱하게 봐왔기 때문이다.

이런 식의 게시글은 절대, 결코, 하소연하는 글로만 끝나지 않는다. 입이 떡 벌어질 정도로 번쩍거리는 시공 후 사진을 구석구석 찍어 올린다. 하지만 계속해 삐죽거리면서도 그런 게시글 속 사진들을 한 장도 빠짐없이 챙겨보는 나란 인간이 더 문제라는 걸 모르는 건 아니다.

그러다 마침내, 그림의 떡 같던 그 일이 우리 집에도 생겼다.

드디어 우리 집도 올수리를 하게 된 것이다. 30년도 훌쩍 넘은 구축 아파트의 올수리. 이건 그냥 설렘 그 자체였다.

보통 재건축 안전진단을 통과했다는 건 올수리는커녕 문고리 하나 손보지 않고 버티기 모드로 들어가겠다는 선언과도 같다. 하지만 우리는 그런 아파트를 올수리하기로 결정한 것이다.

자가냐고? 아니다. 무려 전셋집이다. 2년째 세 들어 살던 아파트의 집주인이 수천만 원을 들여 과감하게 올수리를 결정했다는 놀라운 소식. 하지만 이 '엄청난' 결정 앞에서 나는 기쁘기보다 묘하게 우울해졌다. 올수리는 올수리인데, 나를 위한 올수리가 아니었기 때문이다.

때는 세 들어 살던 구축 아파트의 전세 만기를 앞두었던 작년 여름. 우리 네 가족이 살기에 충분히 널찍하고 편안했으며 금액이나 위치 등 이것저것 따져봐도 전세를 연장하고 싶을 정도로 썩 괜찮은 집이었다. 하지만 아이들 학교 문제로 옮겨야만 했던 상황. 더 정확히는 당시 앓고 있던 나의 '강남병' 때문이었다.

이사하게 되었다는 사실을 집주인에게 통보한 뒤부터 차기 세입자 후보들이 몰려들기 시작했다. 그들의 빠른 결정을 돕기 위해 나는 에어컨을 강풍으로 틀어 놓고 지저분해 보일 만한 건 모조리 어딘가에 밀어 넣었다. 그뿐인가. 눈에 띄면 분명 계약을 망설일 수도 있는 사춘기 아들들의 흔적은 죄다 무언가로 덮어 버렸고, 그동안 선물로 받아 모셔두기만 했던 디퓨저를 모조리 개봉해 향기를 뿌려댔다. 그리고 방마다 환하게 불을 켜고 손님을 맞았다. 말하자면 '버선발로 달려나가기'의 현대판이랄까.

부동산 사장님은 현 세입자의 바지런한 노력에 흡족해하며 넉넉한 격려를 표했다. 첫 손님을 데려와 집을 둘러보던 날, 그는 '청소 상태 100점'이라며 엄지를 치켜들었다. 그 칭찬에 한껏 들뜬 나는 이후로도 미래의 세입자들을 위해 지속적인 청소와 청결 유지에 에너지를 쏟았다.

그들이 집을 둘러보는 내내 나는 가식적인 미소를 지으며 마치 '이 집에 들어오시면 저처럼 행복하게 살 수 있답니다'라는 표정 연기를 천연덕스럽게 해냈다. 삶의 어느 지점에서든 한 번쯤 행복을 연기해야 하는 순간이 있다면, 그때의 내가 딱 그랬다. 손님들이 1층에 도착했다는 기별에 맞춰 립스틱까지 덧발랐다.

하지만 웬걸, 집은 좀처럼 나가지 않았다. 계약 만기에 딱 맞춰주고 싶었던 부동산 사장님과, 하루라도 빨리 이사 나가고 싶었던 현 세입자(나)는 머리를 맞대고 원인을 분석하기 시작했다. 결론은 분명했다. 청소 상태는 흠잡을 데가 없었지만, 역시 오래된 집 자체가 문제였다.

당시 내가 전세를 살던 그 집은 30년 전 지어진 뒤 단 한 번도 수리하지 않은 상태로, 핑크색 싱크대, 철제 새시, 벌건 욕실 타일 등 세월의 흔적이 집 구석구석에 고스란히 남아 있었다. 우리네 식구가 성실히 하루를 일구던 소중한 보금자리를 둘러본 손님들은 혀를 차며 돌아섰다.

"집은 깨끗한데 상태가 좀……."

수차례 반복된 레퍼토리에 애가 탔다. 계약하기로 간신히 마음을 정했다던 눈 밝은 어느 부부가 막판에 계약을 포기했다는 소식에 이유가 궁금했다. 생각지도 못한 이유였다. 그 집 사춘기 딸이 드러누워버렸단다. 이렇게 오래되고 낡은 욕실에서 어떻게 씻느냐며 결사반대했다는 것이다. 또래 친구가 드러누워 시위를 할 정도의 낡은 욕실에서 묵묵히 씻고 나온 나의 시커먼 두 아들이 떠올라 괜스레 미안함과 고마움이 동시에 차올랐다. 새시도 문제였고 욕실도 문제였다. 아니지, 베란다 외벽이 더 큰 문제였다.

계약이 될 듯 말 듯 숱하게 어그러지는 날들을 보내던 초가을. 집을 내놓은 지 4개월째 접어든 어느 날, 기적처럼 계약 소식이 들려왔다. 그 집도 나만큼이나 무던한 자식을 키우는가 싶어 괜스레 반가웠다.

그런데 이상했다. 분명 기뻤는데, 곧 슬퍼졌다. 원하는 날짜에 맞춰 이사 갈 수 있게 되었는데, 또 이사 가고 싶지 않기도 했다. 오랫동안 기다려온 이삿날이 다가오는데 왠지 마음이 복잡했다. 정말로 그냥 확 다 엎어버릴까.

'올. 수. 리.'

가까스로 붙잡은 차기 세입자와의 계약 조건이 바로 올수리라는 것이다. 여차하면 만기일에 보증금을 내주지 못해 사채라도 알아봐야 할 판이라며 걱정하던 집주인이 결국 올수리라는 파격적인 조건을 내건 것이다. 다음 세입자가 없어 이삿날도 잡지 못하고 어수선하게 지내며 수차례 집만 보여주던 나로서는 집주인의 현명한 판단에 감사해야 마땅했다. 주인의 입장에서 쉽지 않은 결정이었음을 잘 안다. 세입자인 나는 만기일에 맞춰 보증금을 받아 나가게 됐으니 분명 다행이었다. 하지만 이상하게도 기쁨보다 쓸쓸함이 먼저 밀려왔다.

수리 없이는 귀신도 입주하지 않을 듯한 을씨년스러운 집의 마지막 원형 보존자가 된 나는 문득 2년 전 내 소박했던 계약 조건을 떠올리지 않을 수 없었다. 그때 나는 왜 싱크대 문짝 하나 바꿔달라는 말조차 꺼내지 못했을까. 선심 쓰듯 장판 하나 새로 깔아줬다는 이유로 집주인에게 거듭 고마워하며 계약했는데.

멍청이. 나는 참 멍청이였다.

전세 계약이 처음도 아니었으면서 세입자로서 필요한 요구도 제대로 못 하고 계약서에 덜컥 도장을 찍은 멍청이. 무려 30년 동안 제대로 된 수리 한번 없었다는 낡은 집에서 두 해를 보내고서야 이제 와 후회하는 똥멍청이.

그래, 내가 그럼 그렇지. 어리숙함과 서투름의 대가는 결국 내가 치러야 끝이 나려는 모양이다.

'다 지난 일이야. 이제 와 아쉬워해도 소용없어.'

스스로를 다독였지만, 진짜 내 마음이 무너진 날은 따로 있었다. 12월의 어느 쌀쌀한 오후, 남겨둔 짐을 챙기러 비어 있는 집에 들어섰을 때였다.

'그래, 이만한 동네에 이만한 평수와 층수를 누린 걸 감사해

야지.'

애써 스스로를 위로하며 문을 열고 수리를 마쳤다는 집에 들어섰다. 티도 안 날 걸 알면서도 쓸고 닦으며 살아온 내 33번째 집. 눈이 휘둥그레졌다. 낡고 닳았던 싱크대, 욕조, 신발장, 전등, 스위치까지 모조리 환한 새것으로 바뀌어 있었다. 아예 다른 집이 되어 있었다.

마치 우리 가족이 곧 이사 들어갈 집을 둘러보듯 완전히 새로워진 나의 옛집을 천천히 한 바퀴 둘러보았다. 하얗게 빛나는 욕실, 스르륵 부드럽게 열리고 닫히는 새시, 번쩍이는 싱크대. 믿기 어려웠다. 까치발을 들어가며 힘껏 닫아야 했던 새시, 아무리 닦아도 때가 지워지지 않던 싱크대가 이렇게 달라지다니. 아쉬움이 없다고 하면 거짓말일 터였다.

2년 전으로 시간을 되돌리고 싶어졌다. 낡고 컴컴한 욕실에서 세상 불편한 샤워를 하면서도 맹구처럼 실실 웃던 아이들을 보며 이게 행복이려니 지내온 모든 시간이 아쉬워졌다. 나는 이렇게 늘 뒷북이다. 하여간 나란 사람 참 어지간히도 안 변한다.

우리 지역 맘카페에서 사진으로만 몰래 훔쳐보던 '올수리'된 집을 눈앞에 직접 마주하니, 2년 전의 안타까운 내 처지가 선명하게 떠올랐다. 만약 그날의 내가 다리를 척 꼬고 앉아 "싱크대 새로 해주시면 계약할게요"라고 새침하게 말했더라면 이 후회와 애처로움이 조금은 덜했을까? 아니면 "욕실만 새로 수리해주시면 계약할게요" 하고 한마디만 했다면 또 어땠을까. 그랬다면 씻기 싫다며 온갖 핑계를 대던 시커먼 놈들과의 대치도 조금은 줄었을지 모른다. 이토록 반짝이는 욕실을 두고도 안 씻는다면 그건 정말 유죄라며, 아들 녀석들을 밀어 넣기가 조금은 수월했을 텐데.

    이제 막 올수리를 마친 옛집을 보고 돌아온 밤, 반짝이던 세면대가 눈앞에 어른거렸다. 그 반들반들한 세면대 뒤로 우리 네 식구가 소복하게 쌓아올린 지난 2년이 겹쳐졌다. 늦은 밤 학원에서 돌아온 아이들이 허기진 배를 채우기 위해 뜨거운 물을 받아 컵라면을 먹던 컴컴한 부엌. 외풍이 심해 덜컹대는 창문 소리가 또렷했던 안방, 그 안에 놓인 온수 매트에 뛰어들며 잠시나마 모든 시름을 잊을 수 있었던 나의 긴 겨울. 툭하면 막히던 욕조 배수구를 뚫어보자며 남편과 끙끙대고 티격태격하다가 결국 시원하게 해결하고 서로 흡족하게 웃던 빛나는 순간까지.

    오래되고 낡은 집이었지만, 그 공간에서 우리는 오롯이 행복했고 만족했다. 많이 웃었고, 편안하게 늘어져 쉬기도 했고, 따뜻한 가족의 온기 속에서 잘 버텼다. 반짝이지 않아도, 화려하지 않아도, 우린 썩 괜찮은 시간을 보냈다.

    나는 그 낡은 집에서 배웠다. 화려함과 세련됨이 행복의 필수 조건이 아니라는 걸. 그런데도 올수리된 새집의 반짝임 앞에서 자칫 그 시간을 부정할 뻔했다. 하지만 확실히 알게 되었다. 외관의 반짝임보다 대견한 건 그 시간과 공간을 무탈하고 소박하게 살아낸 우리였다는 걸.

    훤하게 바뀐 새집을 둘러보다가 사진을 몇 장 찍는 쓸데없는

짓을 했다. '맘카페에 올리면 부러움 좀 받겠지?' 하는 생각에 미친 사람처럼 혼자 씩 웃었다.

어쨌거나 이것도 올수리라면 올수리니까.

아쉬움은 대개 자신에게 말을 거는 순간 정체를 드러낸다. 누군가에게 털어놓기에는 너무 사소하거나, 너무 늦었거나, 이미 지나가버린 일이기 때문이다. 그래서 우리는 스스로에게 묻는다.

'그땐 왜 그렇게밖에 못 했을까.'

그런데 바로 그 질문을 글로 옮기는 순간, 아쉬움은 조금씩 다른 얼굴을 갖기 시작한다.

그 감정 안에는 내가 간절히 원하고 바라던 무언가가 있고, 그것을 향해 얼마만큼 마음을 쏟았는지 그 증거가 되기도 한다. 그래서 아쉬움은 지금의 나를 과거의 나와 이어주는 정서적 연결 고리가 된다.

누군가가 나를 주인공으로 삼아 관심을 가지고 다정하게 질문을 건넨다는 것은 참 기분 좋은 일이다. 우리에게는 종종 그런 인터뷰어가 필요하다. 온전히 집중해 나의 말을 경청하고, 가르치지 않으면서 스스로 답을 발견할 수 있도록 질문해주는 존재. 글쓰기로는 언제든 가능하다. 나 자신을 주인공으로 하여 인터뷰 기사를 작성하듯 글을 쓰면 된다.

"하고 싶은 말을 다 할 수 있도록 끈질기게 묻고 또 충분히 대답해 보세요. 셀프인터뷰를 통해 감정을 직면하게 되면 감정이 무너지는 대신 정리되고 통찰로 바뀌는 효과가 생길 거예요."

> 명랑한 글쓰기 노트 11

셀프인터뷰(Self-Interview)
: 자신에게 묻고 대답하는 내면의 대화법

셀프인터뷰는 타인과의 대화가 아니라 자기 자신을 향해 조용히 말을 건네는 창작 행위다. 표현하기 어려운 감정이 마음속을 떠돌고 있을 때 특히 유용하다. 감정은 남에게 설명하는 것보다 나에게 말하듯 써 내려가면 오히려 더 또렷하고 정직하게 드러난다. 중요한 건 글을 잘 쓰는 게 아니다. 지금 마음속에서 어떤 말이 흘러나오는지를 놓치지 않는 것이다.

핵심은 스스로에게 질문을 던지고 대답하는 과정이 곧 자기 이해와 감정 치유로 이어진다는 점이다. 이 과정은 크게 3단계로 나누면 좋다.

1단계 : 질문 리스트 만들기

나 자신에게 묻고 싶은 질문을 적어본다. '지금 가장 힘든 건 뭐지?', '나는 왜 그때 그렇게 반응했을까?' 등 감정을 이끌어내는 질문일수록 좋다.

2단계 : 질문을 순차적으로 나열하고 대답하기(자문자답)

짧은 대화 형식으로 질문 아래에 솔직하게 대답을 써보자. 대답은 감정의 언어로 써야 한다. 예를 들면 다음과 같다.

Q. 그날 왜 그렇게 울었어?

A. 참았던 말이 너무 많았거든.

Q. 어떤 말들이었는데?"

A. '괜찮다'는 거짓말, '나는 괜찮다'는 연기.

Q. 그 말을 할 때 네 마음은 어땠어?

A. 무너질까봐 두려웠어.

이 짧은 셀프 인터뷰 안에는 억눌림 → 자각 → 두려움의 근원이 모두 담겨 있다.

3단계 : 대화 속 감정의 핵심 문장 찾기

셀프인터뷰를 마친 후, 가장 마음에 남는 답변 한 줄을 골라 '핵심 문장'으로 강조한다. 이 문장은 나를 묶고 있던 신념을 드러내며, 이후의 치유 글쓰기(회고하기, 구체화하기 등)로 이어질 수 있다.

이제 셀프인터뷰를 마쳤다면 느낀 점을 짧게 정리해보자.

"내가 몰랐던 내 진짜 마음은 이거였구나."

이 한 줄만 써도 충분하다. 이 방식은 글 속 문장 일부를 혼잣말처럼 써보는 데서 시작된다. 누군가에게 설명하듯 쓰는 말이 아니라 나에게 건네는 다정한 위로이기 때문이다. 그렇게 몇 문장씩 '내 속마음의 목소리'를 끼워 넣기만 해도 글의 톤은 훨씬 부드럽고 명랑해질 것이다.

인플루언서와 선우 엄마

#진심

#명랑한 반성문

긴 튜브 끝에 치즈 한 조각을 두고 쥐 여러 마리를 들여보내면 쥐들은 서로 치고받고, 밟고 밟히며 치즈를 먼저 차지하려고 미친 듯이 달린다. 문제는 그 장면이 어쩐지 낯설지 않다는 것이다. 나는 그 안 어딘가에서, 숨을 몰아쉬며 뛰고 있는 또 다른 쥐였다.

한때 나는 학생들에게 이렇게 말했다.

"남들보다 뛰어난 사람이 되는 것보다 중요한 건 정직하고 바르게 살아야 한다는 사실이야. 세상은 사랑과 나눔으로 돌아가거든."

얼마나 근사한 말인가. 다만 그 말을 하는 내가 속으로는 이렇게 중얼거렸다는 사실이 문제일 뿐.

'그래도 세상은 치즈를 먼저 잡는 쪽이 이기지 않나?'

교사로서의 나는 올곧음을 가르쳤지만, 인간으로서의 나는 숫자를 세고 있다. 좋아요 수, 팔로워 수, 조회 수, 인세, 강연료,

출간 저서의 권수까지. 나는 늘 셈을 하고 비교하고, 결과를 기다렸다. 치즈 냄새에 한없이 민감한 속물이다.

그런데 아이러니하게도 그런 나를 지금껏 지켜준 건 숫자가 아니었다. 내 글 한 줄에 조용히 답장을 보내준 누군가의 진심, 그 작은 마음 한 조각이 내 인생의 방향을 조금씩 바로잡았다. 결국 나를 구한 건 치즈가 아니라 사람이었다.

'7공주'라는 이름의 모임이 있다. 교육이라는 공통된 뿌리 위에 작가, 유튜버, 인플루언서, 강사, 사업가, 콘텐츠 크리에이터까지 모였으니 언뜻 들으면 다소 요란하지만, 하나같이 진지하게 생계형이다. 자기 이름 앞에 붙는 직함을 하루에도 몇 번씩 붙였다 떼었다 하며 '먹고사는 일'을 예쁘게 포장하는 사람들.

나까지 포함해 일곱 명, 비슷한 결의 여성들이 모여 만든 작은 사조직이다. 시간이 곧 돈인 삶이라 계절에 한 번 얼굴을 보는 것도 일이다. 모인 숫자가 다섯일 때도, 일곱일 때도, 가끔은 새로운 누군가가 합류해 여덟이 되기도 한다.

그러나 숫자는 중요하지 않다. 그보다 더 중요한 건 우리 일 자체의 특수성이다. 이 모임의 공통점은 하나다. 몸담았던 직장을 나와 자신만의 콘텐츠를 만들고, 그것으로 하나의 브랜드를 일군 사람들. 우리가 가는 강연장에는 새로운 정보를 얻으려는 학부모들이 모여들고, 강연 후에는 사인을 받기 위해 책을 들고 줄을 선다.

우리 일곱이 운영하는 채널과 SNS 구독자 수를 모두 합하면 100만 명이 훌쩍 넘는다. 다른 말로 바꾸면 그 숫자만큼의 눈이 온라인과 오프라인 어딘가에서 우리를 지켜보고 있다는 뜻이다. 그 숫자는 부담이자 동기이며, 때로는 위로이자 족쇄가 된다.

물론 안다. 눈에 보이는 숫자가 전부는 아니라는 걸. 하지만 숫자만큼 분명한 것도 드문 게 사실이다. 자본주의 사회에서 숫자를 빼고 설명할 수 있는 인생이 과연 얼마나 되겠는가. 모두가 숫자를 궁금해하지만 선뜻 먼저 묻지 못하고, 대체로 속으로만 계산할 뿐이다.

상황이 이렇다 보니 우리는 때로는 친자매에게도 털어놓지 못하는 이야기를 스스럼없이 주고받는다. 우리의 대화에는 위로나 공감만 있는 게 아니다. 정보가 폭포처럼 쏟아진다. 실제로 나이아가라 폭포를 눈앞에서 본 적이 있는데, 폭포보다 우리의 대화가 훨씬 더 힘차고 더 시끄럽다.

유치원생부터 복학생까지, 우리 모임에서만 자라는 아이가 14명. 사업 계획, 출간 계획, 최신 트렌드, 경기 흐름, 절세 노하우는 물론이고, 아이들 학원 정보, 사춘기 아이들과의 속앓이, 남편 뒷담화, 피부과와 성형외과 시술 후기, 운동 근황, 다이어트 비법까지 주제의 스펙트럼이 넓고도 깊다.

어떤 분야든 몇 년을 머물며 고인 물이 되면 원하든 원치 않든 별의별 정보와 비하인드 스토리가 쌓이기 마련이다. 그래서 만나기만 하면 며칠 밤을 꼬박 새울 만큼 폭넓고 은밀한 이야기들이 끝없이 터져나온다. 게다가 말과 글로 먹고사는 사람들이라 하나같이 청산유수다.

나로 말할 것 같으면 어느 자리에서도 말발로 져본 적이 없는데, 유독 이 모임에서는 듣기만도 벅찰 지경이다. 들을 거리가 넘치니 시간은 물 흐르듯 술술 흘러간다. 유일한 문제라면 오디오가 비질 않는다는 것. 말이 겹치고 또 겹치지만, 그마저도 이 모임만의 묘미다. 이렇게 몇 해를 함께했다.

그런데 우리는 어쩌다 이토록 마음을 열게 되었을까. 왜 서로에게 절실한 존재가 되었을까.

먼저 프리랜서에 대한 깊은 편견에 관해 살펴보자. 나는 안정된 직장을 떠나 낯설고 불안정한 프리랜서의 세계에 발을 들인 지 8년이 되었다. 평생직장이라는 공무원 울타리 안에서 살던 나는, 프리랜서는 홀로 고독하게, 그렇지만 자유롭고 우아하게 일하는 줄만 알았다.

막상 이 세계에 뛰어들어보니 착각이었다. 이 바닥이야말로 끊임없는 인맥의 장이었다. 서로를 탐색하고, 맺었다가 풀고, 다시 얽히기를 반복한다. 그러니 이제부터 이어질 이야기는 소위 '인플루언서'라 불리는 이들의 세계에 관한 것이다.

세상에서 가장 재미있는 이야기는 '아는 사람의 모르는 이야기'라 하지 않던가. 당신이 아는 그 사람 그리고 그 무리에 관한, 누구나 짐작하지만 아무도 자세히 알려준 적 없는 이야기.

혹시 책을 읽다 잠시 졸음이 오는 순간이 찾아온다면 눈이 번쩍

뜨이길 바라며, 흥미로운 인플루언서의 세계로 당신을 초대한다.

이 바닥을 한마디로 정의하자면 '자신이 창작한 콘텐츠의 부가가치로 먹고사는 사람들의 세계'라 할 수 있다. 글을 써서 책을 펴내든, 영상을 찍어 유튜브에 올리든, 사진과 짧은 영상을 인스타그램에 공유하든, 블로그나 브런치에 완성된 글을 꾸준히 올리든, 본질은 같다. 콘텐츠가 곧 생계의 뿌리다.

문제는 플랫폼이다. 이 요망한 건 시대의 흐름에 따라 흥망성쇠를 반복한다. 늦지 않게 새 플랫폼에 진입하고, 적기에 갈아타거나 병행하는 능력은 생존의 기본기다. 하지만 결국 더 중요한 건 플랫폼 그 자체가 아니라 '무엇을 어떻게 꾸준히 만들고 퍼뜨리느냐', 그놈의 콘텐츠다.

그래서 우리는 주말에도, 휴가를 떠나서도, 시댁에서도, 김장철에도 아이디어를 굴린다. 정성껏 만든 콘텐츠가 반응 없이 묻히는 날이면 기분도 함께 묻힌다. 조회 수, 좋아요, 댓글 수에 따라 표정이 달라지고, 기분이 널뛰며, 인생 계획마저 흔들린다. 이건 아무리 노력해도 조절이 잘 안 된다. 무덤에 가야 끝나려나.

이 바닥은 빠르게 붐볐다. 특히 최근 몇 해 사이, 집에서 육아에만 매달리던 엄마들이 온라인 콘텐츠 하나로 대박을 내는 사례가 심심치 않게 보였다. 이 흐름을 눈치챈 남편들은 촉촉한 눈빛으로 묻는다고 한다.

"우리 마누라는 언제 대박 나? 나 언제까지 회사 다녀야 해?"
"당신도 뭐라도 찍어 올려보면 안 돼?"

콘텐츠를 통해 정보, 공감, 위로, 조언을 전하면 그 대가로 '팔로우', '좋아요', '댓글'이 돌아온다. 그리고 이 숫자들이 곧 이 업계의 권력이자 서열이다. '좋아요'는 돈으로, 팔로워 수는 영향력으로, 그리고 이 영향력은 생존 가능성으로 이어진다.

그러다 보니 크리에이터들의 시선은 필연적으로 팔로워와 독자의 반응으로 향한다. 그리고 어쩔 수 없이 동종업계의 동선을 의식한다. 서로의 존재를 눈으로 스캔하고, 숫자로 평가한다. 사람이 숫자고, 숫자가 돈이니까.

채널의 총 구독자 수에 따라 서열과 등급이 매겨진다. 연봉처럼 가려진 정보가 아니다. 단 몇 분이면 이 바닥 누구누구의 영향력과 방향성, 심지어 매출 추정치까지 대강 그릴 수 있다. 신간 판매 지수, 인스타 팔로워, 유튜브 조회 수 같은 수치들이 모든 것을 말해주기 때문이다.

각종 수치들을 조용히 비교하고 평가한 뒤 각자의 '스탠스'를 정한다. 상대에게 공손히 배울지, 은근히 견제할지, 아니면 아무 관심 없는 척할지.

쓰라는 원고는 뒷전인 나는 수시로 SNS를 들락거리며 지형도를 업데이트한다. 구독자 수, 유명세, 수입, 영향력, 인기도, 강연료, 학력, 경력, 저서 등을 종합해 나만의 순위를 매긴다.

이 지형도는 생물이다. 살아서 꿈틀대며 수시로 변힌다. 순위는 월 단위(바쁘면 분기별)로 업데이트하고, 그때마다 네트워크가 재편성된다.

누가 어디에 게스트로 나왔는지, 누구의 신간이 베스트셀러에 진입했는지, 누가 잠잠하고 누가 급부상 중인지, 각종 데이터를 반영해 머릿속 지형도를 그리고, 지우고, 다시 그려 넣는다.

그걸 기준으로 어느 채널에 출연할지, 누구와는 커피만 마시고 누구와는 밥까지 먹을지, 어떤 이의 결혼식엔 축의금을 얼마나 보낼지, 어느 센터의 오픈 행사에 보낼 화분의 크기를 어느 정도로 할지 결정한다.

정말이지 이런 내 꼴이 웃기다 못해 기가 막히다. 나는 내가 속물이라는 생각을 자주 한다. 그것도 꽤 지독한 속물.

이 냉정한 세계에서 버텨온 시간이 어느덧 8년.

그 사이 여러 권의 책을 냈고, 유튜브와 인스타그램에 성실히 콘텐츠를 올렸다. 운 좋게 조명을 받던 시기도 있었다. 강연 요청이 이어지고 협업 제안도 끊이지 않았다. 검색창에 내 이름을 넣으면 자동완성 키워드가 주르륵 뜬다. 모르는 채널이나 모임에서 내 책 후기를 발견하면 한동안 마음이 반짝였다.

그런데 이상하다. 예전엔 모든 게 벅찬 기쁨이었는데, 지금 나는 더 자주 불안하다. 누군가의 팔로워 숫자가 급상승하면 나도 모르게 움찔한다. 온라인 서점에 화제의 신간이 등장하거나 누군가의 책이 역주행하기 시작하면 기어이 제목을 클릭해 한 줄 평을 빠르게 훑는다.

남의 성공이 배 아파서는 아니다. 내 위치가 흔들릴까봐 불안해서다. 나는 비교를 통해서만 존재의 의미를 확인하려 드는 마음이 빈약한 사람이니까.

초심을 잃은 지는 이미 한참 됐다. 이 일을 시작하던 8년 전에는 '쓸 수 있다'는 사실만으로도 감사하고 신기했다. 아이들을 간신히 재우고 허둥지둥 노트북을 펼쳐 글을 쓰던 숱한 밤들. 누군가 내 글을 읽어주기만 해도 벅찼다. '내가 좋아서 하는 일'이라는 자부심 하나로 버텼다.

하지만 지금은 헷갈린다. 이건 내가 좋아서 하는 일인가, 아니면 남들이 좋아해주니까 하는 일인가? 그래서일까. 요즘은 불안이 잦고 힘이 잔뜩 들어간다. '읽히는 글', '팔리는 책', '언급되는 콘텐츠' 같은 말들이 머릿속에 단단히 자리를 잡아간다. 쓰는 기쁨보다 나의 가치를 증명하려 애쓰는 나를 본다. 이 숫자들이 모두 사라지면 나에게는 무엇이 남을까?

그러다 보니 내 삶은 자연스럽게 남의 시선에 흔들리기 시작했다. 수시로 흔들리는 나를 보고 있으면 자괴감이 스멀스멀 고개를 든다. 이러려고 글을 쓰기 시작한 건 아닌데. 분명 이러려고 직장을 그만둔 것도 아닌데. 나 지금 여기서 뭐 하고 있는 거지?

진짜 이야기는 지금부터다. 잘나가는 지인 인플루언서들의 이야기도, 내 속물 같은 삶의 변명도 아니다. 지금의 나를 붙잡아준 '독자'에 관한 이야기다.

지난 8년간 변함없이 응원해준 독자도 많고, 떠난 이도 많다. 당연한 일이다. 며칠 전까지만 해도 내 글마다 댓글을 달아주던 사람이 어느 날 다른 채널 게시판에 내게 느낀 실망감을 조목조목 적어둔 걸 우연히 발견했다. 마음이 지하 3층까지 내려앉는 기분이었다. 그 댓글의 '좋아요' 숫자가 쭉쭉 올라가는 걸 멍하니 지켜보다 그날 나는 저녁을 먹지 못했다.

그런 순간이면 내겐 어김없이 떠오르는 한 사람이 있다.

선우 엄마.

그녀는 독자라기보다 이웃 같은 사람이다. DM도 댓글도 아닌 손편지를 보내오는 사람이다.

아무 날도 아닌 어느 날, 직접 만든 초콜릿과 짧은 편지를 함께 보내왔다. 모든 걸 내려놓고 싶을 만큼 지쳐 있던 시기였다. 유튜브도 책도 강연도 그만둘까 고민하던 때였다. 그 무렵 도착한 선우 엄마의 손편지.

'작가님 덕분에 저는 오늘도 무너지지 않았습니다.

이제는 제가 작가님께 작은 힘이 되고 싶어요.'

봉투 속 초콜릿을 보는 순간 엉엉 울었다. 포장지를 뚫고 전해지는 진심과 나를 전혀 모르는 사람이 이렇게 다정할 수 있다는 사실 때문이었다. 그날 이후 나는 다시 책상 앞에 앉을 수 있었다. 나를 다시 일으킨 건 그 안에 담긴 다정한 위로였다.

선우 엄마와 내가 특별한 이유는 '자식 자랑 배틀'을 함께할 수 있는 사이이기 때문이다. 세상 어디에서도 꺼내기 조심스러운 자식 자랑을 마음껏 해도 되는 사람. 내 기쁨에 진심으로 눈을 반짝이고 자신의 기쁨을 누구보다 나에게 제일 먼저 들려주는 사람. 자식 자랑이 경쟁이 아니라 기쁨의 합창이 되는 관계는 아무나 할 수 있는 일이 아니다.

"우리 큰애 전교 회장이 됐어!"라고 내가 자랑하면, 선우 엄마는 기다렸다는 듯 "선우도 됐어요!" 하며 환한 얼굴로 대답한다. 이건 누가 더 잘났는지 겨루는 싸움이 아니다. 서로의 아이가 잘 되기를 진심으로 응원하며 주고받는 반갑고 따뜻한 승전보다.

요즘 선우는 중학생이 되어 사춘기의 파도 위에 올라 있다. 선우 엄마는 이렇게 소식을 보내온다.

"미칠 것 같을 때마다 작가님 글을 꺼내 읽어요."

그런 말을 들을 때마다 정작 위로를 받는 건 나다.

'누군가에게 내 글이 다시 꺼내 읽고 싶은 문장일 수 있구나.'

자존감이 바닥을 치는 날, 속물 같은 내 모습을 마주한 날이면 나는 혼잣말처럼 중얼거린다.

'그래도 나에겐 선우 엄마가 있다.'

어쩌면 쓰는 직업이란 수백만 명의 환호보다 단 한 사람의 확신을 믿고 지속하는 일인지 모른다. 그리고 어쩌면 나 또한 누군가의 '선우 엄마'일지 모르겠다는 생각이 들 때도 있다. 그렇게 생각하면 그만 포기하고 싶던 하루도 조금 덜 외롭고 조금 덜 부끄럽다. 그 마음 하나로 나는 다시 명랑해진다.

속물이라는 자각은 나를 자주 부끄럽게 만든다. 늘 계산하고, 비교하고, 인정받고 싶어 안달한다. 누군가를 돕는 순간에도 '좋은 사람'이라는 평판을 기대한다는 걸 안다. 그래서일까. 선택의 끝에 늘 '나'를 위한 마음이 있었음을 인정한다. 하지만 그걸 인정한 순간부터 조금씩, 아주 조금씩 달라지기 시작했다.

'그럼에도 불구하고' 도움을 건네는 일이 중요하다는 것.
완벽하게 이타적인 마음이 아니라도 누군가에게 도움을 주려는 의지 자체가 내 안의 진심이라는 것.

중요한 건 방향이다. 흔들리더라도 계속 나아가게 해주는 힘. 그런 의미에서 진심은 나를 비추는 거울이 아니라 내가 걸어가고 싶은 길을 가리키는 나침반에 가깝다.
그래서 나는 오늘도 쓴다. 계산 바쁜 내가 머뭇거리며 어렵게 꺼낸 이 고백들이 누군가에게 닿기를 바라며. 여전히 치즈 냄새를 좋아하지만 이제는 그 치즈를 함께 나눠 먹을 사람들을 찾아보기로 했다. 조금은 이기적이고 많이 불완전하지만, 이 진심이 누군가의 마음에 닿을 수 있다면 나 자신을 넘어 누군가와 연결되는 연습을 계속하고 싶다.

반성문은 보통 '잘못했습니다'로 시작해 '다시는 안 그러겠습니다'로 끝나는 축축하고 무거운 글이다. 대개 학교나 조직, 혹은 누군가의 권위 앞에서 어쩔 수 없이 써야 했다. 진심보다는 형식과 눈치를 더 많이 담은 문장들. 잘못을 드러내고 자신을 낮추는

글쓰기. 그래서 반성문을 자발적으로 기꺼이 쓰는 일은 거의 없을 것이다.

하지만 '명랑한 반성문'은 다르다. 이 글은 타인에게 하는 변명이 아니라 나 자신에게 쓰는 고백이다. 무거운 자백의 기록이 아니라 유쾌한 복기이며, 나를 혼내는 대신 다독이는 방식의 글이다. 격렬하게 비교하던 나, 질투에 휘청이던 나, 얄미운 감정에 사로잡혔던 나, 속물 같던 나, 얌체 같던 나를 있는 그대로 붙잡고 "그래, 잘한 건 없지만 솔직하게 고백하고 반성했으니 이제 넘어가자. 그러느라 참 애썼다"라며 싱긋 웃어주는 글이다.

옛날 반성문은 꼭 갱지에 써야 제맛이었다. 요즘 아이들은 갱지가 뭔지도 모를 테지만, 그 얇고 가벼운 종이는 반성문의 시그니처 도구였다. 사실 그 시절엔 종이가 귀해서 갱지를 썼던 것이지만, 갱지의 가장 큰 장점은 팔랑팔랑 가볍다는 데 있다.

반성문도 마찬가지다. 아주 중대한 실수나 죄가 아니라면 굳이 무겁게 담아두지 말자. 명랑하게 반성하고 털어낼 때 비로소 마음은 가벼워지고, 우리는 새 사람처럼 다시 시작할 수 있다.

"일반적인 반성문이 죄책감의 기록이라면 명랑한 반성문은 자기 이해의 기록이에요. '잘못은 했지만 그 덕분에 성숙해지는 중이다' 이 문장이 명랑한 반성문의 출발점입니다."

명랑한 글쓰기 노트 12

명랑한 반성문
: 자책이 아닌 통찰로, 무거움을 유쾌함으로 바꾸는 글쓰기

명랑한 반성문은 '나는 왜 그랬을까'라는 후회에서 시작하지만, 결국에는 '그때의 나도 나름의 이유가 있었지'라는 따뜻한 자기 수용으로 풀어내는 글쓰다. 반성은 하되 자책하지 않고, 민망했던 순간을 웃으며 돌아볼 수 있게 도와준다. 아래의 3가지 단계를 따라가면 누구나 '명랑한 반성문'을 쓸 수 있다.

첫째, 사건을 솔직히 기록하기

내 일상 속 어떤 점이 떳떳하지 못한지, 무엇이 마음에 걸리는지, 잘못하거나 후회되는 일을 하나 고른다.

> 예 : 나는 학생들에게 과정이 중요하다고 가르쳤지만, 인간으로서의 나는 늘 셈을 하고 비교하고, 결과를 우선시했다.

둘째, 그때의 나를 '관찰자'로 바라보기

그때의 심정이나 어이없었던 장면도 숨기지 않는다. 감정의 정당화나 변명 없이, 사실 그대로 쓴다. 그리고 그때의

행동을 평가하는 대신 '그때의 나는 왜 그렇게 반응했을까?'를 물어보자. 이때 비판이 아닌 이해의 시선으로 자신을 분석하는 게 중요하다. 그 시절의 나를 객관적으로 바라보며 감정의 뿌리를 찾아가보자.

> 예 : 사실 그때의 나는 지금보다 더 어리석었고 불안했다. 그리고 나는 늘 계산하며 비교하고 인정받고 싶어 했다.

셋째, 유머와 따뜻함으로 마무리하기

마지막 문장은 자신을 너무 다그치지 말고, '그래도 괜찮다', '다음엔 조금 다르게 해보자' 같은 명랑한 톤으로 마무리해보자.

> 예 : 선우 엄마의 편지 덕분에 나는 치즈 냄새만 보고 달리는 실험실의 생쥐에서 벗어날 수 있었다.

오래된 감정일수록 솔직하게 털어놓되 가볍게 쓰자. 그러다보면 삶을 덜 비관적으로 바라보게 되고 나 자신을 덜 비난하게 된다. 명랑한 반성문은 나를 오늘보다 조금 더 단단하고, 조금 더 명랑한 사람으로 만들어주는 글이다.

아버지의 알고리즘

#믿음

#대화문 활용하기

하루에도 수십 번 아이 이름을 부르며 안부를 묻는 부모가 있는가 하면, 멀찍이서 묵묵히 기다려주는 부모도 있다. 자식이 넘어졌을 때 바로 다가가 손을 잡아주는 부모가 있는가 하면, 넘어졌다는 사실을 알지만 호들갑 떨지 않고 스스로 일어나기를 기다려주는 부모도 있다. 표현 방식은 달라도 그들 마음의 크기만큼은 다르지 않다.

믿음은 지금 당장은 또렷이 보이지 않아도 결국 닿으리라는 마음의 약속이다. 확신이 있어서가 아니다. 확신이 없어도 기대보기로 선택하는 태도다. 그래서 믿음은 지식이나 계산을 전제로 하지 않는다. 믿음은 타인에게 건네는 것이기도 하지만 사실 그보다 먼저 나 자신에게서 시작된다. 내가 느낀 걸 부정하지 않는 것, 내가 선택한 방향을 지지해주는 것, 내가 견뎌온 시간을 믿어주는 것. 그런 자기 믿음 없이 타인을 믿는 일은 오래가기 어렵다.

평소 말수가 적으셨던 아버지의 나를 향한 믿음은 이상하리만치 단단하게 남아 있다. 나를 설득하려 들지도, 조언을 쏟아내지도 않았다. 대신 아버지의 조용한 응시와 짧은 한마디가 오래도록 마음을 채웠다. 그 말들은 들을 땐 대수롭지 않게 여기고 넘겼지만 시간이 흐를수록 자꾸만 되새기게 되는 그런 문장들이었다. 문장은 짧고 소박했지만 그 안에는 긴 설명보다 큰 믿음이 담겨 있었다.

○○○

전화가 울린다. 아빠다.

아침부터 싱글벙글 들뜬 목소리, 대강 짐작 가는 레퍼토리다.

"은경아, 내가 지금 유튜브에 들어갔는데 네가 자꾸 보이지 뭐냐. 반가워서 전화했다. 여기 틀어도 나오고 저기 틀어도 나오고. 들어가기만 하면 네가 자꾸 보이네. 하이고, 내가 잘나가는 딸 덕분에 얼마나 자랑스러운지 모르겠다 하여간 우리 딸 요즘 엄청 잘나가, 허허. 그래, 들어가라."

자랑스럽다던 딸의 인사는 듣지도 않고 전화를 뚝 끊으신다. 애초에 딸의 안부가 궁금하신 건 아니었던 모양이다. 그냥 하고 싶은 말을 전하는 게 목적이었을 거다.

지방 작은 도시의 농고 출신 철도공무원이 힘겹게 길러낸 사

남매. 그중 하나가 유튜버가 되었지만 아버지는 양방향 소통 따위에는 관심이 없다. 딸의 근황은 언제든 궁금할 때면 유튜브에 들어가 영상으로 확인하면 그만이고, 불쑥 떠오른 감정과 생각은 전화기에 대고 쏟아내면 충분하다.

안부 전화도 영 뜸한 무뚝뚝한 딸이 영상에서는 두 손을 흔들며 생글생글 잘도 웃는다. 유튜브라는 거대한 세상에서는 언제 들여다봐도 딸이 웃고 떠들고 있다. 세상에서 제일 잘나가는 게 분명하다. 그렇지 않고서야 유튜브에 들어갈 때마다, 화면마다 딸의 영상으로 도배가 될 리 없잖은가. 세상에 내 딸을 모르는 사람은 없다.

사랑하는 나의 아빠는 알고리즘을 모른다.

알고리즘이라니.

그 단어를 알려드리고 왜 아빠의 유튜브 화면에 온통 내 얼굴만 보이는지 설명할 수도 있다. 하지만 굳이 그러지 않았다. 아빠가 이해하지 못할까봐서가 아니라, 모른 채 계시길 바랐기 때문이다. 솔직히 말하면, 일부러 숨겼다. 거짓말이라면 거짓말이다.

나는 우리 아빠가 이번 생에 영영 알고리즘을 모르기를 기도한다. 알고리즘을 모르는 아빠의 둘째 딸은 적어도 아빠가 보는 유튜브 세계에서만큼은 유재석이고, 블랙핑크니까.

영상을 올리기만 하면 '좋아요'를 누르고, 어김없이 재생 버튼을 누르는 70대 중반의 열혈 구독자. 우리 아빠 같은 분을 위해 딸의 영상을 꼬박꼬박 띄워놓는 유튜브의 성실함과 영민함을, 아빠는 끝내 몰라야 한다. 딸이 유재석만큼 유명인이 되었다는 기쁨과 벼락같은 행운. 그것이 아빠의 노년을 더없이 충만하게 채워주길 나는 기도한다.

    내가 처음 술을 입에 댄 건 열일곱. 고등학교 1학년 여름이었다. 체리 소주와 레몬 소주. 여학생과 남학생이 적당히 섞여 흥겨웠던 소풍날, 노래방의 낡은 테이블 위에서 처음 술을 마셨다. 봉지 과자만으로도 기분 좋게 취할 수 있었던 때다. 생각해보면 나는 용기가 좀 모자라 차마 발랑 까지지는 못했는데, 그렇다고 픽 대단한 모범생도 아니었다. 나처럼 어중간한 여학생들이 친구 핑계를 대며 소주잔을 슬쩍 입에 대던 그런 시절이었다.

    알딸딸하게 취해 얼굴이 발갛게 달아오른 채 집에 들어선 건 밤 10시가 조금 넘었을 때였다. 늘 피곤에 젖어 있던 엄마는 딸의 귀가 시간을 알지 못했다. 대신 현관문 열리는 소리에 벌떡 일어난 아빠. 내 꼴을 흘깃 보시더니 씩 웃으시며 한마디를 건네셨다.

    "은경이 한잔했냐?"

    그 말에 차렷 자세로 얼어붙은 나는 아무 대답도 하지 못한 채 방으로 들어가 그대로 잠들어버렸다.

    다음 날도, 그다음 날도 아빠는 아무것도 묻지 않으셨다. 어디서 누구랑 마셨는지, 무슨 술을 마신 건지, 또 그럴 건지. 그 어떤 질문도, 추궁도, 훈계도 없었다.

    돌이켜 생각해보면 도무지 꿈쩍도 하지 않던 지지부진한 내 성적표에 울고 좌절하면서도 끝내 포기하지 않았던 건 그날 밤

술에 잔뜩 취해 들어온 딸을 믿어준 이상한 아빠 덕분이었다.

아빠는 결코 성인군자도 자비로운 성정의 소유자도 아니었다. 아내에게 화를 쏟아내고 아이들에게 고함을 지르기도 하는, 당시의 전형적인 다혈질 가장이었다. 하지만 그날 아빠가 내게 보여준 건 분명했다. 믿음이었다.

내 딸은 술에 취해 들어왔지만 앞으로 계속 이러지는 않을 것이다. 지금은 잠깐 옆길을 걷고 있지만 너무 멀리 가지는 않을 것이다. 어쩌다 오늘 하루 그런 것일 뿐, 본인이 지켜야 할 자리가 어디인지 알고 있으며, 끝내 지켜낼 것이다. 그러니 나는 걱정하지 않는다. 내가 아는 내 딸은 신뢰할 만한 인간이므로.

그걸 알고 있던 나는 그 믿음을 저버리지 않기 위해 안간힘을 썼다. 졸음이 중공군처럼 밀려드는 밤이면 찬물에 앞머리가 몽땅 젖도록 거칠게 세수를 했다. 다시 책상으로 돌아와 캔 커피를 들이부으며 점수를 1점이라도 올리려 애썼다. 아빠가 나를 믿고 있다는 사실을 또렷하게 실감하는 이상 절대로 포기할 수 없었다. 그럼에도 내 성적은 좀처럼 오르지 않았고 목표했던 대학에도 합격하지 못했지만, 그때의 결연한 각오는 지금도 어젯밤 일처럼 생생하다.

결혼해 두 아이를 낳고 경제적 어려움과 우울증 속에서 허우적대던 시절이 있었다. 그때 정신을 붙들고 다시 살아봐야겠다고 마음을 다잡게 해준 건 강아지처럼 살랑거리던 아들들도, 곰처럼 한결같이 자리를 지키던 남편도 아니었다. 침침해진 눈으로 스마트폰을 들여다보며 간신히 익힌 사용법에 따라 한 자 한 자 정성스레 카톡 메시지를 보내오던 우리 아빠 덕분이었다.

'사랑하는 우리 가족들아'로 시작하는 긴 문장은 비문과 오탈자의 향연이라 읽는 내내 피식피식 웃지 않을 수가 없었다. 그 말이 그 말인, 거의 매일 반복되는 글을 읽으면서 나는 소주에 취해 들어왔던 그 밤의 아빠를 떠올렸다.

채팅창에 올라온 '우리 가족들 모두 오늘 하루도 힘차게 살아가자'라는, 이제 70대가 된 아빠의 진부한 문장 속에는 꾹꾹 눌러 담은 자식들을 향한 믿음이 있었다. 그 믿음 덕분에 그 여고생은 소주의 달콤한 유혹을 알면서도 공부를 놓지 않을 수 있었다. 그뿐만이 아니다. 이대로 생을 놓아버려도 이상하지 않을 중증의 우울증 속에서도 삶의 불을 스스로 끌 수 없었다. 차마 아빠의 가슴에 대못을 박을 순 없었다.

하지만 늘 청춘일 것만 같던 아빠의 희뿌연 시간이 시작되고 있었다. 엄마의 하소연 섞인 전화가 잦아졌다.

"아빠랑 자주 가던 식당을 갔는데, 여기는 처음 와본 곳이라며 자꾸 두리번거리시더라."

"이젠 뉴스 볼 때도 자꾸 같은 질문을 하셔. 아까 설명했는데 또 묻고 또 묻고."

"냄비에 물 올려놓고 불 끄는 걸 깜빡하시더라. 그 옛날 너희 아버지답지 않게 조심성이 없어진 것 같아 그게 더 속상하네."

알고리즘만 모르는 줄 알았던 '나의 키다리 아버지'는 이제 일상의 기억도 하나둘 지워가고 있었다.

　주말에 있을 잔치에 얼굴도장을 찍으러 올라오신 아빠는 혼자였다. 그런 아빠를 엄마는 몇 번이나 잘 부탁한다고 당부했다.
　"내가 지난달에 넘어져서 어깨를 다쳤잖아. 수술을 받고 아직 팔에 깁스를 하고 있어. 이 꼴로 잔칫집에 가는 건 좀 그렇잖니. 나야 빠지면 그만인데 문제는 아빠야. 요즘은 혼자 지하철도 잘 못 타시더라. 전에는 문제 없이 잘 다니시던 분이 이제는 표 끊는 것도 헷갈려서. 그래서 너라도 좀 같이 다녀주면 좋겠는데……. 아빠 혼자 기차 타고 출발하실 거야, 청량리행. 딸, 아빠 좀 부탁할게."
　"엄마, 걱정하지 마. 아빠가 얼마나 반들반들한데."
　사정 모르고 큰소리치는 딸, 그리고 그 말에 잠시 머뭇거리는 엄마. 엄마가 왜 머뭇거렸는지, 아빠가 왜 지하철을 혼자 타기 어려워진 건지 알아차리는 데는 몇 시간이 채 걸리지 않았다.
　"아빠, 엄마는 지금 이 시간이면 보통 뭐 해? 전화 안 받던데."
　"오늘 금요일이니까 엄마는 출근했겠지."
　"아빠, 오늘 토요일이야."
　오늘만 벌써 몇 번째인지. 금요일이라고 천연덕스럽게 우기는 아빠와, 그걸 순하게 못 받아주고 끝까지 토요일이라고 '정답'을 외치는 딸. 나는 이상하게도 이런 문제만은 양보할 수가 없다. 그날은 분명 토요일이었는데, 아빠는 줄곧 금요일이라 우겼다. 금요일이니 엄마는 출근했고, 그러니 지금 전화해도 통화하기 힘들 것이라며, 내일은 토요일이라 여유가 있을 거라고 주장했다. 언젠가 사춘기 남학생들이 늘어놓았던 궤변이 떠올랐다.

"자는 시간이 너무 길어서 쉴 시간이 없다", "아침엔 입맛이 없어서 밥은 도저히 못 먹겠는데 고기는 먹을 수 있다"와 같은, 말인지 막걸리인지 모를 핑계 섞인 말들. 사춘기도 갱년기도 아닌 아빠가 참으로 천연덕스럽게 '오늘은 금요일'임을 연신 강조하는 모습을 보며 나는 뭔가 잘못되어가고 있음을 직감했다.

그런 일이 있고 나서 되짚어보니 시작은 1년 전쯤이었다. 각종 건강 정보와 보기 싫은 정치 뉴스로 도배되던 친정 식구들의 채팅방이 점점 고요해졌다. 아빠는 신호등의 노란불처럼 깜빡이며 하나씩 잊어가기 시작한 것이다. 여러 검사를 거쳐 밝혀진 아빠의 진단명은 경도 인지장애. 기억을 담당하는 뇌의 어느 영역에 문제가 생겼다고 했다.

검사 도중 아빠에게 거북선 그림을 보여주자 "나는 이렇게 생긴 걸 처음 봅니다"라며 고개를 갸웃하셨다고 한다. 사실 어느 정도 예감은 하고 있었다. 이미 비슷한 증상과 질환으로 고생한 친가 쪽 사람들이 여럿 있었기 때문이다. 우리 집안에서는 하나도 이상하지 않은 불운한 유전력이었다.

"다행히 약이 좋아졌습니다. 기억을 관장하는 정도는 신약으로 얼마든지 치료와 회복이 가능합니다. 진행을 늦추는 약도 나와 있고요. 약만 잘 드시면 생을 마감하실 때까지 기억을 잃지 않을 수도 있어요. 그러니 약 잘 챙겨 드시고 두뇌 활동도 부지런히 해주셔야 합니다."

 의사의 따스한 소견은 고마웠지만 70을 훌쩍 넘긴 나이에, 아득해지는 기억력을 붙들고 두뇌 활동을 부지런히 하라니. 노후에는 탱자탱자 즐기면서 여생을 보내리라 여겼던 아빠의 계획은 순식간에 틀어졌다. 공부 싫어하는 아빠의 유전자를 듬뿍 물려받은 내게 그 순간 아빠의 절망은 결코 예사롭지 않게 다가왔다. 앞으로 아빠는 힘들어질 것이다. 무척 우울해질 것이다. 삶이 꽤 고달파질 것이다.

 그런데 뜻밖이었다. 약을 드시고 한자 공부를 시작한 아빠는 새사람이 되었다. 한자 자격증 시험을 준비하고, 매일 일기를 쓰기 시작한 것이다. 내가 "쓴 걸 사진으로 찍어 올리시라"고 했더니 아빠는 하루도 빠짐없이 숙제를 해서 올렸다. 하루를 담담하게 시간의 순서대로 채운 일기들. 아빠의 사진은 지겹고 분주한 내 일상을 환하게 바꿔놓았다.

 "내가 요즘 한자 공부를 좀 해. 옛날에 배운 것도 생각나고. 한자는 참 재미있어. 뜻이 다 있더라고."

 "기억력이 예전 같지 않아서 걱정했는데, 그래도 이렇게 쓰다 보니 머리가 좀 돌아가는 것 같아."

 "한자 자격증 시험이 있더라고. 그냥 목표 하나 세워보는 거지. 사람이 나이 들어서도 뭐 하나쯤은 붙들고 있어야 하지 않겠냐."

 "일기도 매일 쓴다. 아침에 눈 뜨고, 밥 먹고, 뭐 했는지 그냥 시간 순서대로 적는 거야. 별건 없어도 쓰고 나면 하루가 헛되지 않았단 생각이 들어."

"나도 이렇게 뭔가를 꾸준히 해본 게 얼마 만인가 싶다. 늦게라도 다시 해보는 거지, 뭐."

이제는 딸이 아빠를 믿어줄 차례다. 소주에 취해 들어온 딸을 믿어주었던 아빠처럼, 이번에는 내가 아빠를 믿어야 한다. 딸의 믿음이 고마워서라도 아빠가 정신을 놓아버리지 않게 만들어야 한다.

아빠의 병으로 인한 각종 검사와 약물치료의 소란함이 어느 정도 일단락되면, 평소 아빠가 보물처럼 아끼는 컴퓨터 앞에 나란히 앉아야겠다. 유튜브 화면을 켜고 천천히 털어놓을 것이다. 저 멀리 미국 사람들이 용케도 만들어낸 알고리즘이라는 신비한 세계에 대해. 딸에게 혹은 미국 사람들에게 감쪽같이 속고 살아온 세월이 분해서라도 정신이 번쩍 든 아빠가 "나도 세상 돌아가는 것 좀 알아야겠다"며 다시 신문을 펼치지 않고는 못 배기게 만들어야 한다.

믿음의 자리가 바뀌었다. 지금까지는 항상 아빠가 먼저 믿고 기다려줬다면 이제부터는 내가 아빠를 믿고 기다려줄 차례다. 기억이 옅어지고 말이 뒤죽박죽이어도 아빠는 여전히 나의 아빠니까. 하루 한 쪽의 일기를 쓰고 낯선 한자를 외우며 새롭게 공부를 시작한 아빠. 그런 아빠의 뒷모습을 바라보는 둘째 딸의 눈이 자꾸만 흐려진다.

치유의 관점에서 믿음은 상처를 완전히 지우는 것이 아니다. 상처받았다는 걸 인정하고 그 위에 다시 서보려는 마음이다. 관계가 회복되든 아니든, 내가 누군가를 끝까지 미워하지 않았다는 것, 포기하지 않고 다시 믿어보려 했다는 사실은 내 마음의 단단한 중심이 되어준다.

머리로만 생각했던 것들은 결정적인 순간에 힘없이 비실거린다. 우리는 틈만 보이면 자신을 의심하기 때문이다. 그런 우리에게 믿음을 주는 건 타인의 입에서 막 빠져나온 한마디 말일 때가 많다.

"나는 네 편이야."

"너 지금 충분히 잘하고 있어."

이미 알고 있던 오랜 생각들이 머릿속 상상이 아닌 귀로 들리는 순간, 우리는 그제야 진심을 다해 믿어보기로 한다.

글쓰기는 그런 믿음의 순간을 다시 불러오는 작업이다. 대화문 인용은 그 순간을 되살리는 데에 매우 유용한 도구다. 말한 이의 어조와 표정, 분위기와 마음의 결까지 담아내는 글쓰기 방식. 단순한 재현에 머물지 않고 독자로 하여금 그 장면을 '함께' 경험하게 만드는 힘.

"너 이번에 하던 거 그거, 잘될 줄 알았어."

짧게 툭 던진 이 한마디는 그 어떤 장황한 설명보다 훨씬 더 큰 믿음을 전한다.

대화문 활용은 단순히 말을 옮겨 적는 것이 아니라 말에 담긴 마음의 온도까지 옮겨오는 도구다. 그래서 단순히 설명으로는 도달할 수 없는 감정의 깊이를 짐작할 수 있다. 그래서 글 속에서의 대화문은 문장 그대로를 가져다 쓴 인용에 그치는 게 아니라 당시에 느꼈던 벅찬 마음까지 복원해준다.

"과거의 대화를 다시 불러와 지금의 나로서 새로운 대답을 적어보세요. 치유의 글쓰기에서 대화문 인용은 '감정의 문'을 열어주는 열쇠가 되어주니까요."

> 명랑한 글쓰기 노트 13

대화문(Dialogue) 활용하기
: '말의 재현'을 통해 '감정의 재경험'을 이끌어내는 글쓰기

치유의 글쓰기는 결국 자신과의 대화다. 대부분 마음의 상처는 말하지 못한 감정에서 비롯되고, 그 상처는 다시 말할 수 있게 되었을 때 회복되곤 한다. 그래서 대화문은 감정의 언어를 되찾는 가장 직접적이고 효과적인 글쓰기 방식이다.

아래는 대화문을 활용해 감정을 불러오는 5단계다.

♣ 대화문 활용하기 5단계 ♣

1단계 : 핵심 장면 소환하기
마음속에 오래 남아 있는 대화의 순간을 떠올린다. 이때 당시 대화 전체를 옮기지 않아도 된다. 감정을 가장 잘 드러내는 한두 문장을 골라 쓰는 것이 효과적이다.

2단계 : 대화문 그대로 적기
당시 들었던 말을 가능한 한 그대로 적어본다. 억양, 말투, 사투리, 호칭 등을 살리면 효과적이다.

예 : "은경이 한잔했냐?", "엄마, 나 너무 힘들어." 등

3단계 : 감정 불러오기

그 말을 들었을 때 내 안에 즉각적으로 일어난 감정을 적는다. 기쁨, 서운함, 위로, 분노, 안도감……. 어떤 감정이든 좋다. 감정 단어만 나열해도 된다.

예 : "들켰다는 두려움, 그런데 동시에 묘한 안도감."

4단계 : 맥락을 짧게 덧붙이기

대화문 앞뒤로 짧게 상황을 설명한다. 장소, 분위기, 상대방의 표정이나 몸짓을 함께 묘사하면 감정이 더욱 구체적으로 살아난다.

예 : 현관문을 열고 들어선 밤 10시. 얼굴이 벌겋게 달아올라 있었고, 아빠는 흘끗 웃으며 물으셨다.

"은경이 한잔했냐?"

5단계 : 내적 대화로 확장하기

마지막으로 그때 하지 못했던 대답이나 지금 하고 싶은 말을 새롭게 적어본다. 실제 대화가 아니라도 좋다. 과거의 나에게 현재의 내가 말을 건네는 형식, 혹은 상상 속 인물과의 대화도 강력한 치유 도구가 될 것이다.

예 : (그때 못했던 말) "응, 아빠. 하지만 이제부턴 조심할게."

(지금 하고 싶은 말) "그날 아빠가 나를 혼내지 않고 믿어줘서, 나는

포기하지 않을 수 있었어."

긴 글 속에서 인용의 큰따옴표는 언제나 특별한 힘을 발휘한다. 수필 속 큰 따옴표는 사막에서 만난 오아시스처럼 반짝이고, 소설 속 대화문은 다음 장면을 기대하게 만드는 설렘 그 자체다.

내 문장으로만 채운 글에 누군가와 나눈 대화를 적절히 배치하면 분위기가 한층 살아나고 생생해진다. 큰따옴표는 단순한 기호가 아니라 이야기에 공감과 울림을 더해주는 든든한 재료다.

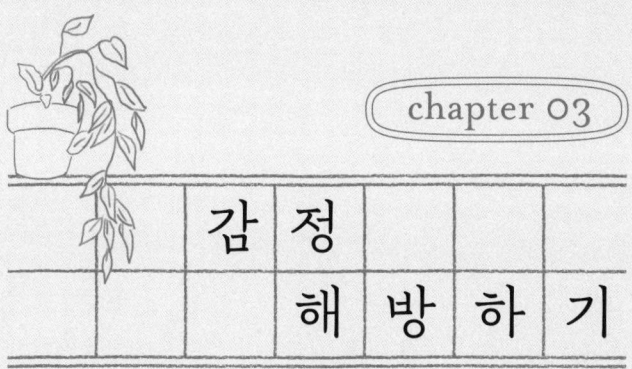

chapter 03
감정 해방하기

더 큰
세상
속으로

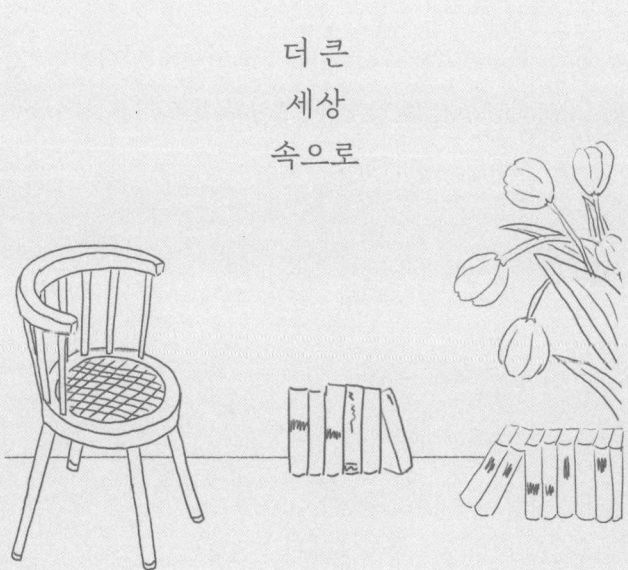

투명
인간

#자기확신

#역설적 글쓰기

    사람의 마음은 단순하지 않다. 슬프면서도 가벼울 수 있고, 사랑하면서도 미워질 수 있으며, "괜찮다"고 말하는 순간에도 속으로는 무너져 내릴 때가 있다.

    "괜찮다 말할수록 더 괜찮지 않았다."
    "그날 너무 아팠는데 이상하게 숨이 쉬어졌다."

    말이 안 되는 말 같지만, 역설은 말이 되지 않던 감정을 오히려 자연스럽게 설명하게 해준다.
    투명 인간처럼 취급받던 둘째 아이 덕분에 그동안 '있는데도 보지 못했던' 세상의 수많은 존재들이 비로소 내 눈에 들어오기 시작했다.

나는 투명 인간을 낳았다.

나는 투명 인간의 엄마다.

더 정확히 말하자면 내가 낳은 아이가 점점 투명 인간이 되어갔다. 분명히 있는데 없는 것처럼, 마치 보이지 않는 것처럼 취급됐다. 처음부터 그랬던 건 아니다. 이 아이는 여느 아이들처럼 또렷하고 선명하게 태어났지만 유치원과 초등학교를 거치며 점차 반투명 인간이 되어갔다.

학년이 올라갈수록 상황이 나아지기는커녕 중학생이 되고부터는 자타공인 완벽한 투명 인간이 되었다. 교실에 있는데 없는 친구. 분명히 보이는데 보이지 않는 사람. 내 눈엔 아빠 곰처럼 큼직하고 거대한 애가 왜 바로 옆 친구들 눈엔 보이지 않는 걸까.

아이의 교실 속 모습을 뻔히 짐작하면서 나는 왜 공개수업에 갔을까. 각자의 책상에 꼼짝없이 앉아 버티는 수업이었다면 지켜보는 내 마음이 좀 나았을까. 하필이면 체육 수업인 데다가 종목은 단체 줄넘기였다. 내 아이를 마치 투명 인간처럼 피해 다니던 녀석들을 노려보며 그들의 발끝에 턱 하고 줄이 걸리길 바랐다. 하지만 주님은 나의 이런 못된 기도는 들어주시지 않았다.

녀석들은 줄넘기도 기가 막히게 잘했다. 오직 내 아이의 발목에만 줄이 걸렸다. 걸릴 때마다 주저앉아 껑껑대는 아이를 보고 있자니 뒷목이 뻣뻣해졌다.

길고 긴 수업이 끝났다. 아무렇지 않은 척 온화한 미소와 다정한 눈빛으로 지켜보던 나는 선생님께 짧은 감사 인사를 전하는 것 말고는 할 수 있는 일이 없었다. 멀찍이서 엄마의 표정을 살피는 아들에게 나는 엄지를 들어 올려 우리만의 신호를 보냈다.

"내 눈엔 이렇게도 잘 보이는 아이가 왜 너희들 눈에는 안 보이는 거니? 얘들아, 한 번만 다시 봐봐. 그래, 바로 거기. 거기 그 애. 알아보기 쉽게 덩치도 충분히 큰데, 그래도 진짜 안 보이는 거니?"

귀엽고 통통하고 해맑은 아들이 교실에서 투명 인간으로 살아가는 모습을 맥없이 지켜보다 터덜터덜 돌아오는 길. 눈에 띄는 아무 카페나 들어가 단 커피 한 잔을 들이켰다. 이게 맥주나 담배가 아니라 그나마 다행이라고 스스로 위로하며.

사납던 정신을 잠시나마 차분하게 가라앉혀 준 단 커피와 쿠키를 우적우적 입에 밀어 넣고는 이내 자리를 박차고 일어났다. 내 사랑, 둘째 아들의 하교 시간이 다가오고 있었으니까.

집으로 오는 길에서도 분명 투명했을 아이가 현관에 들어서는 순간, 오늘의 투명 인간 놀이가 종료됐음을 알려야 한다. 나이가 들어가면서 점차 낮아지고 있는 텐션을 영혼까지 끌어올려 무사 귀환을 환영해준다. 기운 없는 표정과 구부정한 등허리에 좀체 어울리지 않는 어색한 환영 인사. 그런 내 모습에도 아이가 배시시 웃는다. 지금 내 눈엔 네 모습이 또렷하게 보이고 목소리도 분명하게 들린다는 걸 온 힘을 다해 알리며 티를 내본다.

그제야 아이는 안도의 숨을 내쉰다. 그 모습에 나도 안도한다.

중학생이 된 둘째 아이가 교실 속 투명 인간으로 버티던 모습을 부모로서 지켜보는 시간은 몹시 길었다. 주말이면 아이는 혼자 지하철을 타고 온 시내를 돌아다녔다. 그러다 허기가 지면 닭갈비집에 들어가 1인분을 시켜 먹었고, 학년이 올라가자 볶음밥을 추가하기도 했다. 그 한 끼는 외로움과 체념이 섞인 작은 의식처럼 보였다.

그런 아이에게 부모로서 해줄 수 있는 일이라곤 잔고가 넉넉한 체크카드를 손에 쥐여주는 것뿐이었다. 친구와 함께 갈 수 없다면 차라리 혼자 가는 걸 택한 아이. 부모로서 아이와 한 몸처럼 붙어 다니던 시절이 그리웠지만, 이제 선택권은 우리에게 없었다. 아이는 조금씩 거리를 두었고, 우리는 그 거리를 유지한 채 점점 커가는 아이의 뒷모습을 말없이 바라볼 수밖에 없었다.

그러고 나서야 알았다. 아이가 교실에서 얇은 막 하나를 두르고 얼마나 버텼는지를. 그 사실을 확실히 알게 된 건 뜻밖에도 고등학생이 된 후였다. 요즘 학교생활이 재미있고 친구들과 잘 지낸다는 말은 들을 때마다 달콤했지만, 돌이켜보면 이와 비슷한 말은 투명 인간 시절에도 종종 들었던 기억이 있었다. 내게는 이제 막 피어나기 시작한 생기를 확인할 수 있는 확실한 물증이 필요했다.

나는 고등학생이 되어 조금씩 달라지기 시작한 아이에게 무심한 얼굴로 증거를 요구했다. 네가 이제는 투명 인간이 아니란 걸 보여달라고. 부모는 때로 아이에게 가장 잔인한 존재가 되기도 한다. 미처 말로 다 하지 못한 불안과 염려가 사랑이라는 이름으로 포장된 채 아이를 겨눈다. 그 순간 그 잔인함은 자각할 새도 없이 너무 쉽게 발휘된다.

"중학교 때랑은 뭐가 달라? 지금은 어떤 게 더 좋아졌어?"
"지금 우리 반 애들은 내가 뭘 물어보면 대답을 해."
물증 확보. 그랬구나. 내 심증은 틀리지 않았다.

그동안 정말 투명 인간이었구나. 뭘 물어봐도 대답해주는 친구가 없었구나. 낮은 지능 탓에 이해하기 어렵고, 안 좋은 청력 때문에 잘 들리지 않았던 아이가 궁금한 게 오죽 많았을까. 그러나 아무리 물어도 대답 없는 교실 속에서 지냈을 시간은 칼날처럼 내 가슴에 꽂혔다.

지난 시간이 아프게 꽂히는 만큼 지금을 바라보는 뭉클함도 컸다. 대답을 해준다는 요즘 그 친구들을 만나 음료수라도 하나씩 안겨주고 싶어 들썩거린 나머지, 나는 아이 손에 카드를 쥐어 주었다. 오늘 학교에 가서 친구들과 매점에 다녀오라고.

중학교 3년 동안 아이가 교실에서 받은 무수히 많은 상처들은 아직 아물지 않았다. 아무리 울고불고 애를 태워도 아이의 삶이 쉽게 달라지지 않는다는 걸 알고 있다. 그래서 뭐든 더 해주고 싶었다. 상처가 그저 상처로만 남지 않게 하려면 이제 무엇을 해야 할까?

때마다 친구들에게 음료수를 안기며 "우리 아이를 잘 부탁한다"는 말을 전하는 게 부모로서 내가 할 수 있는 최선일까? 아니, 그보다 나은 무언가가 있지 않을까? 그런 질문들이 마음속에서 연신 끓어 올랐다.

얼마 전, 남편과 둘이 닭갈비를 먹으러 갔다. 거의 다 먹어갈 즈음, 옆 테이블에 앉은 남학생 둘의 분위기가 낯설지 않았다. 둘째 아이의 교실 속 모습이 겹쳐 보였기 때문이다. 특별한 아이를 키우는 부모인 우리 눈에는 금세 보였다. 처음 보는 아이라 해도 표정이나 눈빛만으로 알아볼 수 있었다. 낯설지 않은 분위기, 표정, 말투, 눈빛, 대화 내용까지. 어디서든 흔히 볼 법한 평범한 학생들의 모습은 아니었다.

우연히 보게 된 닭갈비집의 두 고등학생. 우리 부부는 말없이 고기를 입에 넣으며 옆 테이블의 대화를 엿듣기 시작했다. 그러면 안 된다는 걸 알면서도 그들의 대화 내용이 너무 궁금해 귀를 기울였다.

역시나 그 아이들의 대화는 어딘가 익숙한 데가 있었다. 말장난과 농담 따먹기가 대부분인 여느 고등학생들과는 분위기도 말투도 사뭇 달랐다. 철판을 사이에 두고 마주 앉은 두 소년은 햇살 같은 표정을 지으며 방학 때 다녀온 여행 이야기를 주고받았다. 여행에서 좋았던 일, 신기하고 웃겼던 일을 차례로 하나씩 짚어가며 대화를 이어갔다.

무엇보다 인상 깊었던 건 서로의 말을 경청하는 그들의 태도였다. 진지하게 호응하고, 조심스레 이것저것 물어보며, 상대의 말을 놓치지 않으려 애쓰면서 정성껏 대답하는 모습. 친구의 말에 "아, 그랬구나"를 반복하며 연신 고개를 끄덕이는 얼굴. 어딘가 좀 어색하고 부자연스럽지만 정중한 반응. 그 장면은 우리 집 거실에서 자주 보고 듣던 바로 그 모습이었다. 좀 섣부른가 싶었던 우리의 예감은 틀리지 않았다.

식사를 마치고 먼저 일어서려다가 나는 참지 못하고 물었다.
"안녕하세요, 몇 학년이에요? 아줌마 집에도 아들이 있는데, 학년이 비슷해 보여서 물어보는 거예요."
"고2 올라가요."
"아줌마 아들이랑 똑같네. 그래요, 좋은 시간 보내요."
서로에게 지극히 정중했던 두 소년은 낯선 아줌마의 어쩌면 무례할 수도 있는 질문에 역시나 깍듯하게 대답했다. 여기까지여야 했다. 상황 파악은 이미 끝났으니 더 말하지 않고 돌아서려는데, 그중 한 아이가 고개를 숙인 채로 툭 내뱉었다.
"친구랑 같이 밥 먹는 거 처음이에요."
쿵. 발이 떨어지지 않았다.
지난 17년 동안 교실 친구들의 눈에는 잘 보이지 않았던 두 소년이 마침내 서로를 발견한 걸까. 학교에서 투명 인간으로 쌓아온 긴 시간 끝에 서로를 알아보고, 처음으로 무언가를 함께해보기로 약속한 걸까. 그 반짝이는 첫 순간을 옆자리에서 고스란히 지켜보는 행운이 별똥별처럼 우리 앞에 떨어졌다.
또래 고등학생들이 지겹도록 몰려다니며 함께 밥을 먹고, 자기 밥값을 칼같이 N분의 1로 계산하는 평범한 하루. 그러나 이 둘은 '나도 그걸 한번 해보고 싶다'는 마음으로 오늘 이 시간을 얼마나 기다렸을까.
그 학생의 마지막 말에 눈물이 터질까봐 나는 서둘러 자리를 빠져나올 수밖에 없었다. 나보다 훨씬 이성적인 남편은 침착함을 끝까지 잃지 않고 조용히 그들의 밥값을 계산하고는 말했다.

"아저씨가 너무 사주고 싶어서 계산했으니까 이따가 나갈 때 아까 미리 결제했다고 꼭 얘기하세요."

남편은 혹시 모를 이중 결제에 대비하는 철저한 모습을 보였다.

정중한 소년들은 꾸벅 인사하면서도 어리둥절한 표정을 감추지 못했다. 그렇다고 내가 그 자리에서 "아줌마네 집에도 너희들처럼 친구랑 밥 한번 먹는 게 간절한 소원인 투명 인간이 있단다"라고 구구절절 설명할 수는 없었다.

그걸 설명하느라 철판 앞에 엉거주춤하게 서서 눈물을 쏟기엔 그날 내 눈 화장은 꽤 진했고, 무엇보다 그 아이들은 배가 고팠을 테니까. 그냥 별난 아줌마를 만났다고 피식 웃으며 넘겨주기를 바랐다.

그래도 그 아이들이 꼭 잊지 않았으면 하는 게 하나 있었다.

"앞으로 살아가다보면 마치 너희들이 보이지 않는 것처럼 행동는 이들을 자주 만나게 될지도 몰라. 그래도 너희는 또렷하게 반짝이는 존재이고 소중한 사람이라는 사실을 잊지 마."

거리로 나온 우리는 눈물을 훔치며 말없이 한참을 걸었다. 한번 터져버린 중년 남녀의 눈물샘은 명동 한복판에서도 쉬이 진정되지 않았다. 여행 기분에 들뜬 외국인들이 힐끔거렸다. 보통은 남녀 둘 다 울기는 쉽지 않은 일인데, 제대로 싸운 줄 알았을 것이다.

우리가 다시 명랑해질 수 있었던 건 뜻밖에도 볶음밥 때문이었다. 한창 잘 먹을 나이의 소년들이라 닭갈비를 먹은 다음 남은 양념에 밥을 볶을 뻔했는데, 그걸 놓쳤다는 게 생각났다.

공깃밥 세 개 정도 볶을 걸 예상하고 그 값도 미리 계산했었더라면 오늘 진짜 완벽했을 텐데. 다음엔 우리 더 침착하고 노련해지도록 해보자, 여보.

그리고 몇 달이 지났다.

내 아이에게 친절하게 대해준 친구 몇 명에게 음료수를 안기고, 우연히 만난 학생들의 밥값을 대신 계산해주는 삶도 나쁘진 않았다. 하지만 이게 최선일까? 이 정도에서 마무리해도 되는 걸까. 새로운 고민이 시작되었다.

당장 내 기분이 좋아질 만한 작은 호의도 물론 중요하다. 하지만 그날 이후로 나는 그보다 더 큰 질문을 품게 되었다.

지금 이 순간에도 교실 어딘가에서 그 시간을 조용히 버티고 있을 또 다른 투명 인간들을 위해 나는 무엇을 할 수 있을까. 내 아이만이 아니라 세상 어딘가에 있을 그 아이들에게도 조심스럽게 손을 내밀 수 있는 사람. 그들의 보이지 않았던 시간까지 함께 품으며, 어쩌면 그 시간조차도 소중했다고 말해줄 수 있는 사람. 그런 사람이 되고 싶었다.

그리고 잊지 않고 싶다. 투명 인간을 품으며 쓴 커피를 들이키고 있을 수많은 부모, 눈물을 삼키며 웃고 있을 이름 모를 부모들을 위해 내가 지금보다 조금 더 큰 다정함을 건넬 방법도 찾아가야 한다는 것을.

자기 확신은 모든 것을 알고 완벽한 준비가 되었을 때 생기는 것이 아니다. 확실하지 않은 상태에서 지금 이 선택을 믿어보기로 하는 마음, 그 용감한 걸음에서 시작된다. 우리는 흔히 누군가의 인정이나 객관적인 근거가 있어야 자신을 믿을 수 있다고 생각하지만 결코 그렇지 않다. 진짜 자기 확신은 외부의 기준이 아니라 스스로에게 내미는 조용한 신뢰의 손길에서 자란다.
　처음부터 분명한 길은 없다. 길은 걸으면서 만들어진다. 때로는 돌아가기도 하고, 멈추기도 하고, 무너졌다가 다시 일어서기도 하면서 조금씩 내 것이 되어간다. 자기 확신은 바로 이런 과정을 겪으며 비로소 단단해진다.
　"잘 모르지만 그래도 해보자."
　용감한 시도가 결국 나다운 삶을 살아가게 하는 원동력이 된다.

　치유의 관점에서 자기 확신은 자기 회복력의 뿌리이기도 하다. 상처를 견디고 다시 일어설 수 있게 하는 힘. 그것은 '나는 다시 시작할 수 있다'는 깊은 믿음에서 출발한다.
　결국 자기 확신은 내가 나를 잃어버리지 않도록 붙잡아주는 감정의 닻이다. 삶이 흔들릴수록 그 닻은 더 깊고 단단하게 나를 붙잡아준다. 그리고 자기 확신의 글쓰기는 그 닻을 더 깊이 내리도록 돕는다. 걸어온 길을 돌아보며, 그 길이 완벽하지 않았더라도 '내가 만든 길'이라는 자부심을 품게 하기 때문이다. 그리고 그 자부심이 오늘의 나를 조금 더 따뜻하게, 조금 더 단단하게 만든다.

나는 아이가 교실 속 '투명 인간'으로 지내던 시절을 오랫동안 알아차리지 못했다. 그저 지나가는 사춘기의 그림자쯤으로 여기며 "괜찮아질 거야"라는 말로 모든 불안을 덮어두었다. 하지만 시간이 지나 아이가 고등학생이 되었을 무렵, 나는 비로소 그 침묵 속에 숨어 있던 외로움을 보았다.
"교실에 있었는데 투명 인간 같은 존재였어."
그제야 알았다. 보이지 않는다는 건 단순히 누군가의 시선에서 잊히는 일이 아니라, 스스로에 대한 확신의 뿌리까지 흔들리는 경험이라는 것을.
그 후로 나는 아이의 이름을 가능한 한 자주 불렀다. 그리고 비슷한 모습을 지닌 아이들을 만나게 되면 이제는 그냥 지나칠 수 없게 되었다.

고통은 언제나 양가성을 품고 있다. 사랑과 상처, 기대와 포기, 희망과 절망, 보고 싶은 마음과 거절에 대한 두려움처럼 서로 다른 감정들이 뒤엉켜 있다. 역설은 이 상반되는 감정들을 하나의 문장 안에 담아내며, 상처가 단일한 감정이 아니라 겹쳐 있는 마음임을 깨닫게 한다.

"내 감정의 모순을 글로 쓸 수 있다는 건 그 감정을 직면하고 받아들일 힘이 생겼다는 신호예요. 외면하고만 싶던 상처를 직면하는 것, 그 지점에서 회복은 조용히 시작됩니다."

명랑한 글쓰기 노트 14

역설(Paradox)적 글쓰기
: 상처의 모순을 드러내고, 그 틈으로
치유가 스며들게 하는 글쓰기

치유의 글쓰기에서 역설은 단순한 표현 방식이 아니라, 상처를 회복시키는 핵심적인 심리 메커니즘이다. 상처와 트라우마는 언제나 '명확하게 설명되지 않는 감정'으로 남는다. 그 감정은 모순되고, 비논리적이며, 언어로 붙잡기 어렵다. 그러나 역설적 글쓰기는 바로 그 말이 되지 않던 마음을 말이 되게 만드는 전략이다.

모순된 감정이 한 문장 안에서 동시에 드러나는 순간, 상처의 진짜 결이 비로소 모습을 드러낸다. 이런 역설적 글쓰기를 할 때 기억해야 할 3가지 원칙이 있다.

첫째, 모순된 두 감정을 한 문장 안에 함께 놓을 것
역설은 'A이지만 B'가 아니라, 'A이면서 동시에 B'일 때 힘을 발휘한다.

예 : "괜찮다 말할수록 더 괜찮지 않았다."

"그날 너무 아팠는데 이상하게 숨이 쉬어졌다."

둘째, 모순을 즉각 해소하려 하지 말 것
모순을 설명해 정리하려는 순간 역설의 힘은 사라진다. 정답을 찾으려 하지 말고, 그 모순 그대로 두는 용기가 필요하다.

셋째, 감정의 움직임을 무시하지 말 것
역설은 머리로 만드는 문장이 아니라 마음에서 솟는 문장이다. 감정이 흔들리는 지점을 그대로 적으면 역설은 자연스럽게 드러난다.

특히 '투명 인간' 글쓰기처럼 존재감과 보이지 않음, 자기 확신이 중심이 되는 글에서는 역설이 존재를 다시 드러내는 가장 강력한 언어가 된다.

결국 역설적 글쓰기는 복잡한 감정을 정확히 언어화하고, 상처의 모순을 드러내며, 그 틈으로 치유가 스며들게 하는 강력한 치유 전략이 된다.

사랑하는 엄마에게

우리는 누구나 가슴 깊은 곳에 오래 묵힌 말을 품고 산다. 입술 끝까지 차오르지만, 막상 꺼내려 하면 마음이 먼저 망설인다.

'말해야 할까, 그냥 삼켜버릴까.'

'말하면 조금은 가벼워질까, 아니면 더 큰 상처를 불러올까.'

'혹시 내 말이 누군가의 비난을 부르거나, 판도라의 상자를 열기라도 하듯 고통의 그림자를 흩뿌리게 되진 않을까.'

그런 생각들이 마음을 가로막아 우리는 자주 침묵을 선택한다.

그러나 말하고 싶은 마음이 들었다면, 사실 그 순간이 바로 말해야 할 때다.

듣는 사람이 없어도 된다. 읽는 사람이 없어도 괜찮다. 상대가 받아들일 준비가 되어 있지 않다면 부치지 않을 편지라도 좋고, 나만 들을 혼잣말이라도 충분하다.

입술을 열고, 마음을 조금 흘려보내고, 글자로 감정을 붙들어 두기 시작할 때, 치유는 마치 새벽빛처럼 아주 조용히, 그러나 틀림없이 우리에게 스며든다.

―――

엄마에게.

엄마, 규현이(큰아들)가 욕을 했어. 그것도 쌍욕을. 믿어져?

"에이, ○발. 짜증 나."

물론 나한테 직접 말한 건 아니었지만, 그렇다고 나와 완전히 무관한 일이라고 하기도 애매해. 그 순간의 내가 조금만 더 섬세하고 다정한 엄마였다면 저 아이가 욕을 하지 않을 수 있었을 텐데. 제법 순둥하고 보드랍게 자라온 중학생이 솟아오르는 짜증을 어쩌지 못해 쏟아낸 쌍욕을 듣자 내 심장은 정신없이 쿵쾅거리기 시작했어. 아이에게 지금 무슨 일이 일어나고 있는 걸까? 말할 수 없이 걱정스러운 마음에 온 신경이 곤두서버렸단 말이야.

그런데 엄마, 그때 내가 어떻게 했는지 알아?

쌍욕을 찰지게도 뱉어버린 중학생의 엄마는 아무것도 못 들은 척, 아무 일도 없었던 척 계속 잠을 잤어.

일부러 그런 건 아니야. 그저 잘 수밖에 없었어. 그 순간의 나는 침대 위에 누워 눈꺼풀조차 들어 올릴 수 없었거든. 30여 년 전, 내가 고등학생이던 때 매일 밤 엄마가 그랬듯, 그날의 나는 너무 피곤했거든. 도저히 어쩔 도리가 없이 겨우 잠, 그놈의 잠

때문에 아들의 계속된 욕을 막지 못했어.

규현이는 요즘 점점 늦게 들어와. 밤 10시에도, 11시에도, 어느 땐 더 늦게 들어올 때도 있어. 학원에서 올 때도 있고 독서실에서 올 때도 있는데, 공부하다 오는 건 맞는 것 같아. 늦게까지 공부하다 오는 아이가 기특하긴 하지만, 실은 마냥 좋지만은 않아. 피곤하고 허기진 몸으로 늦게 들어오는 아이를 기다렸다가 챙기는 건 내게 너무 고단한 일이거든.

새벽에 일어나 원고를 쓰고, 아침밥을 차리는 걸 시작으로 온종일 종종거리다보면 초저녁만 돼도 잠이 쏟아져. 머리만 대면 당장이라도 잠들어버릴 것 같은 몸으로 아이를 기다리다보면 1분이 한 시간 같아. 그런데 아이가 안 들어와. 그게 얼마나 힘든 건지는 엄마도 잘 알지?

"적당히 하고 빨리 좀 오면 안 되니? 꼭 독서실에서 해야 해? 집에서는 안 되니?"

몇 번을 얘기해도 소용없더라고. 공부를 미처 못 끝냈는데 어떻게 집에 가냐며, 해도 해도 끝나지 않을 수행평가와 시험 준비가 내 탓인 양 짜증을 부리기도 해.

공부를 더 해보겠다는 아이를 굳이 10분이라도 빨리 오라고 하는 이유가, 아이가 힘들까봐서가 아니라 내가 졸리기 때문이라니. 고작 그런 이유로 아이의 귀가 시간을 재촉하는 내가 좀 떳떳하지 못하게 느껴질 때도 있긴 해.

요즘은 읽던 책을 펴놓고 소파에 앉아 꾸벅꾸벅 졸다가 아이가 돌아온 걸 겨우 확인하고 인사도 하는 둥 마는 둥 하며 정신없이 곯아떨어지곤 해. 옛날 엄마가 우리 때문에 그렇게 살았던 것처럼 말이야.

그날은 규현이가 유난히 늦었어. 밤 12시가 다 되어 들어와서는 배가 고프대. 새벽 기차로 부산 강연을 다녀오고 저녁 운동까지 마친 내 몸은 녹아버린 솜사탕 같았어. 허기진 채 미처 못 끝낸 숙제를 싸 들고 돌아온 아이는 쫓기는 듯한 표정이었지. 피곤과 졸음을 이기지 못하고 가위눌린 사람처럼 꼼짝도 못 하는 내게 아이가 말했어.

"배고파."

"냉장고 아래 칸에 국물 떡볶이가 있어. 꺼내서 끓여 먹어. 설명서 읽어보면 할 수 있어. 라면 끓이는 것보다 쉬워."

"물 400밀리리터가 어느 정도야?"

"정수기 물 250밀리리터를 두 번 받고, 거기서 조금만 덜어내면 400이 될 거야."

비몽사몽이어서 사실 내가 뭐라고 설명했는지 잘 기억도 안 나. 라면도 잘 못 끓이는 애한테 떡볶이라니. 엄마라는 사람이 어쩜 이래. 그냥 벌떡 일어나 척척 해줬으면 얼마나 좋았을까. 그것까진 힘들다면 물이라도 맞춰주고 다시 잤으면 됐을 텐데.

사부작거리는 소리가 들리더니 완성된 떡볶이를 먹기 시작한 규현이가 갑자기 쌍욕을 했어. 뭐지, 왜 저렇게까지 화가 난 거지? 아이는 쿵쿵 거친 발소리를 내며 먹다 만 떡볶이를 냄비째 싱크대에 부어버리고 방으로 들어갔어. 성질머리하고는.

다음 날 아침, 학교 갈 준비를 마친 아이에게 내가 물었어.

"멀쩡한 떡볶이는 왜 다 버렸어?"

알고 보니 문제는 물 400밀리리터였어. 설명서에 적힌 적당량의 물 말이야. 나는 500밀리리터를 받고 거기서 살짝만 부어버리라고 했는데, 아이는 정말 살짝, 그러니까 한 숟갈 정도만 덜어냈나봐. 워낙 요령이 없는 아이라는 걸 깜빡하고 대충 설명한 내 탓이겠지?

500밀리리터에서 한 숟갈 뺀 495밀리리터로 만든 국물에 떡들이 빠져 헤엄치고 있었던 거야. 국물 떡볶이를 조리할 땐 물의 양도 중요하고 국물이 끓어올라 떡에 맛이 배는 시간도 중요한데, 아이가 그런 걸 알 리 없잖아. 배가 고파 일단 몇 개는 건져 먹었지만, 멀건 국물에 힘없이 떠다니는 떡을 보니 도저히 참을 수 없을 만큼 짜증이 치밀어올랐대. 더 먹기엔 맛이 없고, 그만두자니 허기는 가시지 않아서. 그때 사정 모른 채 태평하게 코를 골며 잠들어 있던 내가 눈에 들어오자 아이는 참을 수 없이 화가 났던 거래.

그래도 그렇지, 그렇게 쌍욕을 했냐고 야단치지는 못했어. 누군가 듣고 있지 않았다면, 나라도 살짝 욕을 했을 것 같거든.

그 아침, 아이들이 책가방을 메고 나간 식탁에 홀로 앉아 나는 30년 전의 엄마를 용서하기로 했어. 아니, 더 정확히 말하면 엄마에게 용서를 빌기 시작했어. 중학생 아들이 엄마에 대한 서운함을 욕으로 토해내던 그 여름밤에, 나는 비로소 엄마를 이해하게 되었거든. 헤어나기 어려웠던 오랜 서운함과 원망이 하나둘 정리되기 시작했어. 결코 빠져나올 수 없을 것 같던 어두운 터널이었는데 말이야.

못 다 끝낸 공부 때문에 무겁고 불안한 마음으로 집에 돌아온 늦은 밤, 누구라도 붙잡고 하소연하고 싶었던 입시생의 막막한 시기. 동생을 품에 안고 정신없이 잠들어버린 엄마와 휑한 식탁. 뭐라도 먹을 만한 게 있을까 싶어 냉장고를 뒤적이다가 끝내 성질이 나버린 규현이의 모습이 딱 30년 전의 내 모습이었거든.

당시 나는 모두가 잠든 밤, 아무리 해도 끝이 없을 것 같던 공부를 붙잡고 씨름하는 중이었을 거야. 밤이 너무 조용해 무서울 때면 EBS를 틀어두곤 했어. 큰 키에 수더분한 얼굴의 이만기 선생님이 "이 작품은 반드시 기억해야 한다"고 강조하던 바로 그때 텔레비전 장 뒤편을 부지런히 오가던 진회색의 쥐새끼와 눈이 딱 마주쳐버렸지 뭐야. 그때 나도 모르게 낮게 욕이 튀어나왔어.

"에이, ×발. 짜증 나!"

서울대에 가고 싶었던 욕심 많은 둘째 딸이 늦게까지 얼마나 고생하는지도 모른 채 쥐가 지나가도 쿨쿨 잠만 잘 자던 엄마를 보면서 짜증을 내던 날들. 친구들의 엄마가 늦은 밤까지 기다렸다가 간식을 챙겨주고 아무리 늦어도 잠들기 전까지 옆에 있어 준다고 할 때마다 지독하게 부러웠거든. 친구들에게 "너희 집은 어때? 엄마가 너 갈 때까지 깨어 계셔?" 하고 물어본 적도 있었는걸. 그때 나는 생각했지.

'만약 내게도 그런 엄마가 있다면 전교 1등도 문제없을 텐데.

서울대도 갈 수 있을 텐데.'

그런 엄마가 없어서 결국 내가 서울대를 못 간 거야. (웃지 마, 엄마. 지금 나 진지해.)

아빠는 또 어떻고. 밤마다 나를 미치게 만드는 저 쥐들 좀 제발 잡아달라는 여고생 딸의 간청을 가뿐히 흘려버린 아빠에게도 서운했어. 할 수만 있다면 내가 그 쥐새끼들을 단박에 잡아버리고 싶었지만 불가능했지. 그들도 살려고 태어났는데, 나 때문에 죽는다면 무슨 죄야. 아빠는 또 무슨 죄고. 물론 엄마도. 문제는 쥐도 아빠도 엄마도 아닌, 결국 나였다는 걸 알아. 쥐새끼 때문에 내가 서울대에 못 간 게 아니라는 것도.

말이 나온 김에 조금 더 솔직하게 말해볼게. 그즈음의 나는 딸로 태어나도 아들과 진배없는 사랑과 관심을 받는 딸들이 존재한다는 사실을 알게 됐어. 그때까지 아들로 태어나지 못한 게 다 내 탓인 줄만 알고 살아온 나는, 나처럼 딸로 태어난 주제에 부모님께 조금도 미안해하지 않는 뻔뻔한 친구들을 발견했거든. 아들도 아니면서 저렇게 당당해도 되는지 걱정하면서도, 놀랍고, 신기하고, 내내 부러웠어. 그러다 끝내 상상도 해봤지.

'어차피 딸로 태어나야 할 팔자라면, 저 집에서 태어났다면 어땠을까.'

딸이라는 이유로 죄스러워하지 않아도 되는 인생, 존재만으로 떳떳한 인생을 나도 꿈꿨단 말이야.

딸 셋을 낳고 막내아들이 태어난 날이 인생 최고의 순간이었다며 한결같이 황홀한 표정을 지어 보이는 아빠. 아빠는 지금도 명절마다 잊지 않고 아들이 태어나던 날의 감격을 이야기하며 행복해하시잖아. 동시에 둘째 딸과 셋째 딸이 줄줄이 태어나던 날의 깊은 절망에 관해서도 자세하게 설명하면서 우스워하시지. 아빠는 어쩜 당사자인 딸에게 그런 얘기를 아무렇지 않게 할 수 있는지, 나는 버럭 하고 정색하는 상상을 몇 번이나 해본 적이 있어. 물론 직접 그렇게 말할 자신은 없었지만.

막상 그러고 나면 내가 나를 용서하지 못할 것 같았거든. 아빠의 유일하고도 최고의 행복을 빼앗는 딸이 될 자신은 없으니까. 그 행복을 빼앗느니 지금껏 그래온 것처럼 내 인생을 동정하는 편이 낫다고 생각했지. 누가 보더라도 나는 단란하고 화목한 집에서 걱정 없이 공부했고 대학 공부까지 마쳤잖아. 그런 주제에 아빠의 행복을 내가 어떻게 망칠 수 있겠어. 고작 이런 불평들로 상처니, 트라우마니 하는 단어를 꺼낼 수는 없다고 생각했어.

그때부터였나봐, 엄마.

살면서 뜻대로 풀리지 않는 모든 순간마다 나는 엄마를 원망하기 시작했어. 어느 순간부턴가 내 삶은 작정한 듯 배배 꼬이기 시작했고, 그 모든 원인을 나에게 무관심했던 엄마 탓으로 돌렸지. 입시로 힘들던 시절, 엄마가 나를 조금만 더 도와줬다면 좋았을 텐데. 내게 조금만 더 관심을 보여주었더라면, 내가 하는 말에 다른 친구 엄마처럼 귀를 기울여줬다면, 내가 좋아하는 간식을 챙겨줬더라면 분명 내 삶이 지금처럼 꼬이지는 않았을 텐데. 그렇게 엄마를 원망하고 미워하던 나는 결국 결심했어.

'난 절대 우리 엄마 같은 엄마는 되지 않을 거야.'

당시 내 목표였고, 유일한 기준이었어. 내 엄마랑은 다른 엄마가 되는 것. 아이들에게 말을 건넬 땐 엄마와는 전혀 다른 톤으로, 더 친절하고 섬세하게, 다정한 척 애써 가식을 떨어댔지. 그것만이 아니야. 엄마보다 똑똑하고 지혜로운 엄마가 되겠다고 재미없는 책을 끼고 앉아 공부했고, 엄마보다 돈 많은 엄마가 되어 문제집도 턱턱 사주고 학원도 눈치 보지 않고 마음껏 다닐 수 있게 해주려고 밤을 새워가며 원고를 마감했지. 그게 엄마를 향한 최고의 복수라 믿었어. 엄마와 다른 엄마로 살 수만 있다면 내 인생은 엄마로서 성공이라 여겼으니까.

그런데 엄마.
그랬던 내가 어느새 내 엄마와 비슷한 엄마가 되어 있더라.
지금의 나는 체력의 한계와 삶의 고단함에 절어 있는 피곤한 40대 여자가 되었어. 여고생 시절의 나와 똑 닮은 예민하고 불안한 자식을 키우느라 속을 끓이는 것마저 엄마와 같다는 사실을 알게 되었어. 그걸 처음 알게 된 아침, 나는 아이처럼 엉엉 울며 엄마를 용서할 수밖에 없었어. 아니, 비로소 엄마를 조금 이해하게 되었지.

밤 늦도록 들어오지 않은 딸을 기다리지 못할 만큼 너무 피곤한 삶. 나라면 매일 직장에 출근하며 사 남매의 도시락을 싸는 게 가능했을까. 빚쟁이처럼 달려드는 일과 챙겨야 할 잡다한 것들에 종일 시달리다 고꾸라지듯 잠드는 밤. 식탁 위에 단팥빵 하나 올려놓지 못한 고단한 하루하루 속에서 여고생 딸들이 돌아오는 소리도 듣지 못했을 테고, 밤마다 거실 텔레비전의 전선을 갉아 대는 쥐새끼가 그 수를 늘려가고 있다는 걸 알면서도 당장 눈앞에 닥친 급한 일이 너무나 많았을 엄마의 삶을 긴 시간이 흐른 지금에서야 이해하게 되었어.

 엄마, 요즘 나는 자주 생각해. 그때의 엄마는 도대체 어떤 하루를 보냈을까 하고 말이야. 새벽이면 로봇처럼 몸을 벌떡 일으켜 전날 치우지 못하고 잠든 어수선한 거실과 부엌을 정리해야 했겠지. 아무것도 바르지 못한 얼굴로 후다닥 출근해 종일 불 앞에서 음식을 볶고 끓여야 했겠지. 얼마나 피곤했을까, 얼마나 바빴을까, 얼마나 답답했을까. 때때로 얼마나 도망치고 싶었을까.
 그날 내가 용서한 대상은 엄마가 아니었어. 그런 엄마를 오랫동안 원망하던 '나 자신의 어리석음'을 용서했다는 편이 정확할 것 같아. 나는 엄마가 딸에게 관심이 적고, 모성애도 부족하고, 아들을 딸보다 훨씬 더 아낀다고 생각했지, 그래서 딸의 인생에 대한 기대가 낮아서 딸을 기다리지 않고 쿨쿨 잠들어버린 줄 알았어.
 그런데 이제 내가 엄마가 되고 허구한 날 피곤함에 절어 살다 보니 알겠더라. 그때의 엄마가 나를 얼마나 사랑했고, 얼마나 설레는 마음으로 기대했으며, 얼마나 자랑스러워하고 기특해했는지, 또 형편없는 체력을 탓하며 얼마나 미안해했을지. 이제야 그 마음이 다 보여. 뒤늦은 이해는 엄마의 삶을 향한 연민이 되고 동정이 되었어.

엄마, 미안해. 그리고 고마워. 마침내 나는 자유를 찾은 것 같아.
그동안 엄마와 다르게 살겠다고 발버둥을 칠 때는 괴로웠는데, 내가 엄마처럼 살고 있음을 인정하고 나니 정말 홀가분하고 자유로워졌어. 달라지려 몸부림치던 내가 결국 엄마와 많이 다르지 않게 살아가고 있네. 내 안에 그때의 엄마가 그 모습 그대로 온전히 함께 있다는 사실을 인정하고 받아들이니 오히려 평화가 찾아왔어.
그러니 엄마, 지금까지 그래왔던 것처럼 남은 인생도 씩씩하고 멋지게 살아줘요. 결국 나도 엄마가 걸어온 길을 찍어내듯 비슷하게 살아가게 될 것 같거든. 엄마와는 다르게 살고 싶었던 나의 발버둥이 결국 엄마를 이해하는 길이 될 줄은 꿈에도 몰랐지만 말이야.

이 글은 엄마를 원망하며 자라온 딸이 결국 엄마와 비슷한 삶을 살게 되었음을 깨달은 순간을 편지 형식으로 고백한 이야기다. 이 편지는 오래도록 나를 옭아매고 있던 낡은 끈 하나를 조용히 끊어주었고, 나는 마침내 자유로워질 수 있었다.
엄마를 향한 나의 감정은 결코 단순하지 않았다. 존경과 원망, 사랑과 서운함, 기대와 실망이 겹겹이 쌓여 동시에 존재했다. 엄마를 탓하고 싶은 마음과 좀 더 이해받고 싶은 마음이 수없이 교차하

는 가운데, 나는 유독 부정적인 감정만 오래 붙잡고 있었다. 놓지 못한 감정은 검은 그림자처럼 질기고도 지겹게 일상 곳곳에 드리워졌다. 할 수만 있다면 그 무거운 감정들로부터 도망치고 싶었다.

    그러던 어느 날, 아이에게서 예상치 못한 욕을 들은 순간 깨달았다. 내 엄마도 나처럼 하루하루를 간신히 살아내던 중이었음을. 그리고 부치지 못할 편지를 쓰기로 결심했다. 정신없이 써내려간 편지를 찬찬히 다시 읽으며 비로소 알게 되었다. 그때의 내 엄마는 최선을 다해 버텨낸 거였구나. 엄마도 그럴 수밖에 없었겠구나.
    나는 엄마를 향해 거창한 용서나 선언을 하지는 않았다. 다만 화해의 편지를 쓰고, 또 읽으며 아주 조금씩 마음 한구석이 편안해졌다. 엄마를 생각하며 내가 나를 조금 더 이해하게 되었고, 이제는 엄마를 미워하지 않아도 된다는 걸 알았기 때문이다. 덕분에 마음이 한결 가벼워졌다. 그 사실을 인정하는 것은 불안정한 감정 속에서 성장해온 나 자신을 다시 이해하는 출발점이었다. 비로소 엄마랑 비슷한 엄마로 사는 내 모습을 사랑스레 바라볼 용기도 생겼다.

> "자꾸 마음속에 맴도는 말이 있다면 편지 형식으로 적어보세요. 같은 내용을 편지로 바꿨을 뿐인데, 글이 술술 써지는 신기한 경험을 하게 될 거예요!"

> 명랑한 글쓰기 노트 15

편지 쓰기

: 내면의 감정과 하고픈 말을 구조화하여
감정의 흐름을 회복시키는 글쓰기

편지는 대상이 분명하다는 점에서 다른 글보다 시작하기 쉽다. 내가 엄마에게 쓴 편지를 읽으면서 독자들도 편지를 쓰고 싶은 상대가 떠올랐다면 한번 써보자.

편지 형식의 글쓰기는 마음 치유에 상당한 도움을 준다. 오래 품어왔던 감정을 글로 풀어내면 고여 있던 감정이 흐르기 시작할 것이다.

먼저 '누구에게 쓸 것인지'를 정해보자.
말하지 못했던 감정이 얽혀 있는 누군가를 떠올리면 된다. 예컨대 오해가 남아 있는 친구, 마음속에 서운한 기억으로 자리한 가족, 혹은 과거의 나 자신……. 대상이 정해지면 자연스럽게 말투와 호흡이 정돈된다. 편지는 '말하지 못한 감정의 언어화'를 가능하게 하고, 그 과정에서 억눌렸던 감정은 이해-수용-전환으로 이어진다.

편지의 대상이 반드시 인격적인 존재일 필요는 없다.
유난히 약한 자신의 신체 장기 중에서 어떤 것에 말을 걸어도 좋겠다. 늘 긴장해 있는 고단한 어깨, 허리 또는 평생 고통을 느꼈던 위장이나 심장에게 편지를 써보자. 종교를 가진 사람이나 영적인 수행을 하는 사람이라면 신이나 내면의 영적인 존재에게 편지를 써도 좋다. 편지를 받는 대상이 실제 인물일 수도 있고 과거의 나 자신일 수도 있다.

말이 되든 안 되든 상관없다. 근사하게 정돈된 문장일 필요도 없다. 중요한 건 감정의 흐름을 따라가보는 것이다.

용서나 화해로 마무리하려는 강박은 버려도 된다.
훈훈한 마무리, 황급한 용서가 아니어도 괜찮다. 오랫동안 담아두었던 마음을 글로 꺼내기로 결심한 것, 그것만으로도 우리는 이미 자신을 조금 더 따뜻하게 안아준 셈이다.

부치지 않아도 괜찮다.
원래 편지는 누군가에게 보내기 위해 쓰는 글이다. 하지만 글쓰기를 통해 해묵은 감정을 치유하는 게 목적이라면 그 편지를 반드시 보낼 필요는 없다.

상대가 읽느냐 아니냐는 중요하지 않다. 상대에 대한 내 감정을 꺼내기로 결심했다는 점이 중요하다.

평균 나이 31세, 청년화 가족

#만족

#이름 붙이기

나는 우리 가족에게 '청년화 가족'이라는 별명을 붙였다. 가족의 별명이라니 다소 유치해 보일 수도 있다. 그러나 이 단순한 작업이 의외로 깊은 관찰과 따뜻한 유머, 그리고 새로운 발견을 이끌어내기도 한다. 이름을 붙인다는 건 누군가를 다시 바라보는 일이자, 그 안에서 고유한 색깔을 찾아내는 과정이기 때문이다.

별명을 지으려면 자연스럽게 가족 구성원 각자의 특징을 떠올리게 된다. 우리 가족만의 독특한 습성과 행동 패턴, 분위기를 단어 몇 개로 표현하는 건 일종의 관찰 글쓰기 훈련이기도 하다. 이름을 짓는 과정에서 우리는 가족을 더 주의 깊게 바라보게 되고, 지난 에피소드들을 다시 떠올리며 우리가 함께한 시간을 정성스레 되짚게 된다.

겁도 없이 짜장 곱빼기에 탕수육 세트를 고르고 "더블 패티 버거 라지 세트!"를 외치는 두 아들. 이 순간을 위해 그토록 큰돈을 들여 영어를 배워왔던가 싶을 만큼 유창하다. 연애 초반부터 오롯이 남편만의 영역이라 여겼던 '거창한(라지)' 메뉴들이 아이들 입에서 불쑥 튀어나오던 그 기겁할 순간. 정말이지, 이 자식들, 겁도 없이.

햄버거 단품도 간신히 먹던 놈들이 아빠의 세트 메뉴를 힐끔거리기 시작한 건 초등학교 고학년 즈음이었다. 장남이 먼저 입을 대자, 불과 한 달도 안 돼 차남의 입에서 "나도 세트"라는 말이 뒤따랐다. 17개월 나이 차이는 의미 없는 숫자였다. 강아지처럼 작고 귀엽던 두 아들은 어느새 송아지처럼 묵직해지는가 싶더니, 성인 남성의 메뉴를 5분 만에 해치우는 거대한 공룡으로 자랐다. 덩치 크고 냄새나는 육식 공룡.

그리고 고등학생이 된 지금, 이 공룡 두 마리는 성인보다 더 빠르고 깔끔하게 메뉴를 해치우며 '청소년'이라는 말에서 한 글자를 덜어낸 듯 '청년' 행세를 시작했다. 정말로 징그러울 만큼 천연덕스럽게.

하지만 우리 집에서 청년 행세를 하는 건 애들만이 아니다. 잘 먹고 쑥쑥 커가는 애들의 청년 행세는 희망차기라도 하지, 나이 먹는 줄 모르고 백날 청춘 타령하는 남편의 끝 모를 식욕을 어찌할꼬.

정말 먹고 싶어서였을까, 아니면 아들들에게 뒤처지기 싫어서였을까. 아무리 그래도 그렇지, 더블 패티 버거 라지 세트가 40대 후반의 노쇠한 위장에 부담을 줄 거라는 사실을 모를 리 없지 않은가. 그걸 뻔히 알면서도 아들들과 똑같은 메뉴를 고집하며 식탐 가득한 얼굴로 외치더니, 결국 저녁 내내 끅끅거리며 괴로워한다. 정말이지 못 봐주겠다. 몇 번 뒹굴고 고생하면 정신 차리겠지 싶어 일단은 못 본 체한다. 오늘도 내가 참는다. 참자.

나는 모든 인연을 받아들이는 노보살님처럼 남편을 참아준다. 어느새 어색해져버린 '남자로서의 자존심'을 지켜주고 싶은 마음도 없잖아 있다. 제대로 놀아보지도 못한 채 이른 나이에 결혼해 연년생 두 아이를 키우느라 바쁘게 지내온 시절이 그에게도 있지 않은가. 젊은 아빠라는 자부심 하나로 반평생을 살아온 그에게 '이대로 늙어버리긴 억울한 마음'이 드는 것을 이해 못 할 것도 없다. 나도 그런데, 너는 오죽하랴. 희끗한 머리와 불룩 나온 배를 지닌 여느 중년 아저씨들과는 다르고 싶을 터다.

그래서일까. 이제는 그만 받아들여야 할 '중년'이라는 두 글자에서 남편은 끝내 '중'이라는 글자를 인정하지 못한 듯 뻔뻔하게 여전히 청년 행세를 한다. 그리하여 우리 집은 진짜 청년은 없으나, 청년 덩치에 청년 옷을 입고 청년이 좋아할 법한 음식 메뉴를 외치며 청년 행세를 하는 남자 셋이 모여 사는 숙소가 되었다.

청년화 가족. 나는 이 세 청년의 숙소 전반을 관리하기 위해 상주하는 전담 실장이다.

청년화 바람은 키를 둘러싼 신경전으로 처음 시작되었다. 먹고 자는 데 진심이던 둘째 아들은 중학교에 입학할 즈음 내 키를 훌쩍 넘어섰다. 그러더니 고등학교에 입학할 무렵이 되자 어디 한번 해보자는 표정으로 아빠와 눈높이를 맞춰가기 시작했다. 틈만 나면 아빠에게 대결을 청하는 중학생들의 성화에 '늙은 청년'은 숙소 어디에서든 등을 맞대야 했다.

젊은 청년과 늙은 청년이 갈비뼈 마디마디에 공기를 불어 넣어 한껏 힘을 준 척추를 바짝 세워 등을 맞대면 나는 재빨리 스마트폰 카메라 앱을 켠다. 촬영 역시 실장인 내 업무 중 하나다. 등을 맞댄 두 사람은 서로를 이겨보려 안간힘을 쓴다.

젊은 청년은 목을 쭉 빼는 것으로 한 자라도 키를 늘리려고 하고, 늙은 청년은 더 뽑아낼 목은 없으니 세월의 무게로 눌린 척추를 조금이라도 늘려볼 심산으로 어깨를 쫙 젖힌다.

이 장면에서 가장 안타까운 사실은 심판 역할을 맡은 실장인 내가 젊은 청년을 노골적으로 편애한다는 점이다. 모성애라는 본능의 노예인 실장은 누가 봐도 티가 날 만큼 기울어진 각도로 사진을 찍어놓고는 흡족한 표정으로 내민다.

"왜 자꾸 아들 편만 드냐"며 억울해하면서 항의하는 늙은 청년에게 실장은 차분한 목소리로 말한다.

"그렇게 서러우면 여기서 이러지 말고 어머니한테 가서 일러. 세상의 모든 엄마는 아들 편이니까, 어머님도 틀림없이 당신 편일 거야."

반박할 말을 찾지 못한 늙은 청년은 억울한 표정으로 돌아선다.

대놓고 편파적이었던 키 대결은 그에게 늘 뒷맛이 썼을 것이다.

키를 둘러싼 신경전은 얼마 가지 않아 싱겁게 막을 내렸다. 불과 한두 달 사이, 누가 천장에서 머리통을 잡아 빼내기라도 한 듯 젊은 청년이 훌쩍 자라버렸기 때문이다. 늙은 청년은 아무리 어깨를 펴고 가슴팍을 내밀어도 더는 이길 수 없는 싸움임을 받아들일 수밖에 없었다. 그리고 등을 맞대는 승부 대신 아들이 1센티미터라도 더 크길 응원하는 치어리더로 변신했다. 아버지라는 자리가 원래 그런 것 아니겠는가.

하지만 이 늙은 청년의 기세는 보통이 아니다. 청춘을 갈아넣어 정성껏 길러낸 아들의 눈부신 성장을 인정한 그는 곧바로 다음 단계로 넘어갔다. 그렇다. 예상했겠지만, 젊은 청년이 얻은 보기 좋은 큰 키가 모두 자신이 물려준 '우월한 유전자' 덕분이라며 우기기 시작한 것이다. 실장 눈에는 이 또한 처연하기 짝이 없었지만, 어차피 내 유전자는 아닌 것 같으니 그러려니 하고 만다.

서로의 덩치가 엇비슷해졌다는 걸 눈치채기 시작할 무렵, 청년들의 관심사는 자연스럽게 서로의 옷장으로 옮겨갔다. 늙은 청년의 옷장에는 정품인지 아닌지 확실치 않지만 나이키 로고만큼은 선명하게 박힌 옷들이 제법 여러 벌 걸려 있었다. 옷장은 농구공을 들고 나서기 전, 젊은 청년들이 들르기에 제법 괜찮은 코스였다. 원래부터 멋 부리기를 좋아했던 늙은 청년, 그것도 유전자 때문인가?

처음엔 저러다 지치겠지 싶어 내버려두었던 실장이었으나,

그놈의 멋 부림이 나이도 불사한다는 걸 알고는 기겁하는 중이다. 늙은 청년의 멋 부림은 해가 갈수록 줄어들기는커녕 점점 더 심해지고 있다. 지켜보는 나는 소름이 돋는다.

늙은 청년과 젊은 청년은 아침마다 서로의 옷장을 바쁘게 오가며 옷들이 서로 뒤엉키다 못해 돌고 돈다는 사실도 모른 채 분주하게 움직인다. 건조기에서 막 나온 빨래 중 마음에 드는 옷을 발견하면 그대로 주워 입고 사라지니, 옷장은 늘 전쟁터다.

이 실장은 어쩌다 오랜 친구들을 만나면 늘 청년들의 옷 돌려입는 이야기를 꺼내 하소연을 한다. 그러면 친구들은 말한다.

"옷 한 벌을 사서 셋이 사이좋게 번갈아 입으면 본전 빼기 좋은 거 아니냐"

실장도 처음엔 그런 줄 알았다. 하지만 평생 큰 몸으로 살아본 적 없는 실장은 덩치가 크다는 건, 곧 추가 비용이 동반된다는 뜻이라는 걸 이들의 멋 부림을 통해 새삼 알게 되었다.

바지 안쪽 가랑이가 해어져 터지고, 티셔츠 겨드랑이에도 구멍이 나고, 1년 전 사둔 옷이 어느새 작아져 입지 못하게 되기도 한다. 몸집이 크다는 건 그런 의미였다. 실장은 세 청년의 패션 대결을 보며 이 사실을 몸소 배웠다. 아울렛 매장을 따라다니며 옷을 장만하고, 셋이 서로의 옷장을 오가며 훔치듯 갖다 입은 그 옷들을 장만하기 위해 시간과 카드값을 치르는 건 모두 실장의 몫이었지만 그 말만은 꾹 삼켰다. 젊음이든 늙음이든 각자가 제 몫의 청년기를 건강하게 살아내주는 것에 감사할 따름이었기 때문이다. 삶은 깨달음과 배움의 연속이라더니 실로 그랬다.

배움의 연속? 그래, 맞다. 죽을 때까지 배우는 거다.

그래도 그렇지, 청년 주제에 감히 이 실장을 가르치려 들다니, 그건 도가 지나쳤다. 실장은 청년들을 태우고 운전할 때마다 분해서 씩씩거린다. 실장에게 운전을 가르쳐준 건 늙은 청년이었다. 그의 잔소리는 그럭저럭 견딜 만했다. 또 듣고 보면 틀린 말도 아니었다. 늙은 청년이 잠자코 있었더라면 이 실장은 최신형 내비게이션을 켜놓고도 엉뚱한 길로 빠지거나 멀쩡히 잘 달리는 옆 차를 여러 번 들이받았을지도 모른다.

문제는 새파랗게 젊은 놈들이었다. 미성년자에다 무면허인 주제에 실장의 운전을 지적하는 젊은 청년들의 기세가 장난 아니었다.

"엄마, 아직 안 돼. 뒤에 차 오잖아."

"엄마, 저쪽 차선 비었어. 차선 바꿔."

"엄마, 지금 추월하면 되겠네."

아니, 운전 경력 20년의 실장에게 무슨 주제넘은 훈수란 말인가. 말로는 깍듯하게 '엄마'라고 부르고 있지만 속으로는 '내가 해도 이것보단 잘하겠네'라고 생각하는 게 뻔했다. 잘났다, 이놈들아.

물론 실장은 속으로만 투덜거릴 뿐이다. 내 지금은 비록 너희들을 실어 나르면서 고맙다는 말 한마디, 운전 잘한다는 칭찬 한마디 못 듣고 오히려 훈수를 듣고 있지만, 그래 떠들어라. 얼마 남지 않았다. 이제 불과 몇 년 후면 나는 너희가 운전하는 차 뒷자리에 앉을 것이다. 그날의 나는 다리를 쭉 뻗고 앉아 입을 벌린 채 침 흘리며 곤히 자다가, 휴게소에만 닿으면 귀신같이 벌떡 일어나 호두과자 한 봉지를 단숨에 해치우고 다시 잠을 청할 테다. 내가 그토록 듣고 싶었던 찬송가 메들리를 차 안 가득 울려 퍼지도록 큰 소리로 틀어놓고.

이쯤 되면 실장의 삶은 심심하거나 다소 불행해 보일지도 모르겠다. 하지만 믿기 어렵게도 그녀의 삶은 꽤 행복한 편이다. 청년 중 누구 하나 실장의 거친 언행을 문제 삼거나 마음속에 꿍하고 오래 담아두지 않기 때문이다. 아무도 얼씬하지 않는 거실에서 실장은 저녁마다 황홀한 고요를 만끽한다. 청년 중 누구도 실장을 딱히 싫어하거나 좋아하지 않기에 누릴 수 있는, 독특한 방식의 행복이다.

청년들이 저마다 방에 틀어박혀 죽었는지 살았는지조차 모호해지는 저녁 시간. 실장은 아끼는 스타벅스 머그잔에 공주 밤 막걸리를 가득 채운 뒤 김애란의 소설집을 펼친다. 그러다 인스타그램에 빠져 한두 시간을 날리는 건 일도 아니다. 그러거나 말거나 신경 쓰는 이 없는 거실, 그 고요를 이 실장은 무척이나 사랑한다.

외모 변신을 과감히 할 수 있는 것도 이 실장만의 특권이다. 눈썹 문신과 입술 문신을 한날에 받고 돌아와 짱구 눈썹에 퉁퉁 부은 시뻘건 입술로 저녁상을 차려도 누구 하나 눈치채지 못한다. 아침까지만 해도 멀쩡하던 눈썹과 입술이 갑자기 왜 그렇게 된 거냐고 묻는 이 한 명 없는 고요한 식탁. 실장은 "역시 그럴 줄 알았다"며 퉁퉁 부은 입술을 씰룩거린다. 마취가 덜 풀린 입술 탓에 밥 한 숟갈 제대로 떠 넣기 힘들지만 그런 것쯤은 대수롭지 않다. 이런 식의 완벽한 자유는 돈을 주고도 못 갖는 것임을 알기 때문이다.

실장을 행복하게 하는 일은 또 있다. 옷장과 신발장, 액세서리 함을 야금야금 채워가는 쏠쏠한 재미를 알게 된 것이다. 놀라운 건 청년들이 그 어떤 명분 없는 쇼핑에도 반응하지 않는다는 점이다. '알면서 모른 척하는 것'이 아니라, 정말 모른다. 이들이 궁금해하는 건 오늘 저녁 반찬에 어떤 고기가 나오는지 오로지 그뿐이다. 새로 산 원피를 입고 새로 볶은 머리를 하고 큼지막한 새 귀걸이를 치렁거리며 저녁 밥상을 차려내도 식탁에 앉은 청년들은 오로지 고기에만 반응한다.

"오, 제육!"

쌈 채소를 건네며 눈을 마주쳐도 아무것도 알아채지 못한다. 안 그래도 좋았던 기분이 한껏 더 좋아진 실장은 다음 달 초과 수당으로 어떤 택배를 불러들일까 상상하며 순식간에 비워진 접시에 마치 처음 담는 듯 제육볶음을 산더미처럼 쌓아서 내준다.

이 실장은 무엇으로 사는가.

그녀로 말할 것 같으면 대학 시절 첫 연애로 만난 한 남자와의 인연을 정성스레 가꾸어, 마침내 지금의 '청년화 가족'을 일구어낸 주인공이다. 멸종 위기까지 불과 10년 남은 4인 가족을 바라보는 요즘, 실장은 그 어느 때보다 마음이 부풀어 있다. 기세 좋게 커가는 젊은 청년들, 그러니까 아직 청소년인 두 녀석은 머지않아 진짜 '청년'이 될 것이다. 청년이 된다는 건 곧 기숙사든 내무반이든 자취방이든 집을 떠날 명분이 생긴다는 뜻이다.

아이들 학교생활기록부에 지각이 하나라도 찍힐까 노심초사하며 새벽잠을 설치기 일쑤인 고단한 나날들. 머지않아 이 초과근무의 시간도 호들갑스러운 추억이 될 것이다. 알람을 맞추지 않은 채 허리가 아프도록 늘어지게 자고 일어나도, 아무도 밥을 찾지 않는 상쾌한 아침이 오리라.

물론 운이 지독히 좋아 저 두 청년이 모두 흔쾌히 이 숙소를 나가준다 해도 하나가 남는다. 유일한 함정인 늙은 청년. 얼핏 젊은 청년들과 닮은 듯 보이지만 미래적인 관점에서 보면 완전히 다르다. 늙은 청년에겐 오라는 곳도 가고 싶은 곳도 없다. 기숙사도, 내무반도, 자취방도 갈 일이 없다. 몇 안 되던 친구 모임도 뜸해지고 출장도, 지방 발령도, 해외 파견도 없을 것이 확실한 상황. 그를 집 밖으로 내보낼 명분이 도무지 떠오르지 않는다. 유일한 가능성은 요양원인데 아직은 어떤 소식도 들리지 않는다.

그렇다고 나쁜 것만은 아니다. 진짜 청년들이 썰물처럼 빠져나간 집을 늙은 청년이 지킨다면 실장에게도 나쁘지만은 않을 것이다. 지금처럼 대충 반찬을 나눠 먹으며 적당히 뭉개는 일상은 실장에게도 좋은 점이 있다. 무엇보다 그가 곁에 있어준 덕분에 실장은 너무 늦게까지 술을 마시거나 손가락질받을 만한 차림과 언행을 자제할 수 있다. 지켜보는 이가 있다는 건 좀 성가신 구석이 있지만 그 덕분에 실장은 추하게 늙어가는 일을 막을 수 있을 것이다.

그래, 그렇다면 이 늙은 청년을 시원하게 품어버리자. 이후의 삶을 그와 함께하기로 결심한 실장은 늙은 청년에게 몸에 좋다는 각종 영양제를 먹이기 시작했다. 귀걸이와 샌들, 원피스와 러닝화로 꽉 채워 묵직해진 실장의 거대한 짐수레를 이 늙은 청년에게 끌게 할 참이다. 때마다 착실하게 두 개의 여권을 재발급받아 하와이니 뉴질랜드니 사진으로만 봐왔던 진기한 세상을 살랑살랑 밟아볼 참이다. 그러니 기력이 어지간해선 쇠하지 않게 관리할 작정이다.

그래서일까. 요즘 실장은 실성한 여자처럼 자주 웃는다.
어찌 웃지 않을 수 있을까.
어찌 이 청년들을 사랑하지 않을 수 있겠는가.

익숙하다 못해 이제 제대를 앞둔 말년 병장의 내무반처럼 정해진 규칙 아래 각자의 삶을 살아내는 집. 눈을 마주칠 일도 적고, 감정 표현도 최소한으로 줄어든다. 세끼 밥을 짓고, 빨래를 널고, 설거지를 하는 단조로운 일상이 반복되지만 그 안에는 우리가 서로를 붙드는 우리만의 방식이 숨어 있다.

가족이란 원래 그렇다. 대화가 적고, 손길이 느리며, 때로는 각자의 삶이 너무 바빠 서로를 놓치기 쉬운 관계. 하지만 삶이 조금 힘겨운 날이나 다시 정신을 추스르고 싶은 날에 떠오르는 건 결국 가족과 함께 보낸 수많은 평범한 날들이다. 대단한 사건도 호들갑스러운 감정 표현도 없지만, 묵묵히 같은 자리를 지켜주며 나를 매일의 삶으로 데려다준 이들. 설명하지 않아도 마음을 알 만큼 오래 함께 지낸 이들. 무관심한 듯 보이지만 내 기분과 감정의 온도를 누구보다 먼저 알아차리는 이들. 내가 휘청거릴 때 조용히 옆에 다가와 앉아주는 사람들이 바로 이 청년들이다.

이토록 건조하고 무심해 보이는 생활이 사실은 내가 가장 안전하게 숨 쉴 수 있는 울타리였다는 사실을 이 글을 쓰며 천천히 깨닫는다. 누가 시킨 것도 아닌데 어느새 나는 우리 집의 '실장'이 되어 있었다.

아들 둘은 자라는 동안 단 하루도 조용한 적이 없었고, 벌써 머리가 희끗해진 남편은 여전히 청년 행세를 한다. 하지만 우리 집은 고단한 일상 속에서도 웃음을 터뜨릴 순간들, 적당히 포기할 줄 아는 지혜로운 거리감, 엉뚱하게 피어나는 소소한 애정으로 가득하다. .

청년화 가족이 사는 이 괴상하고 명랑한 수소를 니는 사랑한다. 자기 긍정은 잘나서가 아니라 그저 존재한다는 이유만으로도 괜찮다고 말해주는 마음의 태도다. 무언가를 이루었기 때문이 아니라 있는 그대로의 나와 나를 둘러싼 상황을 시원하게 인정하는 일. 타인의 인정이나 평가에 기대지 않고 오늘의 나 자신에게 "지금도 충분해"라고 속삭여주는 연습. 자기긍정은 대단하고 화려한 선언이 아니라 나만 들을 수 있게 혼잣말로 하는 응원에 가깝다.

그 말 한마디가 이젠 자타공인 꽤 노련하고 의연해졌다고 생각하는 아들 둘 엄마의 건조한 일상을 단단하게 지켜주는 힘이다.

―◦◦◦◦―

가족은 한때 나를 가장 지치게 만들던 존재였다. 잔소리를 듣고, 끊임없이 이어지는 요구를 받고, 돌보고 챙겨야 할 것들은 나날이 쌓여만 갔다. 수도 없이 도망치고 싶다는 생각을 했지만 이제는 안다. 그 모든 번거로움이야말로 내가 살아 있음을 증명하는 일이었다는 걸. 귀찮다고 여겼던 이 가족은 사실 내 삶의 단단한 중심이자 나를 지탱해온 다정한 울타리였다는 걸.

글을 쓰며 달라진 나는 이제 그 중요한 사실을 깨달을 만큼 충분히 나이 먹었고, 그 안에서 매일 조금씩 더 명랑해지고 있다. 예전에는 버겁게만 느껴지던 가족의 일상이 이제는 익숙한 리듬이 되었고, 그 리듬 속에서 나는 매일 나 자신을 더 능숙하고 여유롭게 다듬어가고 있다. 회피하고 싶은 마음과의 싸움에서 이기고 이제 가족을 위해 수고와 노력을 기꺼이 감당할 결심을 하게 되었다는 의미다. 예전에는 알지 못했던 나의 새로운 얼굴이다.

언제나 정신없던 저녁 식탁, 괜스레 터져 나온 실없는 농담, 냉전과 화해 사이에서 숨죽이며 지켜봤던 순간들. 힘든 점이 왜 없었겠는가. 눈물 나는 날이 하루 이틀이었겠는가. 잊을 만하면 서로의 속을 활활 태워버리는 게 가족 아닌가. 그렇기에 단순히 기억을 곱씹는 것만으로는 부족하다. 조금 떨어져서 가족을 한 편의 시트콤처럼 유쾌하게 바라보고 생생하게 표현해보자. 그렇게 쓰는 글이 우리를 다시 웃게 만들 수 있다. 그리고 서로에게 상냥해지자. 상냥함은 흔들리지 않는 마음의 표현이니까.

나는 가족에 대한 글을 쓸 때 자주 웃는 편이다. 웃기 위해 쓰는 게 아니라 쓰다보니 웃게 되는 것이다. 모든 감정을 문장으로 쏟아내다보면 어느 순간 상황이 희극처럼 보인다. 마치 우리가 직접 출연하는 시트콤 속에서 내가 주인공이자 작가가 되어 장면을 재구성하는 것처럼. 그 장면은 어이없고, 애틋하다가, 끝내는 말도 못 할 만큼 사랑스러워 보이기까지 한다.

단순한 감정 해소를 넘어선 '감정의 재배열'이다. 통제 불가능했던 감정이 언어로 명명되고 의미를 부여받고, 내 안에서 다시 안전한 감정으로 바뀌는 순간. 바로 그때 나는 해방감을 느낀다.

그래서 이건 단지 가족 이야기만 쓴 일이 아니다. 내가 왜 이 가족 안에서 살아가는지, 왜 여전히 애쓰고 있는지를 다시 묻고 답하는 시간이다. 글을 쓰다보면 분명 이런 생각이 들고야 만다.

'휴, 그래도 우리 가족, 꽤 괜찮은데?'

"가족에 대한 글을 쓰고 싶다면 우리 가족만의 별명을 붙여보세요. 평범하기 짝이 없던 식구들이 한층 더 사랑스럽게 느껴질 거예요!"

> 명랑한 글쓰기 노트 16

이름 붙이기(Naming)
: 감정과 상처, 기억을 언어로
'안전하게 다루는' 구조적 글쓰기 기술

가족을 소재로 글쓰기를 하려고 할 때 권하는 글쓰기 방법은 이름 붙이기다. 이때 이름 붙이기는 단순히 단어를 정하는 일이 아니라, 무의식의 감정을 의식 위로 끌어올려 '소통 가능한 언어'로 만드는 과정이다. 이름을 붙인다는 것은 존재를 인정하고 관계 맺기를 시작하는 행위다.

==가족의 이름을 지을 때는 한 사람의 특징만 콕 짚어내기보다 가족 전체의 분위기나 관계의 패턴, 독특한 생활 리듬을 담아내는 것이 중요하다.== 예를 들어 매일 밤 9시가 돼서야 다 같이 모이는 가족이라면 '야행성 패밀리', 모두 각자 방에 숨어 있다가 밥때만 나타난다면 '배식 가족'이라고 재미있게 부를 수도 있을 것이다.

==이때는 가급적 부정적인 특징보다는 긍정적인 의미의 단어를 사용하는 것이 좋다.== '말 없는 가족'보다는 '조용한 공감 가족', '늦게 모이는 가족'보다는 '밤하늘 아래 모이는

가족'처럼 표현하는 것이다. 같은 상황이라도 밝고 긍정적인 단어를 사용하면 의도치 않게 분위기도 따뜻하고 다정해질 수 있다.

우리 가족에게 별명을 붙이는 일은 의외로 큰 즐거움을 안겨줄 수 있다. ==한 사람 한 사람의 특징을 살려 이름을 짓다보면, 그것만으로도 글감이 되고 웃음이 된다.== 늦잠꾸러기 아들은 '이불 왕자', 잔소리 담당 엄마는 '생활 코치', 언제나 간식을 챙기는 아빠는 '간식 요정'이 될 수 있다. '왁자지껄 패밀리', '무늬만 탐험대', '하하호호팀' 같은 가족 별명을 붙여도 좋다. 이름 하나만으로도 평범한 일상이 훨씬 재미있어지고, 글에는 명랑한 기운이 흐르게 된다.

지켜본다는 일,
지켜낸다는 일

#공명
#옴니버스 글쓰기

우울증 치료에 관해 가장 자주 받았던 질문이 있다.

"약, 정말 효과 있어요?"

내 답은 한결같다.

"효과, 있어요. 다만 시간이 필요하고 궁합이 맞아야 해요. 약도 사람과의 관계처럼 나와 맞는 게 있더라고요. 적절한 용량을 찾아내는 것도 중요합니다."

내 긴 육아휴직은 둘째 아이의 치료를 위한 것이었지만, 정작 내가 교사라는 직업을 중단하기로 결심한 이유는 무너진 내 마음이었다. 병명은 '주요우울장애'. 발병 이유는 명백했다. 내 아이가 '보통'의 또래 아이들과 달리, 평범하게 자라지 못한다는 사실을 받아들이는 과정에서 감당하기 어려운 죄책감과 분노, 무기력이 한꺼번에 몰려온 것이다.

아이보다 먼저, 더 많이 아픈 건 나였다. 우울증 속에서 헤매던 젊은 엄마가 허비한 시간은 최소 7년. 처방 약을 멋대로 끊었던 건 꼬박꼬박 나가는 상담료와 약값이 아까워서였다. 계속 먹어야 한다는 걸 알면서도 그 몇 푼조차 부담스러운 날들이었다.

애매하게 남겨진 우울증은 오래도록 지근지근 나를 괴롭혔다. 그리고 그런 나는 사랑하는 가족을 괴롭혔다.

하지만 때로 어떤 악재는 호재가 되기도 한다. 극심한 우울증에서 가까스로 벗어나 복직한 어느 봄날. 두 아이를 병설 유치원 교실에 들여보낸 뒤 다급한 걸음으로 4학년 2반 교실로 향했다. 그런데 뜻밖에도 나를 기다리고 있던 건 아이들이 아니라 '상담실장'이라는 역할이었다.

내 복직 소식을 들은 선생님들이 어두운 표정으로 하나둘 모여들기 시작했다. 좁기로 소문난 교직 사회. 건너 건너 전해진 내 휴직과 병가 사유 덕분에 나도 모르는 사이 나는 '우울증에 관해서 믿고 상담할 만한 선배 교사'가 되어 있었다.

교직의 다양한 영역 가운데 어디 하나 내세울 만한 게 없던 평범한 교사였지만, 우울증에 관한 한 준전문가로 인정을 받는 건 나 자신에게도 신선한 활력이 되었다. 길었던 휴직 기간 동안 어지간한 정신건강의학과와 신경정신과를 전전하며 알게 된 병원 선택 기준, 다시는 가고 싶지 않은 병원의 공통점, 첫 진료에서 유심히 살펴야 할 의사의 말투와 표정, 그리고 질문 방식까지. 이 모든 경험이 조심스러운 조언이 되어 쌓여갔다. 나 역시 세 번째 찾은 병원에서 겨우 정착할 수 있었다. 그 의사의 말 한마디에 처음으로 '내가 살아도 되는 사람이구나' 하는 위로를 받았다.

병가나 질병 휴직을 고민하는 동료 교사들에게는 미리 준비해야 할 진단서, 복직을 위해 필요한 완치 소견서에 반드시 들어가야 할 문장, 인사 기록에 어떤 영향을 줄 수 있는지에 관한 주의 사항까지 곁들였다. 게다가 교사라는 특수한 직업은 어디에 고민을 허심탄회하게 털어놓기도 쉽지 않다. 그래서 길고 고통스러웠던 나의 우울증 치료 경험은 학교에서만큼은 의외로 유용한 매뉴얼이 되었다.

내가 엄청난 정보와 특별한 경험을 한 덕분에 큰 도움을 줬다는 이야기를 하려는 게 아니다. 내가 공유했던 작은 정보가 누군가에게는 큰 도움이 될 만큼 절실했던 선생님들이 그만큼이나 많았다는 의미다. 나는 집에서 무너졌지만, 교실에서 무너져가던 선생님들 역시 적지 않았다. 아니, 무너지고 있다는 사실조차 모르거나 알면서도 끝내 숨기는 경우도 더러 있었다.

아무리 교실 속 아이들을 사랑해도 교사는 끝없는 관찰과 평가 속에서 자신을 잊기 쉽다. 말 한마디, 눈빛 하나에도 민감하게 반응하는 아이들과의 밀도 높은 상호작용은 때때로 너무 많은 감정을 소모하게 만든다. 거기에 학부모의 불만, 예기치 못한 사건 사고, 늘어만 가는 서류 업무까지 더해지면 교사의 일상은 단숨에 흔들릴 수 있다.

그런 환경 속에서 그다지 친하지도 않고 이제 막 복직한 교사인 나를 조용히 찾아와 병원 이름과 진단서 코드를 묻던 이들이 있었다. 어두운 표정만 보아도 그들의 상태가 얼마나 다급한지 알 수 있었다.

평판과 체면이 무엇보다 높은 가치로 작동하는 교직 사회. 그러니 정신 질환으로 병원에 다닌다는 사실을 학생은 물론이고 학부모나 동료 교사가 아는 걸 원치 않는다. 그럼에도 그들도 나도 잘 아는 사실. 어쨌든 사람이 살아야 한다.

너무 많은 이들이 주저하다 치료 시기를 놓치고, 끝내 안타까운 선택을 하기도 한다. 내가 낯선 교사들 앞에서 체면을 버린 이유가 그것이다. 내게 병원 정보를 얻기 위해 찾아온 그들이 얼마나 절박한지 알 것 같았기 때문이다. 그들이 하루라도 빨리 전문가의 도움을 받고 치료받길 바랐기 때문이다. 그래서 그들이 궁금해할 만한 것, 걱정할 만한 것들을 최대한 알려주었다.

정신과 진료 병력이 교직 인사 기록에 꼬리표처럼 따라다니지는 않을까 걱정하던 이들에게 '절대 그럴 일은 없을 거'라고 안심시키곤 했지만, 여전히 불안해하던 그 눈빛이 잊히지 않는다.

우리는 지금, 주변의 평판이 목숨보다 더 중요한 것처럼 보이는 어리둥절한 시대를 살아가고 있다. 그럼에도 어쨌든 정신을 부여잡고 살아내야 한다.

내겐 남다른 인연이 있다. 오래된 친구인 만큼 우리는 오랜 세월 힘겨운 시간을 보냈다. 하지만 원래부터 그런 사람은 아니었다. 제법 큰 빚이 있다는 건 알고 있었지만 언제부터인가 카드로 돌려막기를 하더니 사채까지 쓰고도 모자라 내게 급전을 청하는 일이 잦아졌다. 그녀의 다급한 사정을 외면할 수 없어 나는 아이들이 쓰던 책장과 전집을 물려주려고 챙겨두기도 했다.

그러다 우연히 본 그녀의 거실 앞에서 나는 입을 다물 수 없었다. 빚에 허덕이면서도 사고 싶은 건 사고, 먹고 싶은 건 먹고, 아이들에게 주고 싶은 건 여전히 다 주는 모습. 속 좁은 나는 그만 마음이 상해버렸다. 아끼고 모으며 사는 게 당연했던 우리 부부에게 그녀의 삶은 낯설고 실망스러웠다.

"미안, 나도 요즘 여유가 없어서."

그런 사실을 알게 된 후로는 이렇게 말하려 했지만 문제는 내 계좌에 늘 어느 정도의 잔고가 있다는 사실이었다. 조금은 윤택해진 살림 덕분이다. 없어서 못 주는 거라면 마음이라도 편할 텐데, 애매하게라도 돈이 있는 게 오히려 문제였다. 물론 그녀도 그걸 알고 연락했겠지만.

내 마음을 더 시끄럽게 한 건 그녀가 빌려달라고 한 액수가 결코 크지 않았다는 점이다. 빌려주고 혹시 못 받더라도 넘어갈 만큼, 그냥 주고 잊어버려도 괜찮을 만큼의 애매한 액수. 그래서 더 고민스러웠다.

매번 멈칫했던 건 '이 돈을 과연 돌려받을 수 있을까', '언제 갚을 거냐고 물어봐야 할까' 같은 현실적인 걱정보다는, '돌려막

기용이 뻔한 일회성 도움이 과연 그녀의 삶에 진짜 도움이 되는 걸까?' 하는 더 본질적인 의문 때문이었다. 내가 힘들게 글을 쓰고 책을 내서 받은 인세가 그녀의 돌려막기 기술만 더 노련하게 만드는 건 아닐까? 이게 옳은 선택일까? 그녀의 연락이 잦던 그 시절, 내 가슴은 자주 답답했다.

정답은 없었다. 결국은 내가 선택해야 할 문제였다. 나는 내 친구의 사정을 어디까지 감당할 수 있을지 헤아리느라 복잡했다.

"내가 그 친구를 계속 돕는 게 맞을까?"

내 질문에 남편은 짧지만 단호하게 대답했다.

"살려야지. 사람부터 살리고 보자."

그날 이후 우리는 하나만 생각하기로 했다. 아이 셋을 키우는 엄마인 그녀가 몇십만 원 혹은 몇백만 원 때문에 생을 포기하는 일이 없도록 하자. 불안과 우울, 공황장애 진단을 받은 사람. 이번 생을 여기서 툭 내려놓아도 이상하지 않을 만큼 벼랑 끝에 몰려 있는 그녀가 아이들을 두고 혼자 떠나지 않도록 하는 일. 그것을 우리의 목표이자 보람, 그리고 기쁨으로 여기기로 했다.

내가 한 번씩 찔끔찔끔 보내는 돈이 그녀의 목숨값이 된다면 기꺼이 쓰기로 했다. 언젠가 끝끝내 누구에게서도 보답받지 못하더라도, 세 아이가 무사히 자라 각자 제 몫의 삶을 살아내는 어른이 된다면 우리는 우리 몫을 다한 것이다. 알아주지 않아도 좋다. 굳이 기억되지 않아도 괜찮다. 우리가 알고 하늘이 알면 그걸로 충분하다. 목숨보다 중요한 건 없으니까.

지금은 그저 사람부터 살리고 보자.

아이들이 커가면서 기막힌 소식을 접하는 일도 점점 늘어났다. 안타까운 선택을 한 아이 중에는 내 아이의 친구도 있었고, 같은 아파트 단지에 살던 학생도 있었으며, 이웃 학교에 다니던 아이도 있었다.

신문 기사에 날 만한 사고 없이 입시가 끝나기만을 기도하게 되는 희한한 나라, 대한민국. 그날 새벽, 그 일이 있기 전까진 모든 게 남의 일 같았다. 내 자식만 잘 키우면 되는 줄 알았다. 어리석게도.

"엄마, 이거 봐. 이상해."

눈을 비비며 잠에서 깨어난 큰애가 내민 핸드폰에는 짧은 문자 메시지가 덩그러니 찍혀 있었다.

'고마웠다, 규현아.'

문자가 도착한 시간은 새벽 4시. 머리카락이 쭈뼛 섰다. 등골이 서늘해졌다. 아들의 친구 둘이 잇따라 세상을 떠난 지 얼마 지나지 않았을 때라 더 겁이 났다. 왜 이 시간에? 대체 뭐가 고맙다는 거지? 전화를 걸었지만 받지 않았다. 하필이면 시험 기간, 그것도 서울대에 합격하게 해달라고 날마다 간절히 기도하던 큰애의 기말고사 둘째 날 아침이었다.

친구가 보낸 단 한 문장이 모든 걸 얼어붙게 했다. 친구의 생사가 확실치 않은 상황. 아이는 무거운 걸음으로 현관을 나섰다.

나는 의연한 척하며 아이에게도 이런저런 당부를 했지만 목소리의 떨림을 숨기지 못했다. 뭐든 연락이 오기만을 기다리며 전화기를 쥔 내 손엔 간절함이 가득했다. 내가 이럴진대 아이는 얼마나 불안할까.

'제발 별일 없기를. 별일이 없다는 걸 시험 치르기 전에 알 수 있기를.'

그리고 마침내 기적 같은 연락이 왔다. 친구에게 별일 없다는 소식이었다. 학교에 들어선 아이가 시험 시작 전에 꼭 듣고 싶었을 소식.

"규현아, 친구 아무 일 없대. 엄마가 방금 연락을 받았는데 등교 잘했대."

친구에게 아무런 불상사도 일어나지 않고 무사히 지나간 그날, 그러니까 기말고사 둘째 날. 아이는 시험을 단단히 망치고 돌아왔다. 수시 전형을 준비하는 고등학생에게 시험 한 번을 망친다는 건 곧 수시 전형 포기를 의미하는 것이기에 치명적이었다. 동점자끼리 미세한 점수 차이로 등급을 다투는 상대평가 체제에서는 단 한 과목, 단 한 차례의 실수도 용납되지 않는다.

망쳐버린 그날의 시험은 2학기 평균 등급은 물론 1학년 전체 등급까지 끌어내렸다. 수시 전형을 목표로 시험 과목 하나하나를 섬세하게 관리하던 아이의 등급은 뜻밖의 이슈에 타격을 입고 목표에서 훌쩍 멀어져버렸다. 초라해진 생기부는 고도리도 청단도 다 깨져버린 심심한 화투판이 되었다.

시험 결과를 듣고 속이 상했다. 왜 하필 시험 날 새벽에 그런 문자를 보낸 걸까. 그 친구에게 별일이 없기만을 손 모아 기도하던 나는 온데간데없고, 등급 칸에 적힌 숫자 앞에서 애통해하는 '학부모'만 남아 있었다. 그러면 그렇지, 어디 가겠나 싶었다. 그렇게 1학년을 마쳤다.

어떻게든 2학년 때 만회해보자며 알차고 치열한 겨울 방학을 계획하던 때, 나는 뜻밖에도 '다행'이라는 마음과 마주했다.

정말 다행이었다. 그날 그 시험을 망친 것이 오히려 감사했다. 만약 그날 아침, 그렇게 등교한 아이가 한 치의 흔들림 없이 목표한 점수를 얻고 돌아왔다면 나는 아마 기쁘면서도 슬펐을 것이다.

내 아이들이 걱정할 만한 일에 걱정하고, 궁금해할 만한 일에 궁금해하고, 흔들려야 할 순간에 흔들리는 따뜻한 심장을 가진 36.5도의 '정상적인 사람'이기를 바랐다. 아이는 그렇게 자라 있었다. 조금 돌이켜 생각해보니 그 당연하고도 인간적인 반응을 확인할 수 있어서 기뻤다. 점수밖에 모르는 차가운 이성으로만 채워진 인간이 아니라는 게 좋았다.

그래서 등급은 어쩌지, 하는 불안이 잠깐 꿈틀댔지만 덮기로 했다. 사람의 일을 사람답게 겪어냈다는 사실이 등급보다 훨씬 가치 있다는 생각이 들었기 때문이다. 그러니 이 실패는 실패가 아니다. 조금 울고, 조금 자책하고, 충분히 쉬고, 우리는 다시 웃었다.

나도 몰랐다. 언제부턴가 사람들이 나에게 와서 울기 시작했다는 걸. 교무실에서, 상담실에서, 복도 한쪽에서. 슬며시 다가와 자기도 모르게 속사정을 쏟아내듯 털어놓고는 나를 붙잡고 한참을 울었다. 대부분은 그저 묵묵히 들어주는 걸로 끝났다. 그런데도 누군가는 '그때 덕분에 위로 받았다'고 말했다. 사실 나는 그 말을 믿지 않았다. 침묵으로 무슨 위로가 된단 말인가. 나는 그저 그곳에 서 있었을 뿐인데.

한동안 나는 그 친구에게 계속 돈을 빌려줬다. 그녀는 내게 돈을 갚을 수 없었고 나 역시 달라고 할 수 없었다. 그 집이 무너지고 있다는 걸 뻔히 알면서 나만 빠져나올 수가 없었다. 돈을 빌려주는 날이면 밤마다 악몽을 꿨다. 우리 가족이 다 같이 나를 원망하는 꿈이었다. 그런데도 나는 여윳돈이 생기면 빌려주기를 멈추지 않았다. 끝까지 돕고 싶은 사람이 있다는 건 평범한 나에겐 사치였지만, 한편으로는 어떤 증명과 같았다. 무모하고 어리석어도 나는 그 선택을 반복했다.

아들의 시험 날, 그날도 누군가가 쓰러졌다. 조금만 늦었으면 생명이 위험할 수도 있었다는 말에 나는 아들이 시험을 망칠까 봐 전전긍긍했던 내 자신이 부끄러워졌다.
"괜찮아. 별일 없이 끝난 게 훨씬 더 중요하지."
아들은 울 듯 말 듯 한 얼굴로 말했고, 나는 그제야 울어버렸다. 이 아이는 분명 나보다 더 멋지고 세상에 이로운 사람이 될 것이다. 처음으로 그런 확신이 들었다.

　물결처럼 감정은 번져간다. 처음에는 내 안에서만 일렁이던 슬픔과 아픔이었지만 그 감정들이 타인의 고통에 닿는 순간 우리는 그것을 '공명'이라 부른다. 살아가며 점점 확신하게 되는 건 나 하나만 잘 사는 일엔 아무런 감동도 없다는 것이다. 누군가를 위해 기꺼이 흔들려줄 수 있다는 것, 그 마음이야말로 내가 내 아이들에게 진짜로 물려주고 싶은 단 하나의 유산이다.
　내가 겪은 불안과 실패, 그 모든 주저앉음이 누군가의 고통에 공명할 수 있다면 그것은 결코 헛된 몸짓이 아니다. 점수보다 사람이, 결과보다 존재가 더 중요하다는 걸 알게 되는 순간, 삶은 손익 계산표가 아니라 함께 떨고 웃고 아파했던 한 팀으로 연대하게 된다. 결국 내 삶을 지탱해주는 건 내가 얼마나 잘했느냐보다는 얼마나 진심으로 타인의 떨림에 귀 기울였느냐다.

　공명이란 같이 흔들리겠다는 용기다. 그리고 그 바탕에는 자신에 대한 신뢰도 깔린다. '절대 넘어지지 않겠다'가 아니라 '넘어져도 다시 일어날 수 있다'는 믿음. 그 믿음이 한 번의 용기를 만들고, 그 용기가 다시 누군가의 숨을 잇게 한다. 나는 이미 여러 번 나를 구해낸 사람이다. 그때마다 알게 모르게 누군가의 도움을 받았다. 그리고 이제 누군가를 조용히 붙잡아줄 준비도 되었다.

예전엔 남의 삶에 감히 손을 얹을 수 없다고 생각했다. 내 하루를 살아내는 일조차 버겁고 힘겹게 느껴졌으니까. 하지만 글을 쓰면서 달라졌다. 고통의 기억을 정직하게 마주하고 문장으로 옮기는 사이, 나는 어느새 내가 아닌 누군가의 아픔에도 자연스럽게 반응하는 사람이 되어 있었다. 도와야 할지 말아야 할지 망설이던 자리에서 조용히 손을 뻗는 순간들이 하나둘 쌓여갔다.

공명은 거창하지 않다. 그저 조용히, 그러나 깊게 응시하면 된다. 거기서 시작하면 된다. 그러면 내가 감당하고 품을 수 있는 마음의 크기가 커지고 넓어진다. 그러다보면 자연스럽게 함께 연대하고 싶다는 마음이 뒤따르고, 마침내 행동으로 증명하게 된다. 내가 위로받았던 것과 같은 이유로 누군가를 위로할 수 있을 때, 내가 떨었던 순간의 기억으로 누군가를 붙잡을 수 있을 때, 우리는 혼자가 아니다.

우리는 서로의 삶에 울리고 반응하며 서로를 살아 있게 한다. 공명이 사람을 살린다.

"쓰고 싶은 이야기가 있다면, 그것과 비슷한 생각을 하게 만든 경험 몇 개를 이어보세요. 처음보다 훨씬 또렷한 그림이 드러날 거예요!"

명랑한 글쓰기 노트 17

옴니버스(Omnibus) 글쓰기
: 한 조각으로는 표현되지 않는 진실을
여러 장면이 함께 말하게 하는 글쓰기

공명은 나의 감정이 타인의 이야기와 맞닿는 순간에 일어난다. 옴니버스 글쓰기는 바로 그 공명의 구조를 닮아 있다. 여러 개의 짧은 이야기들이 느슨하게 이어지면서, 서로 다른 인물의 경험이 하나의 정서적 파동으로 엮인다. 각기 다른 목소리가 모여 만들어내는 울림 속에서 독자는 자신과 비슷한 결을 발견하고, 작가 역시 자신의 감정을 새로운 맥락 속에서 다시 본다.

옴니버스는 특히 정리되지 않은 감정, 뒤섞인 기억, 한 문장으로 설명하기 어려운 생각을 다룰 때 유용하다. 감정을 한 번에 말로 풀 수 없을 때 얼핏 무관해 보이는 몇 개의 장면을 나란히 놓고, 그 사이에서 떠오르는 감정과 가치를 독자 스스로 발견하게 만드는 글쓰기 방식이다.

'Omnibus'는 라틴어로 '모두를 위한'이라는 뜻이다. 즉 하나의 감정이나 사건을 여러 각도에서 나누어 바라보고, 그 다양한 파편들이 모여 하나의 진실을 드러내도록 하는 글쓰기 방식이라 할 수 있다.

치유를 위한 글쓰기에서 옴니버스 전략은 '정리되지 않아도 괜찮다'는 감정의 안전장치 역할을 한다. 정리되지 않은 고통이나 슬픔은 대개 기억 속에 잠겨 있다가 부지불식간에 떠오른다. 옴니버스 글쓰기는 그런 감정을 억누르거나 밀어내는 대신, 장면 단위로 조심스럽게 꺼내 이해할 수 있는 구조로 배열하게 도와준다.

옴니버스 글쓰기를 할 때는 억지로 교훈을 끼워 넣지 말고 글을 통해 확인한 삶의 태도나 마음의 결을 마지막에 조용히 짚어주는 것으로 마무리해보자. 미스터리나 스릴러 영화에서 서로 관련 없는 듯 보이던 여러 장면이 모여 사건의 열쇠가 되듯, 글쓰기도 마찬가지다.

제각각인 것처럼 보이는 에피소드들이 하나로 모이고, 마지막 퍼즐 조각이 맞춰지는 순간, 비로소 한 편의 글이 완성된다. 눈앞이 환해지고 또렷해지는 경험, 그것이 옴니버스 글쓰기의 묘미다.

보톡스와 마스크팩,
그리고 슈톨렌

#자기돌봄

#반전하기

　어느덧 7년 차가 되어가는 유튜브 채널 '슬기로운초등생활'. 생계형으로 시작해 이제는 구독자 14만 명이 넘는 채널로 성장했다. 덕분에 실버 버튼도 받아보고 '생계형'이라는 말이 무색할 만큼 제법 큰 돈도 벌었다. 문제는 유튜브를 하면 할수록 점점 더 '예쁘게 보이고 싶다'는 간절함이 커졌다는 점이다. 화면 속 내 모습, 구독자들의 반응, 늘어나는 조회 수와 댓글들이 나의 욕망을 계속 자극했다.

　때는 채널 운영 3년 차 무렵. 새로 이사 온 동네 상가들을 탐험하느라 하루가 짧았다. 동네에 적응한다는 건 코앞 상가에서부터 옆 동네까지, 이제 내 생활 구역이 될 상가들을 하나씩 알아가는 일이었다. 결혼 후 이사 다닌 집만 열한 곳. 그 덕에 상가 탐방은 번거로우면서도 소소한 여행처럼 흥미로운 일상이 되기도 했다.

문제는 상가 건물에서 시작되었다. 하필 그 건물 바로 위층에는 학원이, 바로 아래층에는 피부과 병원이 자리 잡고 있었다. 게다가 엘리베이터 벽면엔 이 학원 출신의 내신 100점 학생 명단과 '4월 봄맞이 보톡스 이벤트' 광고 전단이 나란히 붙어 있는 게 아닌가.

아이도 없이 혼자 찾아간 학원 상담은 싱겁게 끝나버렸고, 어정쩡한 발걸음은 결국 호기심을 참지 못하고 피부과로 향했다. 이유도 목표도 모두 엘리베이터에 붙어 있던 '봄맞이 보톡스 이벤트'였다.

상담 실장은 내 이마 주름을 걱정하며 슬슬 바람을 잡더니 '1+1 이벤트'라며 눈가 주름까지 챙겨주었다. 귀가 얇은 나는 "그럼 그렇게 해주세요" 하며 호쾌하게 지료 의자에 올라앉았다. 망설임 따윈 없었다. 그것이 내 인생 첫 번째 보톡스였다.

효과는 정확히 일주일 후부터 나타났다. 처음 며칠은 맞은 건지 안 맞은 건지도 모르겠더니, 시간이 지나며 본격적으로 약발이 올라왔다. 잔주름이 자글자글하던 이마가 탱탱하게 차올랐다. 눈가에 바짝 넣어둔 약물들도 효과를 발휘하기 시작했다. 문제는 그때부터였다. 눈을 치켜뜨기 불편한 건 애교였다. 아무리 애를 써도 웃을 수가 없었다. 웃고 싶은데 웃을 수가 없었다. 외롭고 슬퍼도 웃으며 버텨온 지난 세월을 지나, 드디어 웃을 일 넘쳐나는 인생 최고 전성기를 맞았건만 정작 나는 웃을 수가 없었다.

문제는 유튜브 영상이었다. 매일 영상을 챙겨보는 구독자들의 눈은 매섭고도 따뜻했다. 화면 속 어딘가 어색한 내 표정을 놓치지 않은 착한 구독자들이 하나둘 걱정의 말을 전하기 시작한 것이다. 그리고 순식간에 이런 댓글이 달리기 시작했다.
"무슨 일 있으세요?"
"쌤, 요즘 왜 이리 달라 보이시죠?"
"웃지 않으시는 이유가 뭘까요?"
"많이 힘들어 보이세요."
"요즘 기운이 없으신 것 같아요."
며칠간 유튜브 속의 내가 슬퍼 보인다는 내용부터, 얼굴에 생기가 없고 부쩍 수척해진 것 같아 마음이 안 좋다는 애틋한 내용까지 댓글 수십 개가 이어졌다. 별일 없는 거냐는 구독자들의 걱정에 마음은 따뜻해졌지만 동시에 생활 밀착형 유튜버로서의 양심은 흔들렸다.
하지만 차마 댓글에 이렇게 쓸 수는 없었다.
"보톡스를 너무 세게 맞아서요. 여러분……. 저 지금 너무 잘 살고 있어서 웃을 수가 없어요. 제 걱정은 안 하셔도 괜찮아요."

특가 행사 때마다 두둑하게 쟁여둔 마스크팩은 거의 매일 밤 얼굴 위에 올라간다. 아이들은 훗날 학창 시절의 어머니를 허연 마스크팩을 얼굴에 붙이고 눈만 빼꼼 내놓은 채 거실 구석에서 키보드를 두드리던 중년 여성으로 기억하게 될 것이다.

그래, 나도 안다. 이 나이에 예뻐져봤자 뭘 하겠는가. 아무리 용을 써도 눈에 띄게 예뻐질 기미는 없다는 것도. 그래서 나의 숱한 노력은 '예뻐지기' 위해서보다는 '못생겨지지 않기' 위해서라는 게 더 정확하다. 너무 초라해지지 않기 위한 최소한의 버티기와 애쓰기랄까. 결국 내가 할 수 있는 모든 노력과 자산을 동원해 그럭저럭 현재를 버티는 중이다.

내 나이에 들을 수 있는 최고의 칭찬은 "예쁘시네요"가 아니라 "나이에 비해 젊어 보이세요" 이 정도다. 그래, 진짜 예쁨으로 승부를 볼 나이는 지났다. 이미 송혜교조차 '외모로는 안 된다'고 말하는 시점에 내가 외모로 덤비면 그건 오만이지.

그런데 아무것도 아닌 건 아니었다. 부질없어 보였던 그 노력, 조금이라도 덜 초라해 보이고 싶어 애쓴 그간의 소소하고 귀찮기 짝이 없는 습관들이 어느새 내 안에 차곡차곡 쌓이고 있었나보다. 밤마다 수분크림을 챙겨 바르고, 입술에 립밤을 바르고, 머리를 자주 빗질하는 그 사소한 루틴들. 누구도 알아주지 않았고 나 역시 인정받을 거라 기대하지 않았던 '내가 나를 챙긴다'는 행위의 반복.

그런데 그 일상이 쌓이자 신기하게도 마음이 단정해졌다. 어지러운 하루 속에서도 내가 스스로를 아끼고 있다는 감각이 나를 흐트러지지 않게 붙들어주었다. 누가 시키지 않아도 1년에 두 번은 빠짐없이 보톡스를 맞고, 저녁이면 피곤한 몸을 이끌고 마스크팩 하나를 뜯어 얼굴에 붙인다. 별일 아닌 듯 보이는 그 동작들이 사실은 '내가 내 편이라는 증거'였다.

누군가 예쁘다고 말해줄 때면 예전엔 "아유, 무슨 말씀을요"라며 손사래부터 쳤다. 그런데 이제는 능청스럽게 이렇게 말할 수 있다.

"감사해요, 관리 엄청나게 한 거예요."

그 말은 단순한 허세가 아니었다. 그것은 내 하루하루에 쌓인 애정과 성실함을 내가 스스로 온전히 믿게 되었다는 뜻이었다. 아무도 나를 먼저 챙겨주지 않는 바쁜 하루 속에서, 그래도 나는 나를 놓지 않으려 애썼다. 오늘의 나를 지키기 위해 매일 조금씩 애쓴 바로 그 시간이 나도 모르는 사이에 나를 덜 무력하게 만들고, 덜 초라하게 해주고 있었던 것이다. 내가 나를 돌봐온 시간은 결국 나를 부드럽고 더욱 단단한 사람으로 길러낸 시간이었다.

나는 오랫동안 나를 잘 돌보지 않고 살아왔다. 겉으로는 멀쩡해 보였을지 몰라도 마음은 늘 삐걱거렸다. 나를 챙기는 건 언제나 우선순위 일들 속에서 맨 끝자락에 밀려 있었다. 누군가에게 잘 보이기 위한 '관리'는 열심히 해왔지만 정작 나 자신을 위한 배려에는 한없이 서툴렀다. 오랜 시간 나는 내 마음을 외면하며 살아왔다. 화장이 번지지 않게 조심하면서도 내 감정은 아무렇게나 흘러가도록 내버려두었고, 남의 시선에는 민감하면서도 내 내면의 신호에는 무심했다. 멀쩡해 보이는 겉모습 뒤에서 나는 서서히 무너지고 있었다.

그러다 어느 순간 마음이 조금씩 바뀌기 시작했다. 잘 자고, 잘 먹고, 잘 씻고, 잘 바르는 일. 이 평범한 일상이 누군가에게 보여주기 위한 퍼포먼스가 아니라, 내 삶을 지키기 위한 작은 정성과 노력이라는 걸 깨달은 것이다. 그제야 나는 나를 위한 삶을 하나씩 다시 배워가는 중이다.

한때의 나는 내 하루를 '견디는 것'에만 집중하던 사람이었다. 아침에 일어나기도 전에 이미 하루가 버거웠다. 거울 속 내 얼굴을 바라보며 괜히 한숨을 쉬곤 했다. 삶의 중심에 나를 두는 건 이기적인 일이라 여겼고 나를 위해 시간을 쓰는 건 사치처럼 느껴졌다. 하지만 어느 순간부터 조금씩 달라졌다.

나는 가장 먼저 아무도 눈치채지 못할 작고 사소한 습관을 만들기 시작했다. 그저 조금 더 나에게 친절해지고 싶은 마음에서 비롯된 매일매일의 작은 시도였다. 그리고 그 시도들이 쌓이면서 나는 나를 꾸준히 보살피는 사람이 되었다.

불안한 마음을 밀쳐내기보다 조용히 바라보는 법을 배우고, 피곤한 날엔 이유 없는 무기력을 이해하려 애썼다. 이해하기 힘들 때는 그냥 그대로 받아들이려 했다. 그 사소한 다정함이 나를 내면 깊은 곳에서부터 따뜻하게 데우기 시작했다.

그러면서 알게 되었다. 내가 나를 사랑하는 마음이 바로 나를 살아가게 한다는 걸. 아무도 챙겨주지 않더라도 슬퍼할 필요는 없었다. 괜찮다. 내가 나를 챙기면 되니까. 예전엔 상상하지 못한 단단함이 내면에 자리했다. 그리고 그 단단함이 나를 다시 명랑하게 만들었다.

명랑해진 내겐 고마운 친구도 생겼다. 매년 12월이면 어김없이 슈톨렌을 주문해 보내주는 친구가 있다. 올해도 그 친구가 정성스레 고른 슈톨렌이 도착했다. 따뜻한 커피와 함께 먹을 때면 친구의 존재가 새삼 고맙다. 사실 우린 무척 오래된 사이지만 우리가 줄곧 부드러웠던 건 아니다. 아들 둘이 이만큼 자라고 내가 내 팔자를 인정하고 나서야 간신히 다시 연락이 닿았고, 그제야 서로를 살뜰히 챙기기 시작했다. 친구가 보내준 슈톨렌을 꼭꼭 씹어먹다 절로 행복해지는 겨울. 올해는 새로운 슈톨렌을 찾아냈다는데 그 정성에 또 감동했다. 고맙다, 소중한 내 베프. 우리 내년에도 잘 지내보자.

그 친구의 이름은 이은경.

나는 요즘, 나랑 가장 친하다.

⁘

요즘 나는 나 자신과 점점 더 친해지고 있다. 그래서 이제는 나를 잃어버릴까 걱정하지 않는다. 자기돌봄은 괜찮아지기 위한 처방이 아니다. 괜찮지 않아도 괜찮다고 말해주는 연습이다. 그 연습은 나를 해방하고 감정을 다독이는 가장 따뜻한 출발점이 된다. 나를 스스로에게 맡기고 기대는 일, '나는 나를 믿는다'라는 아주 기본적인 신뢰의 표현이다. 누구보다 나를 잘 아는 내가 내민 다정한 손길은, 울음이 터질 것 같은 날에도 내 감정을 붙잡아주고 숨 쉴 틈을 만들어준다. 그렇게 억눌렸던 감정이 조용히 제자리를 찾아가고, 마음은 조금씩 가벼워진다. 그때가 되면 슬픔도 미움도 서운함도 흘려보낼 수 있는 여유가 생긴다.

바람이 불면 흔들리고 때로는 엎어질 때도 있다. 하지만 그런 날이면 나는 다시 이은경이라는 친구에게로 돌아온다. 나를 가장 오래 지켜봐온 사람이 바로 나 자신이기 때문이다. 모두에게 친절하면서 정작 나에게는 너무 오래 무심했던 시간. 이제는 그 공백을 알아차리고 따뜻한 말 한마디와 좋아하는 음식 한 끼, 잠깐의 산책으로 나를 불러내보자. 커피를 내리고, 스킨을 바르고, 파우더를 살짝 얹으며 나는 나에게 시간을 건넨다. 다른 이에게 멋지게 보이려는 의도가 아니라 나를 존중하는 행위다. 그렇게 나를 하나하나 챙기다보면 어딘가에서 명랑함이 슬며시 고개를 든다.

> "독자가 눈치채지 못할 만큼 사소한 유머를 담아 복선을 심어보세요. 반전을 깨닫는 순간, 독자는 저자에게 친근함을 느끼며 사랑에 빠지게 된답니다."

> 명랑한 글쓰기 노트 18

반전하기(Transformation)
: 예상과 다른 전개나 의미의 전환을 통해
독자의 인식과 감정을 뒤흔드는 글쓰기 기법

반전은 익숙함을 배반함으로써 독자를 무장 해제시킨다.

"어, 내 예상이 빗나갔네?"

그 순간 독자는 기존의 해석의 틀을 내려놓고 새로운 관점으로 이야기를 바라보기 시작한다. 이 반전이라는 쓰기의 방식은 '자기돌봄'이라는 주제와 만날 때 특별히 그 힘을 크게 발휘한다.

반전의 묘미는 화려한 트릭에 있지 않다. 진짜 중요한 것은 반전이 감정을 더 정교하게 전달하는 장치라는 점이다. 무거운 이야기를 가볍게, 강한 메시지를 부드럽게 전달하는 방식이기도 하다. 진지하게 꺼내기엔 쑥스럽고, 너무 솔직하게 털어놓기엔 아직 아픈 이야기를 살짝 비틀어 웃음 짓게 만드는 힘.

==방법은 간단하다. 먼저 글 전체의 메시지를 견고하게 해주기 위해 '남이 나에게 선물해주었을 법한 평범한 것'을==

==하나 떠올려본다.== 그리고 그 이야기 속에 살짝 장난스러움을 섞는다. 사실은 내가 직접 산 물건이지만 '선물 받은 척' 하며 서사를 펼쳐보는 것이다. 이때 중요한 건 독자가 어렴풋이 눈치챌 만한 복선을 깔되, 되도록 아닌 척 이야기를 천연덕스럽게 풀어가는 것이다.

==그러다 이야기가 어느 정도 무르익을 즈음 슬쩍 진실을 드러낸다. 그 순간 독자는 예기치 못한 반전에 웃음을 터뜨리고, 그 웃음 속에 담긴 아이러니는 글의 메시지를 더 단단하고 인상 깊게 만들어준다.== 힘든 삶을 버티기 위해 남몰래 해왔던 내 소박한 노력을, 이제는 누군가가 나를 응원하며 건네준 친절로 다시 써보는 것. 바로 그 순간, 해방감이 찾아온다. 바로 그 지점이 글의 감정적 진입로가 된다.

기존의 판단을 잠시 유보하고, 새롭게 느끼고 전과 다르게 해석해야 할 공간이 열리는 것이다. 그러면 독자는 자연스럽게 자신의 경험을 대입해보게 된다. '내가 나 자신을 돌보기 위해 했던 일이 있었을까?'라는 질문이 생기며 나를 사랑했던, 나를 아꼈던 내 모습을 바라보게 된다.

반전하기는 흔히 장르문학의 전유물처럼 여겨지지만, 에세이에서도 훌륭하게 통할 수 있다. 예상치 못한 순간에 이야기를 뒤집으면 독자는 마치 뒤통수를 세게 한 대 맞은 듯 놀라움과 통쾌함을 동시에 맛보게 된다.

확신이 없으면
노를 저으렴

#자기효능감

#타임라인 글쓰기

막상 노트북 앞에 앉으면 첫 문장을 꺼내기조차 막막할 때가 있다. 그럴 땐 시간의 흐름대로 사건을 나열하는 것만으로도 글을 시작할 수 있다. 하지만 단순한 나열에 그치면 글은 힘을 잃는다. 흩어진 구슬들을 실로 꿰듯, 나만의 타임라인을 만들어보자. 그중에서도 모든 일을 다 담을 필요는 없다. 내 생각이나 마음결이 잘 비치는 일상들을 골라 시간순으로 엮어내면, 평범한 하루의 기록이 훌륭하고 담백한 한 편의 글이 된다.

'밥과 밥 사이'
내가 나의 주말에 붙인 별명이다. 주말 내내 밥을 한다. 슬프면서도 기쁘다. 밥을 해야 하지만 밥만 하면 되니까. 평범한 밥상이지만 아이들은 무척이나 정신없이 먹어 치우고, 그 모습은 늘 즐겁다. 물론 밥만 하는 게 끝은 아니고 설거지가 남아 있긴 하다.

아이들은 이제 엄마가 같이 놀자고 할까봐, 눈을 마주칠까봐 요령껏 피해 다니는 나이가 됐다. 아침과 점심, 점심과 저녁 사이의 짧은 틈. 사춘기 아이들은 방에 틀어박혀 있다가 오직 밥때만 방에서 나온다. 덕분에 한때 아무리 바쁘게 동동거려도 분주하기만 했던 내 주말이 이젠 한가로워지는 중이다.

하지만 남아도는 시간이 마냥 자유롭다고 보기엔 또 무리가 있다. 끼니 때마다 빠짐없이 밥을 차려야 하니 꼼짝 못 하는 시간이기도 하다. 그래서 내가 붙인 별명 '밥과 밥 사이'는 해석에 따라 천국이 될 수도, 지옥이 될 수도 있다. 혼자였다면 라면 하나로 대충 끝냈을지도 모르고, 건너뛰었을지도 모를 끼니를 억지로도 차리는 건 아이들 덕분이다. 억울하면서도, 동시에 아이들을 위한 그 밥상이 내 주말을 굴리는 중심이라는 안정감도 있다.

'밥과 밥 사이'를 잘게 쪼개어 내 몫의 시간을 발굴하는 기쁨도 있다. 온전히 내 것은 아니지만 마음먹기에 따라 충분히 활용할 수 있는 틈. 그 틈에서 나는 나를 지켜내는 법을 배워가고 있다.

주말이면 오래된 영화 한 편을 챙겨본다. 점심 설거지를 마치고 저녁에 볶을 고기를 냉동실에서 꺼내놓은 뒤 손바닥만 한 태블릿을 켠다. 그 짧은 틈을 놓치지 않으려 넷플릭스를 성실히 뒤진다.

마침내 고른 건 늘 그렇듯 외국 영화다. 언젠가 스쳐 지나간 여행지 같기도 하고, 언젠가 꼭 한번 가보고 싶은 곳 같기도 한 이국의 풍경. 그리고 그 풍경만큼이나 잔잔하게 흘러가는 이야기. 그 이야기를 통해 지구 반대편 어딘가에서 애쓰며 살아가는 누군가를 만난다. 흥행에는 실패했지만 내 기억엔 오래 남을지도 모를 영화와 인물들을.

그렇게 타인의 삶을 따라가다보면, 신기하게도 내가 내 삶을 한 발짝 떨어져 바라보게 된다. 밥과 밥 사이, 낯선 영화 한 편 속에서 나는 내 삶을 목격하는 것이다.

최근에 본 미국 영화 〈달콤한 이곳〉은 제목처럼 더없이 잔잔했다. 그 흔한 스릴도, 반전도, 액션도, 복잡한 영화적 장치도 찾아볼 수 없었다. 영화 한 편을 보는데 깜빡 잠들고 다시 일어나길 다섯 번. 그렇게 해서야 겨우 완주할 수 있었다.

"그렇게까지 봐야 하는 이유가 뭐야?"

물 마시러 나왔다가 졸고 앉아 있는 나를 발견한 큰애가 물었다. 질문인 척하지만 듣고 보면 타박이다. 그러나 세상엔 이유를 설명하기 어려운 일이 훨씬 더 많단다, 아들아. 너도 장가가서 애 키우고 일하면서 살아봐라. 몸 상태가 멀쩡한 날이 한 해에 이틀이면 많은 거다.

그날 봤던 그 영화 속 기억에 남는 장면이 하나 있다. 아직 세상이 어떤 곳인지 잘 모르는 밝고 활기찬 스물다섯 살 주인공 아가씨. 그녀가 새로운 도전을 앞두고 망설이자 동네 아저씨가 툭 한마디를 던진다.

"확신이 없으면 노를 저으렴."

아저씨의 건조한 조언에 졸음이 확 달아나버렸다. 확신이 가득해도 노를 저을까 말까 망설여지는 이 불확실한 시대에 '확신이 없으면 노를 저으라'니. 저 아저씨, 인생을 좀 아는 분인가 보다. 신기하게도 지나온 시간을 돌아보니 나는 아저씨가 말한 바로 그런 삶을 살아내고 있었다. 언제나 확신은 없었지만, 대부분의 시간 동안 나는 노를 젓고 있었다. 퍽 대단한 물살을 가르며 나아간 건 아니었다. 이왕 저을 거 멋지게 저었으면 좋았겠지만, 사실 그렇지도 못했다.

아저씨의 조언은 담백했다. 그저 노를 저으라는 말뿐, '어떤 노를 저으라'거나, '어떤 속도로', '몇 개의 노를' 같은 단서나 조건은 없었다. 나는 그 한마디에 오래 머물렀다.

내 일상의 노는 무엇이었을까? 나는 어떤 노를 저으며 지금 이 자리에 이른 걸까? 앞으로도 확신 없는 삶을 살아갈 것이 분명한데, 그럼에도 노 젓는 일을 계속 이어길 수 있을까?

뭐, 그렇다 치자. 그런데 이놈의 노는 도대체 언제까지 저어야 하는 걸까? 확신이 전혀 없으니, 그냥 젓는다. 그걸로 충분하다.

"당신은 당신이 매일 하는 바로 그것이다."
―김영민, 《가벼운 고백》, 김영사

내가 누구냐 하면 쓰기, 읽기, 밥 짓기, 달리기, 관찰하기다. '내가 매일 하는 바로 그것이 나'라는 김영민 교수의 말에 동의한다면 말이다.

오전 6시. 밥으로 시작하는 전투. 간신히 뜬 눈으로 밥을 짓는다. 아이들을 집 밖으로 내몰려면 밥이 필요하다. 한 놈은 안 먹으면 나가지 않고, 또 한 놈은 먹어야만 나가도록 내가 막는다. 아침밥은 조촐하지만 간단하진 않다. 남학생이 5분 만에 먹어 치울 만한 메뉴는 생각보다 적다. 밥을 말아서 먹을 수 있게 국을 끓이거나 고기를 구워야 한다. 과일도 빠질 수 없다. 양은 적어도 가짓수는 제법 된다.

쌀을 씻고, 통신문을 챙기고, 텀블러엔 냉수를 미리 채워둔다. 잠깐만 방심하면 "어차피 똑같은 물인데 왜 매일 새로 채워?"라며 어제 담은 물을 그대로 들고 나가버리거나 초겨울에 반바지를 입고 튀기 때문에 정신을 바짝 차려야 한다. 이 모든 과정은 매일 반복되지만 어느 하나 저절로 굴러가진 않는다. 식탁 위 한 끼 밥상을 위해 생각하고 손을 움직이는 일. 자동으로 굴러가는 건 하나도 없다. 매일 새로운 마음으로 정신을 집중해야 한다.

뭐라도 먹여 내보내고 나면 그제야 정신이 든다. 비로소 눈이 떠진다. 내게 쏟을 정신이 생긴다. 다만 쓰고 싶지 않다는 게 문제일 뿐.

오전 8시. 혼자 남았다. 설거지도 마쳤다. 곧장 거실 책상으로 출근해 컴퓨터를 켠다. 앉았으니 쓰는 거다. 쓰기 싫다거나, 오늘은 좀 피곤하다거나 등의 감정에 관해서는 일절 생각하지 않는다. 감정이 행동을 결정하지 않도록 마음을 돌본다. 따뜻한 커피 한 잔, 성능 좋은 스피커, 그리고 '중간광고 없음'이라 적힌 열 시간짜리 피아노 연주 영상을 선택한다. 어쩌다 광고가 나와도 참는다. 이 정도면 감지덕지다.

자, 이제 쓰자. 쓰기만 하면 된다. 하지만 여전히 쓰고 싶지는 않다. 그래서 어제 쓴 글을 열어 읽는다. 줄마다 거슬리고 부끄러워 수정을 시작한다. 그러다 보면 그 퇴고의 과정에서 글을 쓰는 뇌가 조금씩 깨어난다. 그제야 비로소 본격적인 '쓰기의 시간'이 시작된다.

벌써 오전 10시. 쓴다. 그냥 쓴다. 마음에 안 들어도 방법이 없다. 써야 하니까, 쓰기로 했으니까. 막히면 비스킷을 먹고 식은 커피잔에 온수를 채운다. 그래도 막히면 이불을 세탁기에 던져 넣고 청소기를 돌린다. 글이 막히면 집이 깨끗해진다더니 정말 그렇다.

다시 앉아 초고를 마저 완성한다. 오늘 쓴 글은 오늘 읽지 않는다. 초고를 읽을 때면 용기가 꺾여버리고, 기분이 점점 가라앉기 때문에 읽으면 안 된다. 누가 볼까 무서운, 문자 그대로 엉망진창인 오늘의 문장을 어찌어찌 채워두고 프로그램 창을 닫는다. 아직 덜 다듬어진 말들, 덜 정돈된 생각들이 어색하게 남아 있지만 할당량을 채웠으니 오늘은 그만. 오늘의 멋쩍은 초고는 내일 아침 8시에 다시 만나기로 한다.

오후 1시. 주섬주섬 점심을 준비하는 시간.

오전 내내 쓰느라 시달린 몸과 마음을 달래는 데는 달걀장조림과 김이면 충분하다. 꿀맛 같은 음식들. 조촐할수록 마음은 충만해진다. 하루 중 유일하게 불을 쓰지 않고 해결하는 식사. 매끼 이렇게 차려내고픈 충동이 일지만 욕심이란 걸 안다. 점심이라도 홀로 먹을 수 있음에 감사한다.

오후 2시. '읽는 나'가 출근하는 시간.

오전에 돌려둔 이불을 건조기에 쑤셔 넣고 책 몇 권을 챙겨 집을 나선다. 드디어 읽기의 시간. '읽기'도 결코 녹록하진 않지만 '쓰기'의 고통에 비하면 수월한 축에 든다. 쓰는 내가 간절히 기다리던, 읽는 나의 출근이다.

카페에 들어가기 전, 적어도 10분 정도를 걷는다. 햇볕을 쬐어야 비타민D가 합성된다던 말을 스무 해 전부터 믿어왔다. 몸을 끔찍이 챙기는 인간이 바로 나다. 동네 카페 세 군데 중 그날의 기분에 따라 하나를 골라 들어가 자리를 잡는다. 형광펜은 필수다. 순수한 독서는 사라진 지 오래. 지금의 나는 '잘 쓰기 위해 읽는' 목적형 독자다. 문장 하나에도 예민하게 반응하고 다음 쓸 책, 지금 쓰고 있는 원고의 단서를 찾는다.

사랑해서 시작했지만 사랑만으로는 살아남을 수 없는 직업. 글을 쓰기 시작하면서 내 삶에 볕이 들었지만 동시에 읽기의 쾌락은 조용히 접었다. 그래서 책장을 넘기는 이 시간도 결국은 쓰기의 일부다.

어느새 아이들이 돌아올 시간이 가까워진다. 아무리 생각해도 고등학생들 하고 시간이 너무 빠른 거 아닌가. 불만스럽다. 책장 속에서 아무리 건질 게 눈에 띄어도 미련을 털고 일어난다. 가방을 둘러메고 한 걸음 뗀다. 내가 향하는 곳은 집이 아니다.

오후 4시. 반찬가게 오픈 시간.

4시 정각에 오픈하는 동네 반찬가게는 저렴하고 친절해 3시 반부터 길게 줄이 늘어선다. 나물 몇 가지를 만 원에 맞춰 사고는 검정 비닐봉지를 달랑거리며 돌아온다. 그런데 아무도 먹지 않는 나물은 왜 샀을까, 나도 잘 안 먹는 그놈의 나물, 나물, 나물.

하루 중 가장 공을 들이는 저녁 준비가 시작된다. 학업 스트레스로 우울증을 앓는 큰애를 버선발로 맞이하는 시즌이기도 하니, 고기반찬은 필수다. 얼마 전, 큰애 친구가 자기네 엄마 밥이 그렇게 맛있다고 한다는 얘기를 전해 듣고, 언젠가 마침 그 엄마를 만난 김에 비결을 물어보았다.

"아. 저는요, 채소는 절대 안 줘요."

간결한 대답이 돌아왔다. 그리고 괜스레 통쾌했다. 대부분 엄마가 의무감 때문에 생각으로만 그치는 그 어려운 일을 실천으로 옮기는 대단한 어머님이 실존하시는구나. 나도 그럼 녹여둔 고기를 힘차게 볶자.

저녁 7시. 오늘의 운동.

컨디션과 날씨에 따라 걷거나 달린다. 달리는 이유는 하나,

쓰기다. 글쓰기를 업으로 삼은 지 10년. 설렘으로 글을 쓰던 시절은 좀 지나고, 이제는 체력으로 버텨야 하는 나이가 되었다. 종일 굳은 목과 허리를 부여잡고, 끝난 줄 알았던 원고 파일을 열어 다시 고치는 일이 반복된다.

몰랐다. 글쓰기가 체력 싸움이라는 걸. 하지만 이제 우리 가족 모두는 아주 잘 알고 있다. 골골대고 누운 저 엄마가 기력을 되찾아야 글을 쓰고, 책이 나와야 돈을 벌고, 그래야 모두의 미래가 조금 더 윤택해진다는 진지한 사실을.

밤 10시. 오늘의 마지막 루틴.

일단 뛰어든다. 전기장판에 풍덩. 기다리던 유튜브 채널 새 영상, 아니면 멈춰놨던 시리즈를 열어 주행을 시작한다. 가볍게 웃다 건지는 한 문장, 원고에 얹을 에피소드, 맴돌던 해답이 어쩌다 불쑥 튀어나올 때도 있다. 오래 보진 못한다. 눈이 시리기 전까지만. 결국 온열 안대를 쓴 괴상한 차림으로 나는 유튜브에서 흘러나오는 설교 영상을 켜둔 채 잠이 들어버린다. 애써 준비하셨을 말씀들을 자장가로 소비해버린 게 영 죄송스럽다. 모태신앙들은 믿음의 측면에서 보자면 내세울 게 없을지언정 양심은 대체로 좀 있는 편이다. 아멘.

정리하자면 내 일상은 '쓰기'와 '쓰기에 도움 되는 일'로 채워져 있다. 돈을 벌기 위해 인생을 갈아 넣을 만큼 돈이 좋은 거냐고, 돈 욕심이 그렇게 끝도 없는 거냐고 묻는다면 거기엔 답하기 망설여진다. 쓰지 않아도 충분히 먹고살 만큼의 돈을 줄 테니 쓰기를 중단하겠냐는 제안을 받는다면, 글쎄다.

"돈은 안 줘도 좋으니 내가 쓰거나, 쓰기 위한 준비를 하며 살아가도록 지금처럼만 내버려 두세요."

내가 매일 하는 그것이 곧 나니까. 이 삶을 통해 벌게 되는 돈이 내가 아니고, 이 행동을 반복하는 내가 나이기에. 이 루틴을 중단한다면, 그건 내가 아닌 거니까.

가만히 있다는 말이 듣기 싫어 뭐라도 하며 버텨온 시간. 돌아보면 내 인생은 그렇게 쌓인 하루하루의 문장들이었다. 종이 한 장은 존재감이 없지만 백 장이 모이면 한 손으로는 감당하기 어려운 무게가 된다. 지나온 삶도 그렇다. 얇고 가벼워 보이지만 날마다 쌓여 지금의 나를 만들어냈다. 날마다 쌓아 올린 지금의 나는 누가 섣불리 무너뜨릴 수 없는 가지런하고 압축적인 하루를 매일 반복한다. 그게 쓰는 인간, 나다.

자기효능감은 '나는 뭐든 할 수 있다'는 거창한 구호와는 다르다. 그것은 '나는 오늘도 내 하루를 살아냈다'는 조용한 확신에서 피어나는 자신감이다. 나를 다시 믿어도 된다는 신호. 지금 당장은 잠시 무너지더라도 다시 일어설 수 있다는 희망. 누군가의 칭찬이나 외부적 성과는 중요하지 않다. 자신에게 건네는 한 마디.

"괜찮아, 이번에도 해낼 수 있어."

그 말이 마음속에 스며드는 순간, 우리는 다시 자신을 다시 믿기 시작한다. 이처럼 자기효능감은 아주 작은 행동, 아주 사소한 반복 속에서 자라난다.

　크고 멋진 결과가 없어도 괜찮다. 중요한 건 어제와 비슷한 오늘을 또다시 씩씩하게 살아낸 나를 스스로 인정하는 일이다. 제때 밥을 챙겨 먹었고, 잠을 어제보다 조금 더 잘 잤으며, 책상 앞에 앉아 꼬박꼬박 글을 쓰려 애쓴 그 마음. 그렇게 이루어진 루틴들이 내 마음과 몸을 지키는 방어선이 되어준다. 자기효능감은 그런 평범한 하루를 꾸준히 이어낸 사람만이 가질 수 있는 내면의 안정감이다.

　몸과 마음은 며칠만 방치해도 금세 흐트러진다. 루틴은 이 무너짐을 막아주는 방패이자 생존 기술이다. 감정이 뒤죽박죽 흔들리는 날에도 내가 반복해온 행동은 나를 대신해 움직인다. 기분은 늘 변덕스럽지만, 성실하게 쌓아온 습관은 결코 나를 배신하지 않는다. 마음이 어지러울수록 루틴의 리듬은 더 소중하다. 그 리듬이 흐트러지려는 나를 붙잡고, 다시 제자리로 돌아오게 한다.

　글쓰기도 그런 루틴 중 하나다. 글은 좋은 기분일 때만 써지는 게 아니다. 혼란스럽고 고단한 마음속에서 내가 나를 놓치지 않기 위해 붙잡은 한 줄의 문장, 그것이 나를 지탱한다. 그렇기에 명랑한 글쓰기는 흔들리면서도 나를 지키기 위해 성실하게 써온 고요한 발버둥의 기록이다.

　오늘도 나는 나를 믿는다. 어제와 비슷한 오늘을 또 살아내기 위해. 묵묵히 그리고 단단하게. 이것이 바로 자기효능감이 내게 가르쳐준 삶의 방식이다.

줄리아 카메런은 《아티스트 웨이》에서 '모닝 페이지Morning Pages'라 불리는 아침 글쓰기를 권한다. 잠자리에서 막 깨어난 채로 노트를 펼쳐 세 쪽의 종이를 채울 때까지 생각나는 대로 멈추지 않고 써 내려가라는 것이다.

깊은 고민 없이도 가능한 '타임라인 글쓰기'를 하다보면 나도 의식하지 못했던 나만의 루틴을 발견하게 된다. 일상의 루틴을 시간순으로 써 내려가다보면, 내 일상의 모습과 이유를 설명하기 위해 내면의 이야기가 흘러나오기 시작하고, 마침내 우리 안의 자기 검열 장치가 풀리며 더 깊은 글을 쓸 수 있게 되는 원리다.

문득 영화 속 아저씨의 말이 다시 떠오른다.
"확신이 없으면 노를 저으렴."
돌아보면 내 삶이 늘 그랬다. 확신은 없었지만 매일 밥을 지었고, 매일 글을 썼고, 매일 읽고 걸었다. 휘황찬란한 성취는 없어도, 나는 멈추지 않고 노를 저어왔다. 앞으로도 신념이나 확신 따윈 없을 것이다. 때로는 지치고, 때로는 방향을 놓칠 수도 있다. 하지만 괜찮다. 노를 젓는 한 나는 내 삶을 살아내고 있다는 증거이니까.

확신 없는 노 젓기. 그것이 곧 내 글쓰기이고, 내 하루이고, 내 인생이다. 그리고 그 반복이 나를 조금씩 앞으로 밀어준다.

오늘도 나는 나만의 노를 젓는다.

"당신의 하루를 시간순으로 정리해보세요. 평범하게 반복되는 일지가 아니라, 당신을 제대로 보여주는 반짝이는 이야기가 될 거예요!"

명랑한 글쓰기 노트 19

타임라인(Time-Line) 글쓰기
: 감정이나 사건을 시간의 흐름에 따라 배열하며
일상을 시각화하는 글쓰기

타임라인 글쓰기는 하루를 한 줄의 시간 축 위에 올려 순서대로 기록하되, 단순히 '무엇을 했다'가 아니라 각 시간에 제목을 붙여 의미를 불어넣는 글쓰기 방식이다. 일상을 마치 한 편의 영화처럼 장면 단위로 구성하는 이 방식은 단순한 일기와는 다르다.

타임라인 글쓰기는 곧 나를 주인공으로 한 서사를 만들어가는 작업이다. 매일 반복하는 작고 평범한 순간에 시간의 순서대로 제목을 붙이면 하루가 훨씬 풍성하게 느껴지고 매 순간이 생생한 장면으로 살아난다.

타임라인 글쓰기가 자기효능감을 키우는 가장 큰 이유는 나의 하루를 구체적이고 선명하게 인식하게 한다는 점이다. 그동안 무심히 지나쳤던 순간들이 이름을 얻으며 생생한 장면으로 되살아난다.

그 순간 "어제도 오늘 같고, 오늘도 어제랑 별다를 게 없네"라는 무기력 대신 "그래도 이만큼 해냈네"라는 작은 성취감이 자란다. 그렇게 하루의 흐름을 스스로 정리하고, 해석하고, 의미를 붙이다보면 살면서 어딘가에서 잃어버렸던 삶의 주도권이 조금씩 내게 돌아온다. 남이 짜놓은 스케줄이 아니라 내가 이름 붙인 시간 속에서 나는 내 인생의 작가이자 주인공이 된다.

타임라인 글쓰기 3단계

1단계 : 요즘 나의 하루를 시간순으로 나열하기

나의 하루를 시간의 순서대로 나열해보자. 물론 정확한 시간이 아니어도 괜찮다. 그중에서 다섯 가지 주요한 일과를 골라본다. 대단한 일이 아니어도 괜찮다. 매일 마시는 아침 커피, 아이를 깨우는 시간, 일터에서 힘겹게 넘긴 고비, 집에 도착해 양말을 벗는 순간, 잠들기 전의 루틴처럼 평범한 일상이면 충분하다.

2단계 : 시간의 언어화 – 각 시점에 이름 붙이기

각 장면에 소소하고 명랑한 제목을 붙이고, 그 일을 왜 하게 되었는지, 언제부터 나의 루틴이 되었는지를 곁들여 써보자. 하루의 어느 순간에 웃었는지, 특정 시간에 반복하는 일들을 관찰하다보면 내 하루의 질서가 눈에 보이기 시작한다.

3단계 : 재배열과 통찰 – 시간 속 의미 찾아보기

이제 나열된 하루의 장면들을 다시 바라볼 차례다. 시간의 순서를 잠시 내려놓고, 그 안에 숨어 있는 의미와 감정을 따라가보자. '왜 그 시간이 특별했는가', '그때의 나는 무엇을 느꼈는가'를 천천히 묻다보면, 반복되는 하루 속에서도 나만의 패턴과 내면의 리듬이 드러난다.

이 모든 과정은 결국 자기효능감으로 이어진다. 감정의 흐름을 인식하고 그에 맞춰 자신을 돌보는 방식을 스스로 선택하는 순간, 내 하루를 통제할 수 있다는 믿음이 생긴다. 그때 타임라인 글쓰기는 단순한 기록을 넘어 감정과 행동을 연결해주는 다리가 된다. 작고 사소한 기록의 반복은 '나는 할 수 있다'는 신뢰로 자라난다. 결국 우리는 매일의 장면을 쓰며, 매일의 나를 조금씩 더 믿게 된다.

생활 밀착형
저술업자의
영업 비밀

#자기표현

#생활 밀착형 글쓰기

쉼 없이 쓰고, 출간하는 나를 두고 남편은 가끔 이렇게 놀린다. "당신은 애 둘 없었으면 어쩔 뻔했어."

아이들 애기 아니면 도대체 무슨 글을 쓸 수 있겠느냐는 농담 반 진담 반의 말이었다.

그 말에 나 역시 완벽하게 동의한다. 대단히 특별하거나 눈물 없이는 들을 수 없을 정도로 파란만장한 삶을 살지 않았기에, 오히려 더 많은 글을 계속해 쓸 수 있었다. 별것 아닌 일에 의미를 붙이고 평범한 하루에 생기를 불어넣지 않으면 도무지 글이 되지 않았다. 이것 말고는 도저히 뭘 써서 먹고살아야 할지 몰라, 나의 두 아들의 이야기는 글이 되고 책이 되었다.

꺼질 듯 위태로운 신앙심에도 불구하고 교회에 적을 두고 살다 보니, 몇몇 기도 모임에 소속되어 있다. 그중 하나는 큰애가 다니는 고등학교 학부모들로 구성된 기도 모임이다. 아이들의 학교, 학생, 학부모, 교사 등을 위해 매뉴얼처럼 정해진 순서에 따라 시간을 맞춰 모여 기도한다.

매주 반드시 참석해야 하는 대면 모임이라면 진작 그만뒀을 것이다. 다행히 온라인 화상 방식이라 화면만 켜면 참여할 수 있었고, 그 덕분에 그럭저럭 이어올 수 있었다. 불면 꺼져버릴 듯 아슬아슬한 소속감이었다.

그날은 내가 이 모임에 몸담은 지 1년여 만에 처음으로 '인도자' 역할을 맡은 날이었다. 1년 넘게 매주 반복해온 방식이었고, 모든 인도 순서와 내용은 사전에 꼼꼼히 정리되어 공유된 상태였다. 지금껏 누가 맡아도 늘 매끄럽게 흘러갔기에, 나 역시 당연히 그럴 줄 알았다. 닥치면 다 되는 줄 알았고, 별로 어려운 일도 아닐 거라 생각했다. 이쯤에서 눈치 빠른 독자라면 뭔가 서늘한 기운이 밀려오지 않는가.

그날 저녁, 나는 기도 모임을 '박살' 냈다. 이번 주 역시 간절히 기도하며 눈물을 훔치는 분들이 여럿 계셨지만, 다음 순서를 몰라 허우적대던 나는 어쩔 수 없이 이렇게 물을 수밖에 없었다.

"어…… 저기…… 음…… 다음 순서가 뭐죠?"

순간, 세상이 정지된 듯한 짧은 침묵이 흘렀다. 간절히 기도하던 화면 속 그녀들이 하나둘 고개를 들었고, 아마 그 누구보다 가장 크게 놀라셨을 예수님은 진즉에 자리를 뜨셨을 것이다. 조용히 기도하던 분들은 신속하게 상황을 파악했고, 천사처럼 착한 그녀들은 어벙벙한 인도자인 나에게 기꺼이 도움의 손길을 내밀어주었다.

그런데 "다음 차례는 뭐냐"는 내 질문은 기도회 내내 이어졌다. 점점 울고 싶어졌다. 그렇게 한 시간을 버티자 달아오를 대로 달아오른 내 얼굴은 뽀오얀 필터를 최대로 적용했음에도 저 홀로 붉었다. 손과 발, 겨드랑이와 등은 이미 땀에 흠뻑 젖어 있었다.

모임이 끝나고 나는 이 모임을 계속 나가야 할지 진지하게 고민했다.

어김없이 밤은 찾아왔지만 아무리 세게 이불을 세게 걷어차도 부끄러움은 쉬이 가시지 않았다. 소주 한 병 마셔야 잠이 들려나 싶었다. 하지만 기도회 인도를 망쳤다는 핑계로 소주까지 마시면 안 그래도 놀라셨을 예수님께 차마 못 할 짓 아닌가. 술은 차마 꾹 참았다. 정해진 틀이 있었고, 다들 어렵지 않게 해내던 그 순서 하나를 나는 제대로 지키지 못했다. 쩔쩔매고, 실수하고, 되묻고, 지체하다 우스운 꼴이 되어버렸다.

사람들은 나를 어떻게 생각했을까? 그 모습이 얼마나 한심하게 보였을까? 눈을 감고 기도하는 척하면서 '어우, 저 엄마 왜 저래' 하면서 속으로는 비웃었겠지? 이런 생각을 하면 할수록 더욱 더 간절히 탈퇴하고 싶어졌다.

이불킥하며 쉽사리 잠들지 못하는 나를 보며 남편이 조용히 한마디를 건넸다.

"당신, 오늘 대단한 일 한 거야."

"왜? 뭐가? 내가?"

남편이 말했다.

"오늘 기도 모임에 온 사람들, 얼마나 안심했겠어. 멀쩡하고 똑 부러져 보이는 당신이 계속 이것저것 틀리는 거 보면서 '아, 나만 그런 게 아니구나' 하고 위로받았을 거야. 게다가 다음 인도자들도 부담 없이 할 수 있을 거고. 오늘 당신 빼고 모두가 행복했으니까 좋은 일을 한 거라 생각해. 그리고 어차피 그 엄마들 당신이 오늘 실수한 거 벌써 잊었을걸."

남편의 신선한 해석이 내 안에서 오래 머물렀다. 처음엔 과연 그럴까 하는 의구심이 들다가, 생각해보니 정말 그런 것 같았다. 난 정말 좋은 일을 한 게 맞았다. 생각해보면 내가 글을 쓰는 것도, 운 좋게 그 글이 사랑받는 것도 결국 같은 원리였음을 깨달았다. 사람들은 타인의 승승장구에 박수를 보낸다. 하지만 누군가 흑, 하고 자신의 부족함을 솔직히 털어놓을 때 말로 표현하기 어려운 큰 위로를 받는다. "나만 그런 게 아니었구나" 하는 안도의 마음이 찾아오는 것이다.

위로는 거창할 필요가 없다. 일상에서 누구나 겪을 법한 아주 솔직하고 사소한, 작은 일들에서 시작해도 된다. 그렇게 누군가의 작은 구멍 난 이야기는 또 다른 누군가에게 잠시 비빌 언덕이 되고, 때로는 잠시 쉬어갈 의자가 되어준다. 누군가 내어준 그 의자 덕분에 깊은 위로와 공감을 경험한 사람은 언젠가 자신의 이야기를 꺼내어보기로 결심한다. 그리고 아마도 그 이야기는 또 다른 누군가에게 다정하고 친절한 쉼터가 되어줄지 모른다.

이 고달픈 삶, 어찌 항상 완벽하게만 살아가겠는가. 가끔은 이불을 차버리고 싶은 작은 구멍이 담긴 글이 아니라면 과연 무엇으로 우리는 잠시 숨 쉴 수 있겠는가. 그렇게 얼굴 한번 본 적 없는 사이지만 우리는 서로에게 비빌 언덕이 되어준다.

"작가님은 어떻게 그렇게 쓸 거리가 계속 생겨요? 부러워요. 저는 도무지 쓸 게 없거든요."

글을 쓰기 시작하고부터 자주 듣는 질문이다. 그럴 때마다 나는 웃는다. 왜냐하면 나 역시 같은 하소연을 했던 사람이기 때문이다. 내 첫 책은 《초등학교 입학 준비》였다. 연년생 아들 둘을 키우며 터널처럼 지나온 시간을 가까스로 붙잡아 얼기설기 엮어낸 책이었다. 특별한 에피소드도 감동적인 사건도 없었다. 그저 매일 반복되던, 초등학생 아들 둘을 키우는 엄마의 전형적인 하루를 담았을 뿐이다.

그런데 그 경험이 글이 되었고 누군가는 그 책 덕분에 초등학생 학부모의 세계에 가까스로 합류했다고 했다. 내 일상적 경험이 글이 되고 책이 되어, 내가 잘 알지도 못하는 누군가의 삶에 영향을 미치기 시작한 것이다.

어디 첫 책뿐이랴. 지금껏 나는 줄곧 그렇게 써왔다. 그것 말고는 딱히 아는 게 없기에 내가 겪은 일, 겪으면서 알게 된 일, 겪으면서 생각한 일, 겪으면서 깨달은 일을 글로 옮겼다. 그리고 그것들을 부지런히 정리하고 모아 책으로 엮어냈다.

나는 그런 나 스스로를 '생활 밀착형 저술업자'라 부른다. 물론 처음엔 망설였다. '이런 걸 글로 써도 될까?', '누가 이런 이야기에 관심이나 가질까?' 하지만 쓰다보니 확실히 알게 되었다. 꾸미지 않고 정직한 마음으로 쓴 사소한 이야기도, 비슷한 상황에 처한 누군가에겐 절실히 필요하다는 것. 소소한 일상이야말로 글쓰기의 가장 귀한 재료라는 것.

만약 글쓰기가 어렵게 느껴진다면 오늘 겪은 일 중 가장 기억에 남는 장면 하나만 골라보자. 누구에게 빌려온 게 아닌, 오롯이 나만의 이야기. 너무 사소해서 가족에게조차 꺼내기 망설여지는 생각, 기록하지 않으면 스쳐 지나버릴 찰나의 감정, 무심히 지나쳤던 풍경도 좋다. 나만의 진솔한 이야기는 나 말고 아무도 쓸 수가 없기 때문이다.

글에는 성납이 없다. 누구의 이야기가 더 옳다거나 진실하다고 판단할 필요도 없다. 그저 서로의 다름을 바라보다 보면 각자의 이야기가 얼마나 고유하고 귀한지 알게 된다. 전혀 다른 조각들이 모여 하나의 아름다운 콜라주를 이루듯 글도 그렇게 어우러져 한 편의 글이 된다.

지금은 일상 글쓰기의 시대다. 실제로 '짧고 가벼운 글, 공감형 글쓰기'가 트렌드로 자리 잡으면서 생활 밀착형 에세이가 시장을 주도하고 있다. 거대 담론이나 교훈적 메시지보다 개인의 소소한 경험과 미시적 이야기에 집중하는 작은 이야기의 힘을 강조하는 '마이크로 내러티브Micro-narrative'가 중요해졌다. 언제부턴가 너무 가르치려 드는 글은 나부터도 잘 읽지 않게 된다. 높은 곳에서 교훈이라도 전하듯 가르치고 설명하는 작가보다 자신의 소소한 일상을 담담하게 풀어내는 짧고 가벼운 이야기에 더 귀 기울이는 시대가 되었다.

글을 얼마나 유려하게 잘 썼느냐보다 더 중요한 건 그 글이 '내 이야기'를 얼마나 진솔하게 풀어내고 '나만의 서사'로 공감을 얻을 수 있느냐다.

대박 날 글감을 기다리지 말자. 일상다반사(日常茶飯事)라는 말도 있지 않은가. 날마다 차를 마시고 밥을 먹는 아주 흔한 일처럼 글감은 언제나 우리 가까이에 있다. 내가 발견하기만 하면 된다.

이쯤에서 8년 차 생활 밀착형 저술 업자의 영업 비밀 글감 발견하는 법을 풀어보겠다.

첫째, 사소한 순간에 잠시 멈추어보기

몇 년에 한 번 갈까 말까한 근사한 여행 말고, 평범한 하루에서 이야기 하나를 골라 쓴다. 오늘 하루를 떠올리며 "이건 너무 사소해서 글로 쓸 게 아니야" 하고 넘기는 대신 아침부터 잠들기 전까지 기억나는 아무 순간에나 잠시 멈추어보자. 특별하고 감동적인 사건이 아니어도 괜찮다. 아침에 눈을 떴을 때 창문 너머로 들어온 빛, 밥상 위 남은 반찬, 버스 안에서 스친 사람들의 표정, 직장 동료가 아무렇지 않게 던진 말 한마디, 마트에서 우연히 목격한 어떤 장면 하나도 좋은 소재가 될 수 있다. 이때 하루를 시간순으로 나열해 다 적으려 하지 말고 그중 유독 마음에 남는 장면 하나만 붙들면 된다. 지금까지 사소하다며 흘려보낸 것이 곧 일상다반사의 보물이자 금광이 될 수 있다.

둘째, 사진이나 메모 활용하기

내 사진첩은 나만 모르는 글쓰기 창고였다. 아무 생각 없이 찍어둔 사진 한 장, 메모장에 끄적였던 단어 하나가 그날의 감정과 날씨, 표정, 대화를 다시 불러온다. 정리되지 않은 식탁, 흐릿한 배경 속의 웃는 얼굴 하나로도 이야기를 끌어낼 수 있다. "왜 찍었을까?", "왜 적었을까?" 하고 묻는 것만으로도 내 삶의 단서가 되어 과거의 공기를 다시 불러온다.

글을 쓰기 시작한 이후로는 글감을 모으는 마음으로 사진을 찍고 작은 메모장을 챙긴다. 만약 메모장이 없는데 기록하고 싶다면 휴대폰 메모장이나 카카오톡에 메시지를 남겨두었다가 활용해도 좋다.

셋째, 떠오른 순간 일단 기록하기

타이밍이 맞아야 글이 된다. 많은 글이 '나중에 써야지' 하다 사라진다. 너무 익숙해져 특별함이 사라지거나 감정이 옅어져 기억이 흐려지기 십상이다. 그래서 글은 미루지 말고, 떠오른 게 있을 때 곧바로 한 줄이라도 써야 한다. 시간이 없을 땐 짧은 단어들이라도 적어두자. 울컥했던 이유, 뭉클했던 순간, 끄덕였던 순간, 놓치고 싶지 않은 대화의 한 줄 등 언제 어디서나 일단 기록하자. 그렇게 적어둔 한 문장이 한 편의 글로 자라나려면, 감정이 아직 생생하게 살아 있을 때 손을 움직여야 한다.

넷째, 내 감정의 흔적 좇기
지금의 떨림이 내일의 글감을 살린다. 무슨 이야기를 쓰든 결국 사람을 움직이는 건 정보 그 자체가 아니라 감정이다. 장면보다 더 중요한 건 '그때 내가 어떤 기분이었는가'다. 그 감정을 따라가다보면 단순한 사건이 아니라 나의 이야기가 될 단서를 얻게 된다. '맞는 말이네'라는 동의보다 '이거 내 얘기 같다'는 공감의 언어가 훨씬 오래 남는다. 그래서 글을 쓸 때 나는 '어떤 정보를 담을까'보다 '어떤 감정을 전하고 싶은가'를 먼저 떠올린다.

기쁨이든 억울함이든 부끄러움이든 애틋함이든, 일상의 감정이 담긴 글은 독자의 마음을 건드린다. 좋은 글은 완벽한 문장에서 나온다고 생각한 적도 있지만 꼭 그렇지만은 않다. 좋은 글은 작지만 진솔한 감정에서 시작된다. 감정을 있는 그대로 붙잡아낸 순간, 글은 자연스럽게 따라온다.

다섯째, 글쓰기는 영감이 아니라 습관
쓰고 싶다는 마음만 품고 단 한 줄도 쓰지 않았던 날이 많았다. 책상 앞에 앉기도 전에 출간을 걱정하고, 조회 수를 따지고,

두려움이 앞서 시작하지 못 한 날도 많았다.

손이 문제다. 글은 머릿속이 아니라 손끝에서 쌓인다. 처음부터 잘 쓰려는 완벽한 문장보다는 일단 뭐라도 적어보자. 그게 최선이자 지름길이다. 꾸역꾸역, 엉망진창, 마구잡이로라도 써봐야 그 글이 진짜 쓸 만한 것인지 아닌지를 알 수 있다. 아무것도 쓰지 않으면 기대할 게 없다.

이 다섯 가지는 내가 지금까지 꾸준히 글을 써올 수 있었던 이유이자 여전히 글 앞에서 흔들리는 나를 다시 책상 앞에 앉히는 다정한 원칙들이다. 특별해서가 아니라 평범해서 가능한 방식들. 누구에게나 일상이 있고 감정이 있고 간직하고 싶은 기억도 있다. 그러니 누구나 쓸 수 있다. 거창한 목표보다 먼저 필요한 건 오늘 하루를 조금 더 유심히 들여다보는 마음, 그리고 한 줄이라도 써보겠다는 용기다.

이 글이 이 책의 마지막 글이다. 완독하기 위해 쓰기를 차일피일 미뤄온 고마운 독자님들께 마지막으로 약이 되는 잔소리 한마디 해야겠다.

"그만 읽어도 됩니다, 이제는 쓰기 시작하세요. 당신 안의 쓸 거리들을 못 본 척 외면하지 마세요."

자기표현은 내 안에만 머물던 마음을 조심스럽게 바깥으로

꺼내는 일이다. 불쑥 드러내기엔 아직 낯설고, 아무렇지 않게 털어놓기엔 조금 아픈 감정들. 말이 되지 못한 채 오래 묵혀 있던 마음의 조각들을 하나씩 꺼내 천천히 펼쳐보는 과정이다.

때로는 남편의 짧은 한숨, 혹은 아이가 문을 쾅 닫고 나가는 소리처럼 아주 사소한 장면에서 그 조각들이 불쑥 올라오기도 한다. 특별한 사건이 아니어도 괜찮다. 극적인 감정이 아니어도 충분하다. 중요한 건 그 순간을 그냥 지나치지 않고 붙들어두려는 마음이다. 도무지 말이 되지 않던 감정을 조금이라도 언어로 바꿔보려는 시도가 곧 자기표현의 시작이다.

자기표현은 용기가 필요한 일이다. 표현하지 않으면 이해받을 수도, 다가갈 수도 없다는 걸 알면서도 막상 입을 여는 건 쉽지 않다. 그래서 글쓰기는 좋은 시작이 된다. 완벽하지 않아도 서툴러도 괜찮다. 조심스럽게 꺼낸 문장 하나가 나를 이해하는 열쇠가 되고 누군가와 연결되는 다리가 되어준다. 감정을 꺼내놓는 것만으로도 우리는 자기 자신에게 한 걸음 다가가게 된다. 자기표현은 내 마음의 문을 조용히 두드리는 첫 번째 노크다.

여전히 막막하게 느껴진다면 생활 밀착형 글쓰기로 시작해보자. 특별한 이야기를 억지로 찾으려 애쓰지 말고 오늘 있었던 일 하나면 충분하다. 그 장면 위에 내가 느낀 감정을 살짝 얹으면 이미 훌륭한 자기표현이 된다. 예를 들어 "우산 없이 나갔다가 비를 맞았다"라는 문장에도 그날의 기분이 스며 있고 "마트 계산대 줄이 유난히 길었다"라는 문장 속에도 하루의 피로와 조급함이 숨어 있다.

 이처럼 내 삶에서 길어 올린 장면 하나가 자기표현의 출발점이 될 수 있다.

"오늘의 글감은 거창하지 않아도 됩니다. 지금 바로 곁에 있는 사소한 장면 하나가 당신의 글을 반짝이게 만들 거예요!"

명랑한 글쓰기 노트 20

생활 밀착형 글쓰기
: 일상의 사소한 순간 속에서 마음의 움직임을 포착하는 글쓰기

생활 밀착형 글쓰기는 특별한 사건이 아니라 일상의 사소한 장면에서 글감을 발견하고 거기서 출발하는 글쓰기 방식이다. 드라마 같은 우여곡절이나 눈부신 성공담이 없어도 괜찮다. 오히려 특별하지 않기에 누구나 공감할 수 있고 더 진솔하게 마음을 꺼낼 수 있다.

글쓰기의 출발점은 멀리 있지 않다. 오늘 내가 했던 행동, 내가 머물렀던 장소, 무심히 지나친 풍경 속에 이미 글감은 숨어 있다.

예를 들어 아침에 커피를 내린 동작, 아이와 주고받은 짧은 대화, 편의점에서 고른 삼각김밥 하나. 이런 사소한 장면에도 내 감정은 고스란히 묻어난다. '왜 나는 이 삼각김밥을 골랐을까?'라는 단순한 질문 하나만으로도 내 감정, 피로, 취향, 습관에 관한 이야기가 따라 나온다.

==중요한 건 단지 장면을 적는 데서 멈추지 않고 그 순간에 머물던 나의 감정과 생각을 함께 담아내는 일이다.== 같은

상황이나 행동도 어떻게 느꼈는지에 따라 전혀 다른 이야기가 될 수 있다.

이 글쓰기 방식은 감정을 길어 올리는 훈련이다. 단순한 관찰과는 다르다. 무심코 지나칠 수 있는 풍경에서 나의 예민함을, 익숙한 반복 속에서 기쁨과 슬픔의 결을 읽어내는 연습이라 할 수 있다. 그 과정에서 우리는 자신을 조금씩 더 알아간다. '나는 어떤 것에 마음이 흔들리는 사람인지', '어떤 순간에 나를 표현하고 싶어지는지'를 글을 쓰며 발견하게 되는 것이다. 그리고 무엇보다 이건 당신이 가장 잘할 수 있는 이야기다.

이제 오늘 있었던 소소한 장면 + 그때의 감정을 세 줄로 적어보자. 이것이 자기표현의 가장 쉬운 시작점이자 치유하는 글쓰기의 첫걸음이다. 꼭 특별한 일이 아니어도, 평범하지만 내 마음을 살짝 흔들었던 순간이면 충분하다.

먼저, 무슨 일이 있었는지,
둘째, 그때 어떻게 느꼈는지,
셋째, 지금은 어떤 의미로 다가오는지.

글감은 멀리 있지 않다. 매일 마주하는 집안일, 아이와의 대화, 출근길 풍경 같은 일상 속 순간들이 모두 좋은 글쓰기 재료다.

생활 밀착형 글쓰기는 억지로 꾸미지 않아도 자연스럽고 진솔하다. 작은 일상에 귀를 기울이는 순간, 평범했던 하루가 생생한 나만의 이야기를 품게 된다.

smile

쓸 때마다 명랑해진다

초판 1쇄 인쇄   2025년 12월 5일
초판 1쇄 발행   2025년 12월 15일

지은이   이은경
펴낸이   이선희

책임편집   이은
기획편집   이선희 양성미
외주 교정   최서윤
모니터링   박소연 구미화
디자인   정정은
광고 디자인   최용화 장미나 이연우
마케팅   정민호 박치우 한민아 이민경 박진희 황승현 김경언
브랜딩   함유지 박민재 이송이 김하연 이준희 박다솔 조다현
제작   강신은 김동욱 이순호
제작처   상지사

펴낸곳   ㈜나무의마음
출판등록   2016년 8월 25일 제406-2016-000107호
주소   10881 경기도 파주시 회동길 210

문의전화   031-955-2696(마케팅) 031-955-2643(편집) 031-955-8855(팩스)
전자우편   sunny@munhak.com

ISBN 979-11-90457-44-6 (03810)

◦ 나무의마음은 (주)문학동네의 계열사입니다.
◦ 잘못된 책은 구입하신 서점에서 교환해드립니다. 기타 교환 문의: 031-955-2661, 3580

www.munhak.com